発掘写真で訪ねる

さいたま市古地図散歩

～明治・大正・昭和の街角～

坂上 正一

1902（明治35）年5月に川越久保町～大宮間が開業した川越電気鉄道（後の西武大宮線）。開業から5年ほどがたった大宮停留場の風景で、当時の鉄道省の土地を借りる形で、国鉄の大宮駅の中にホーム、駅舎を設けていた。また、「御休処」の文字が見えるように、小さな食堂も設置されていた。◎川越電気鉄道大宮停留場　1907（明治40）年頃　所蔵：さいたま市アーカイブズセンター

2章 古地図で見るさいたま市

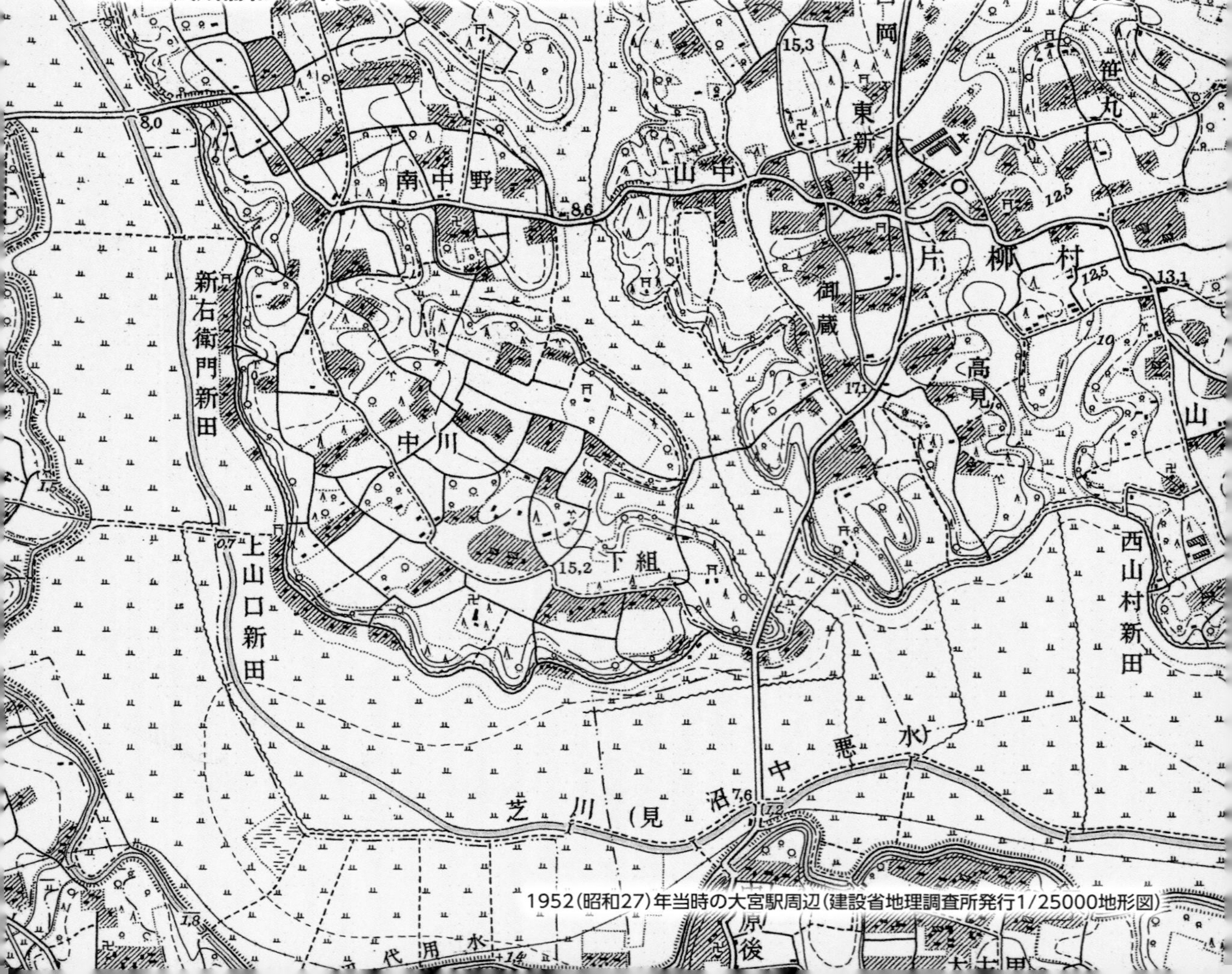

1952(昭和27)年当時の大宮駅周辺(建設省地理調査所発行1/25000地形図)

.....Contents

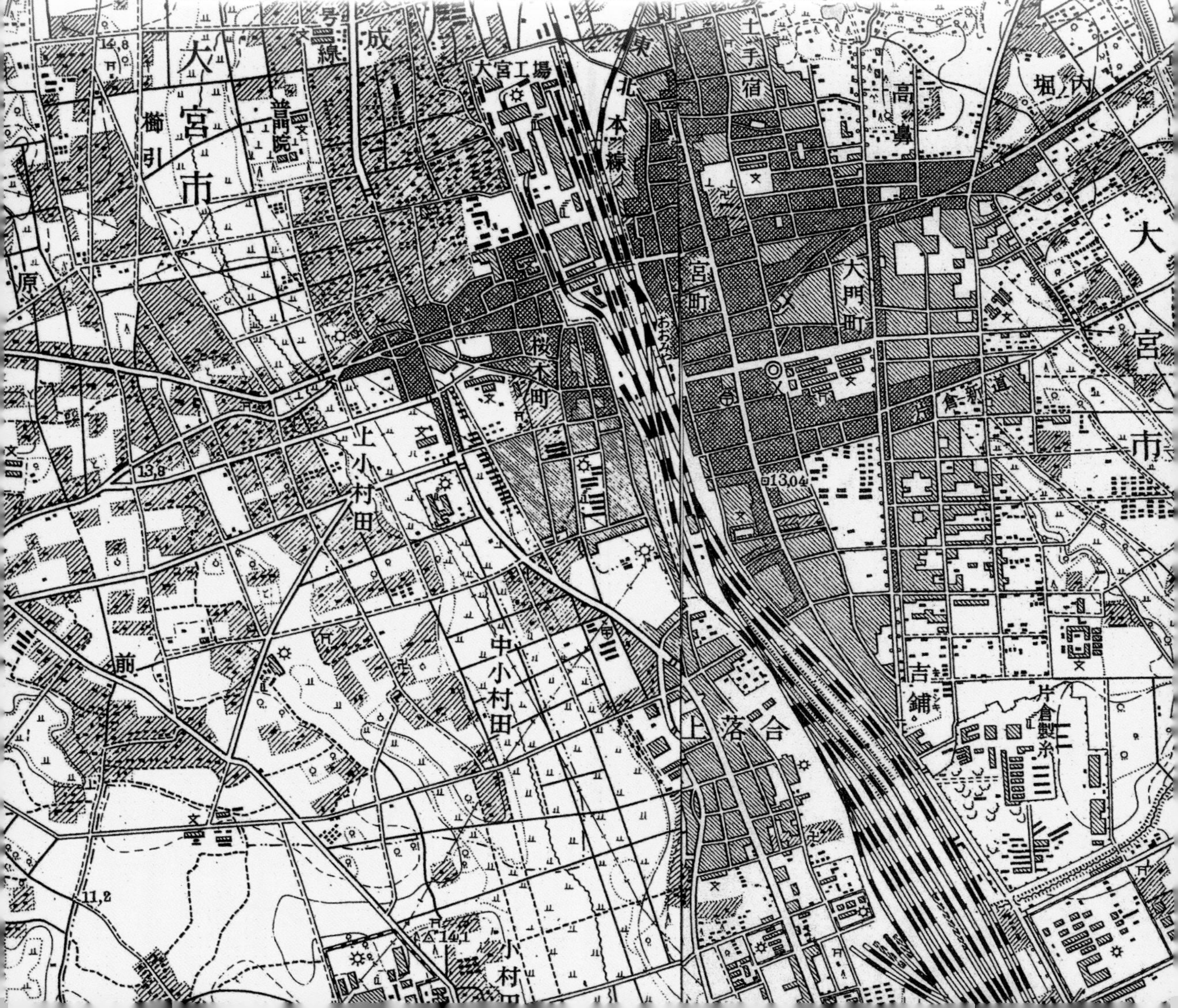
大宮市
大宮工場
東北本線
土手宿
高鼻
堀の内
大宮町
大門町
桜木町
上小村田
中小村田
上落合
吉敷町
片倉製糸
倉新道
大宮市
氷川神社

建設省地理調査所「1/10000地形図」

1954（昭和29）年当時の浦和市中心部

大日本職業別明細図【浦和町】昭和３年

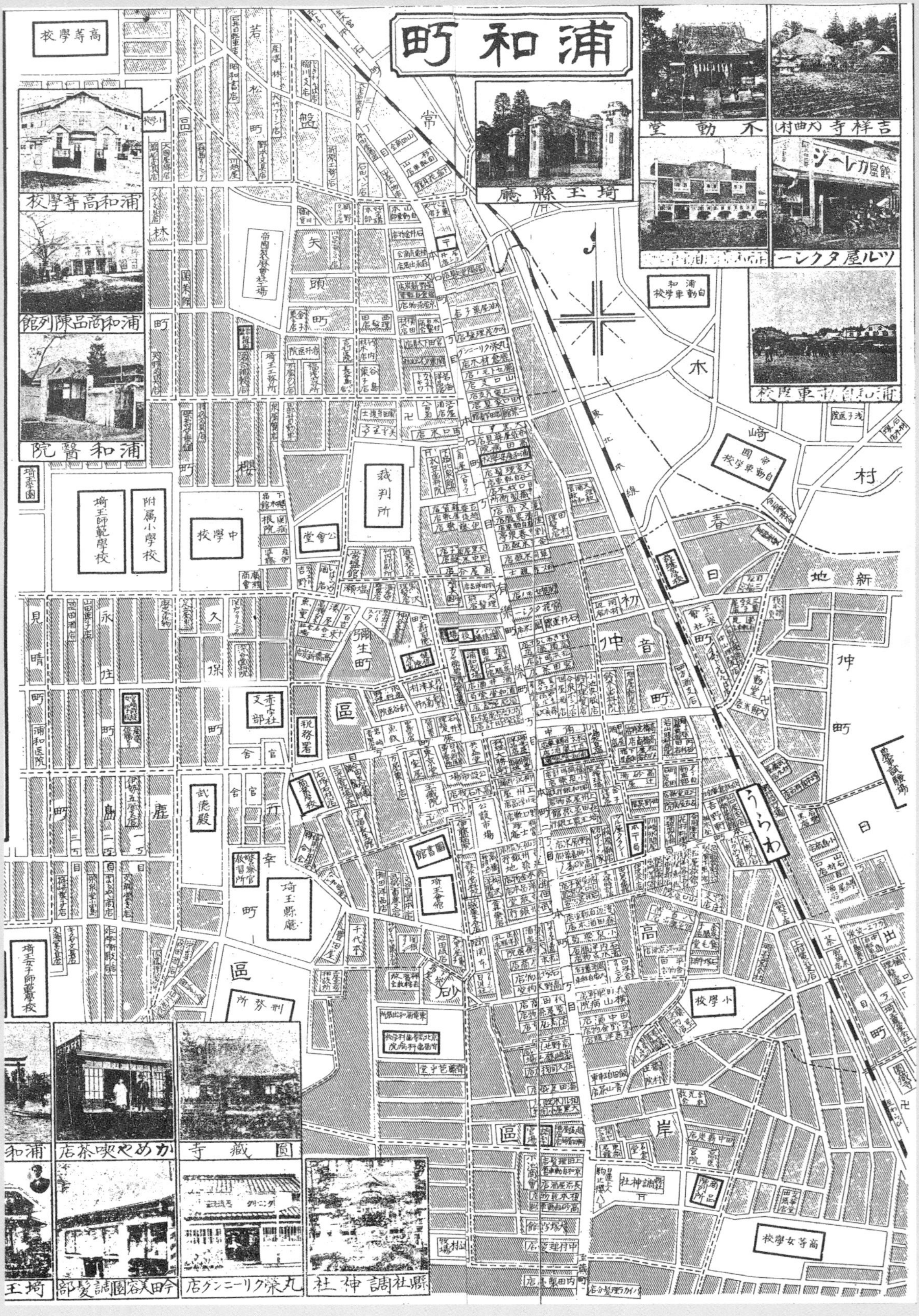

【大宮町】
昭和3年

【与野町】
昭和3年

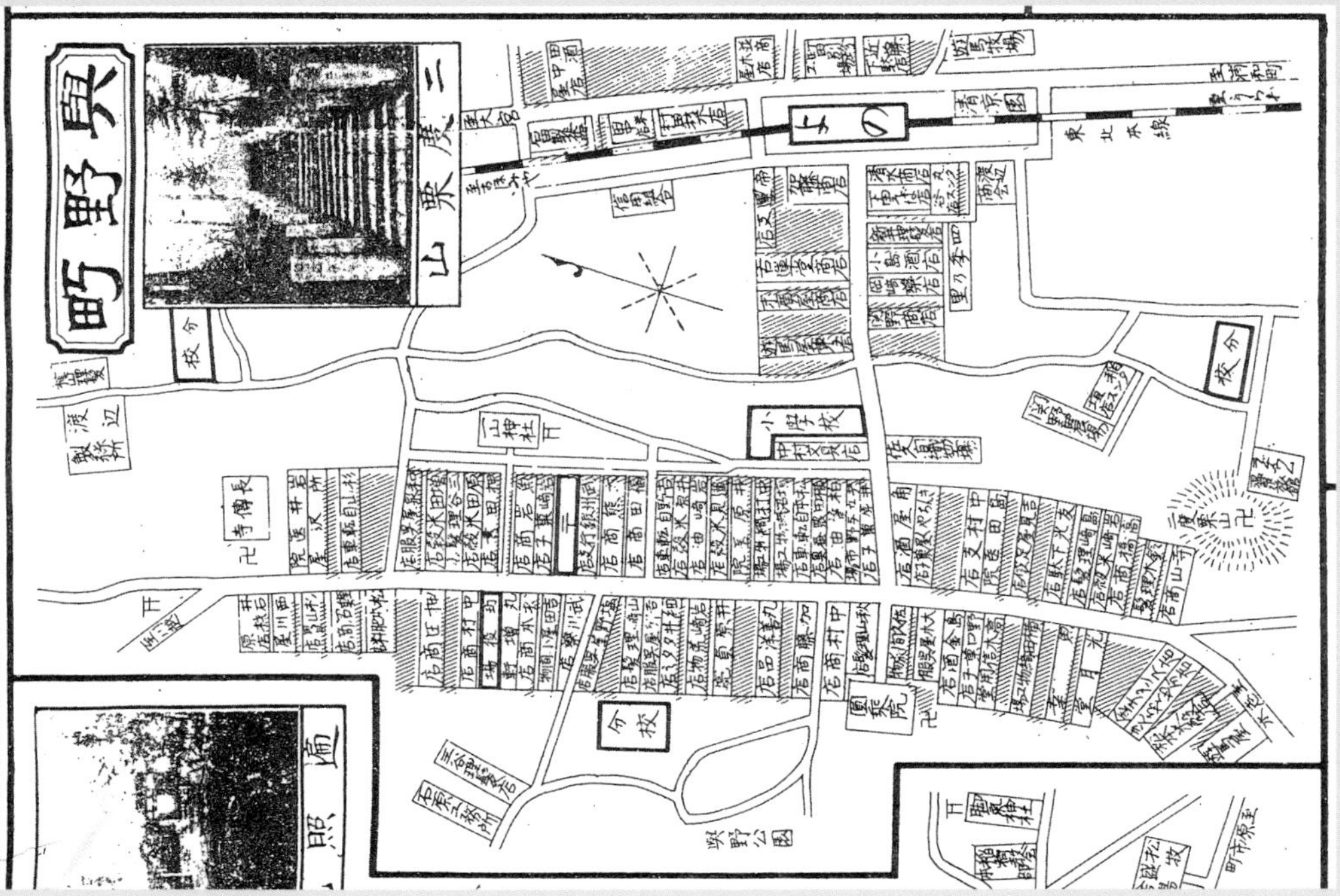

「KKK」の文字が目立つ国際興業バスが多数停車している浦和駅西口のバスターミナル。この時期（1961年）には、旧型のボンネットバスが姿を消しつつあり、現在のような形のバスが増えていった。右側には「交通安全都市　浦和市」の大きな看板が立てられている。
◎浦和駅西口　1961（昭和36）年

三角形をした駅前広場に多数の路線バス、タクシーなどが集まっている浦和駅西口の俯瞰。この頃はまだ高いビルの姿はなく、奥には工場の煙突から出る煙が見えている。この後、この西口広場は再開発されて、伊勢丹浦和店などのビルが建てられることとなる。
◎浦和駅西口　1962（昭和37）年

懐かしい時代の街角風景

写真所蔵：さいたま市アーカイブズセンター（特記以外）、解説：生田 誠

浦和駅西口

モニュメントが置かれているロータリー花壇が見える、浦和駅西口駅前である。1967（昭和42）年に改築される前、古風な平屋の地上駅舎がある頃の風景で、駅前広場の人と自動車の動線などはまだ整備されていなかった。◎浦和駅西口　1963（昭和38）年

モニュメントが置かれているロータリー花壇越しに、浦和駅西口駅前から商店街が見えている。左手には「花見菓子舗」の店舗があり、その横には「カバンの店　油屋」と喫茶店が並んでいる。その前を１台のボンネットバスが通り過ぎようとしている。◎浦和駅西口　1963（昭和38）年

浦和駅西口のバスターミナルには、国際興業バスが多数停車しており、学生、生徒、サラリーマンらが乗車を待っている。西口バスターミナルでは、現在も北浦和駅、武蔵浦和駅方面のほか、桜区役所、田島団地、大久保浄水場など市内各地に向かう同社の路線バスが発着している。◎浦和駅西口　1963（昭和38）年

「祝市制30周年」を祝う飾り付けがされた、浦和駅西口駅前から伸びる「県庁通商友会」の商店街の風景である。車道には路線バスやトラック、自動車が頻繁に走っており、自転車などを含めた交通量が増えていることがわかる。1934（昭和９）年に成立した浦和市は、30周年を迎えていた。◎浦和駅西口駅前　1964（昭和39）年

浦和駅西口

半円形の「浦和銀座」の看板が続いている旧中山道を俯瞰した、昭和中期の風景である。現在の東北本線とほぼ並行して走る旧中山道には、日本橋から数えて３番目となる浦和宿が置かれ、江戸時代から「二・七の市」が開催されるなど、地域の商業の中心地として栄えてきた。
◎旧中山道　浦和銀座　1957（昭和32）年

「祝徳仁親王誕生」の横断幕が多数、飾られている浦和銀座の風景。1960（昭和35）年に誕生した徳仁親王（なるひとしんのう、浩宮）は、現在の令和天皇である。道路を走る後姿の路線バスやオート三輪、沿道の商店の看板を見ても、昭和らしい雰囲気が漂っている。
◎旧中山道　浦和銀座　1960（昭和35）年

東京オリンピック開催を４か月後に控えた1964（昭和39）年６月、中元大売出しが開催されていた時期の旧中山道、浦和銀座の賑わいである。この埼玉県下においても、沿道に多数の日の丸やスポーツ選手をデザインした飾り付けがなされるなど、日本中が東京五輪の祝賀ムードに沸き立っていた。◎旧中山道　浦和銀座　1964（昭和39）年

浦和市の市制施行25周年を記念した祝賀ムードの中、旧中山道に繰り出したチンドン屋の面々。中山道の宿場町として発展した浦和宿は、1889（明治22）年の町村制施行により、北足立郡浦和町となっていたが、1934（昭和９）年に埼玉県で４番目の浦和市となっていた。
◎旧中山道　　1959（昭和34）年

浦和駅西口

浦和市西口の駅前(高砂2丁目)郵便局通りで、自転車を停めて談笑する人たちの姿が見える長閑な風景である。この先に浦和(現・さいたま中央)郵便局があるため、郵便局通りと呼ばれていたが、その前は停車場道(通り)と呼ばれる、駅前から続く商店街だった。
◎郵便局通り
1958(昭和33)年

浦和市西口の駅前(高砂2丁目)に浦和(現・さいたま中央)郵便局があった頃、駅前から延びる道路は、郵便局通りと呼ばれていた。その後、郵便局は移転し、再開発によって伊勢丹浦和店、コミュニティプラザ・コルソなどが誕生し、周辺の風景は大きく変化している。
◎郵便局通り
1958(昭和33)年

工事用の資材が置かれている郵便局通りの風景で、奥には十字屋の大きな看板が見えている。十字屋は大正時代に神奈川県平塚市で創業し、戦前、戦後にかけて全国で百貨店、商業施設を展開していた。埼玉県では、浦和市仲町に店舗を置いた後、同じ市内の高砂町に出店していた。
◎郵便局通り
1966(昭和41)年

新しく誕生した商業施設「コミュニティプラザ・コルソ」から見下ろした浦和駅と西口駅前ロータリー、広場の風景である。駅ビル「アトレ浦和」が誕生する前であり、2階建ての駅舎を越えた東口方面を見渡すことができた。左手には、伊勢丹浦和店が見えている。
◎浦和駅西口　駅前広場　1983（昭和58）年

自動券売機がズラリと並ぶ中、多くの人々が思い思いに券売機を利用している。この頃の国鉄の券売機は、料金別に分かれたものが使われおり、左には最低料金の120円、140円区間の切符が買える券売機がある。右側は駅員が売る出札窓口があり、その横にはコインロッカーが見える。◎浦和駅西口　自動切符売り場　1983（昭和58）年

浦和駅西口

「ときわ　だんご」と「レストラン　ときわ」の店舗が仲良く並んでいる浦和駅西口駅前の風景。「ときわ団子本舗」は1875（明治８）年、旧中山道沿いで創業した老舗。現在は再開発によって誕生した「浦和コルソ」の１階に移転して、甘味喫茶を伴って営業している。
◎浦和駅西口駅前　1968（昭和43）年

「花見菓子舗」や「山口屋」という菓子店や、洋食、中華の食堂「いづみや　浦和店」が見える浦和駅西口駅前の風景。大きな時計が見える上部には、「三井信託（銀行）」や「山一証券」の看板が見える。山一証券はこの後、2005（平成17）年に解散することとなる。
◎浦和駅西口駅前　1983（昭和58）年

東北本線の浦和駅は、1883（明治16）年７月、日本鉄道の駅として開業している。その後、国鉄（現・JR）の駅となり、浦和（現・さいたま）市の玄関口となってきた。当初は西口のみだったが、1930（昭和５）年に東口が開設されて、東西の駅舎の間は地下通路で結ばれる構造となった。
◎浦和駅
1962（昭和37）年

1967（昭和42）年10月に誕生した新しい浦和駅の西口駅舎（２階建て）で、2012（平成24）年まで使用されていた。これは同年10月20日、出来たばかりの新駅舎において、浦和駅落成祝賀会が行われた際の風景で、紅白の幕が貼られ、新駅舎誕生を祝う人々が集まっている。
◎浦和駅
1967（昭和42）年

1968（昭和43）年10月、浦和駅の東北旅客線にホームが新設され、朝夕のラッシュ時に中距離列車が停車するようになった。これはホームに東北本線の急行列車が停車しているものであり、花束を持った女性らの姿があることから、祝賀セレモニーの風景と見て取れる。
◎浦和駅
1968（昭和43）年

浦和駅

1967（昭和42）年に改築されたシンプルな構えの２階建て駅舎の前は、舗装されたタクシーに変わっている。この写真が撮影された前年の1982（昭和57）年、浦和駅では終日、中距離列車の停車が行われるようになり、駅の利用客も増加していった。
◎浦和駅西口
1983（昭和58）年

2008（平成20）年５月、浦和駅が埼玉県下の京浜東北線では初の全面高架駅となる前、地上駅だった頃の駅西口の改札口の風景である。右側に見える「なくそう交通事故　ふるさと浦和　浦和駅長」と書かれた、手書きの文字による立て看板が、いかにも昭和らしい雰囲気を醸し出している。
◎浦和駅西口改札口
1983（昭和58）年

「さくら草通り」は埼玉県の県花・さいたま市の市花であるサクラソウの名が付いた通りで、浦和駅の西口側に続く歩行者専用道路（ショッピングモール）となっている。昭和50年代の浦和駅前市街地改造事業に合わせて、1982（昭和57）年に誕生した。
◎さくら草通り
1982（昭和57）年

1951（昭和26）年に建設された、仲町の北側庁舎。本庁舎は1911（明治44）年から使用されていた、仲町の２階建ての市役所であり、このほかにも旧浦和市公会堂や、岸町庁舎なども使用されていた。新しい市役所は1971（昭和46）年、常盤６丁目に誕生する。
◎浦和市役所
1958（昭和33）年

1911（明治44）年、浦和町役場時代から使用されていた仲町２丁目の旧浦和市役所が手狭となったことで、常盤６丁目にあった埼玉大学教育学部の跡地に移転した。ここでは旧校舎を改造した、プレハブ庁舎が使用されていた。なお、旧市役所は仲町庁舎として使用されていた。
◎浦和市役所
1971（昭和46）年

戦前からあった県庁舎、県会議事堂が焼失した後、県庁舎（第一庁舎）の再建工事は徐々に進められて、1955（昭和30）年に県会議事堂（先代）とともに竣工している。その後、1963（昭和38）年に第三庁舎（一部）が誕生し、1974（昭和49）年に第二庁舎が完成している。
◎埼玉県庁
1966（昭和41）年

浦和市役所

1976（昭和51）年に浦和市役所として竣工した、現在のさいたま市役所の本庁舎。地上11階、地下２階建てで、浦和区常盤６丁目に位置している。建設から既に半世紀近くがたつことから、2031（令和13）年には、さいたま新都心に移転する計画がある。
◎浦和市庁舎　1976（昭和51）年

自動車やバスが行き交う旧中山道の高砂２丁目付近の賑わいを写している。右側には、富士（現・みずほ）銀行や東京相互（現・東京スター）銀行、左側には新日本証券の支店の看板が見えている。道路上には、オレンジ色をした「浦和銀座」の看板が掲げられている。
◎旧中山道　1987（昭和62）年

道路工事中の雑然とした雰囲気となっている浦和駅東口の第一ガード通り。右手には「山口の自転車」の看板が見える自転車店が存在している。奥に続くゲートに複数付けられている看板の「うまい酒　清酒力士」は、埼玉県加須市のメーカー「釜屋」が販売している地元銘柄の酒である。◎第一ガード通り　1962（昭和37）年

北浦和駅行きのボンネットバスが、道路工事中の狭い隙間をこじ開けて進んでゆく第一ガード通り（東口大通り）。駅南側の最初のガードがあったことから、この名が付いたと思われる。現在は、さいたま県道34号さいたま草加線の一部となり、日の出通りとも呼ばれている。◎第一ガード通り　1962（昭和37）年

浦和駅東口

駅員が切符を確認し、鋏を入れていた時代の浦和駅東口の改札口付近の風景である。左側には自動券売機を利用しようとしている女性が見え、その向こうには駅員のいる出札口も存在している。改札口の横の壁にある時刻表など、昭和らしいレトロな雰囲気の風景だった。
◎浦和駅東口　1983（昭和58）年

現在のような巨大な高架駅・駅ビルに変わる前、地上駅だった頃の浦和駅東口である。駅舎越しの西口側には、「マルイ（丸井）」のビル看板とともに1981（昭和56）年に竣工した商業施設「浦和コルソ」が見えている。手前には客待ちのタクシーがズラリと並んでいる。
◎浦和駅東口　1983（昭和58）年

現在は東北本線（京浜東北線）と武蔵野線の接続駅となっている南浦和駅。この当時は、京浜東北線だけが停車する駅だったが、付近には名門の進学校である埼玉県立浦和第一女子高等学校（浦和一女）などがあり、通学する生徒らが多く利用していた。
◎南浦和駅西口　1955（昭和30）年

長閑な田園風景の中に、新しい店舗が建ち始めていた南浦和駅東口の駅前風景である。その中で、左側には「丸善土地」、右側には「守屋よろづ店」というレトロな店舗の看板が見えている。駅前から真っすぐに伸びる道路では、建設工事が進行中である。
◎南浦和駅東口　1961（昭和36）年

浦和駅東口

日の出通りは、浦和駅の東口、現在は浦和パルコがある南側を北東に伸びる道路である。1960（昭和35）年に撮影されたこの写真では、「浦和東銀座」の文字があるゲートが見えており、賑やかな商店街となっていた。道路上には自動車、自転車の姿がある。
◎日の出通り　1960（昭和35）年

さいたま新都心

2000（平成12）年のさいたま新都心駅の開業、さいたまスーパーアリーナなどのオープンを前にした頃、さいたま新都心のけやき広場とさいたまスーパーアリーナの姿である。ここは旧与野市、旧大宮市に跨っており、現在はさいたま市中央区新都心となっている。
◎さいたま新都心
1999（平成11）年

2000（平成12）年４月、さいたま新都心の街びらきに先駆けて開業する予定だった、さいたま新都心駅で、まだ工事の最中だった。この駅は東北本線の与野～大宮間の新駅として誕生すると、京浜東北線だけでなく、宇都宮線、高崎線の列車も停車することになる。
◎さいたま新都心駅
1999（平成11）年

大宮駅の南側に広大な敷地を有していた、国鉄の大宮操車場の規模縮小により誕生したのが、現在のさいたま新都心の街である。1990年代から2000年代にかけて、操車場跡地などで再開発が行われ、2000（平成12）年５月５日に街びらきが行われた。これは前年（1999年）の風景である。
◎建設工事中のさいたま新都心
1999（平成11）年

1871（明治４）年に誕生した埼玉県の県庁舎は、前身の浦和県時代から現在地（浦和区高砂）に置かれていた。1885（明治18）年に初代の県会議事堂、1891（明治24）年に県庁の新館、1913（大正２）年に二代目の県会議事堂が完成する。この県庁は1948（昭和23）年に焼失するまで県民に親しまれてきた。◎埼玉県庁　1934（昭和９）年

田畑のあぜ道に葉を落とした木々が立つ奥には、うっすらと霞んだ林が見える、現在の東浦和駅付近の風景で、「武蔵野」という雰囲気がまだ漂っている。この写真が撮影された1973（昭和48）年４月、国鉄武蔵野線の東浦和駅が開業している。
◎東浦和駅付近　1973（昭和48）年４月８日　撮影：高橋義雄

江戸時代の武蔵国には、現在のさいたま市と川口市にまたがる巨大な見沼が存在し、新田開発のために干拓されて「見沼田んぼ」と呼ばれるようになった。この中央には芝川が流れており、東浦和駅周辺のところどころにも細い水路が残されている。
◎見沼たんぼ　1973（昭和48）年４月８日　撮影：高橋義雄

東浦和駅

自動車の屋根を越えた先に開通したばかりの武蔵野線の線路があり、列車（電車）が疾走する風景が見えている。東浦和駅の隣駅は南浦和駅と東川口駅。それぞれの駅間は、3･7キロと3･8キロで、首都圏の路線ではかなり長くなっている。
◎東浦和駅付近　1973（昭和48）年４月８日　撮影：高橋義雄

きれいに区画整理された住宅地の道路を、犬を連れて散歩する人、ジョギング中の女性が見える。既に建てられている住宅もあり、この東浦和駅周辺は住宅地に変わってきた。1980（昭和55）年には、駅南側に東浦和団地が誕生する。
◎東浦和駅付近　1973（昭和48）年４月８日　撮影：高橋義雄

平屋建ての家屋が続く中、家の前では長閑に布団を干す光景が見える。戦後の1961（昭和36）年７月に東北本線（京浜東北線）の新駅として誕生した南浦和駅。1973（昭和48）年４月には武蔵野線も開業するものの、この時期の駅付近には、まだ開発の波は押し寄せていなかった。
◎南浦和駅付近　1973（昭和48）年３月４日　撮影：高橋義雄

1973（昭和48）年３月、開業する１か月前の国鉄の武蔵野線の高架線で、列車の姿は見えていない。この武蔵野線は、南浦和駅で東北本線と交差するため、同駅では相対式１面２線の高架ホーム（５・６番線）を使用しており、東北本線の線路を跨ぐ形になっている。
◎南浦和駅付近　1973（昭和48）年３月４日　撮影：高橋義雄

南浦和駅

高架線の横に2階建ての家屋が出来つつある中、空き地の駐車場にはさまざまなスタイルの自動車が停車している。現在はさいたま市南区となっている南浦和駅周辺は、1964（昭和39）年に南浦和1～3丁目の地名（住居表示）が誕生し、1980（昭和55）年に南浦和4丁目が加わった。
◎南浦和駅付近
1973（昭和48）年3月4日
撮影：高橋義雄

南浦和駅南西を走る国鉄の武蔵野線のブロック塀に埋め込まれているのは、「第一神明丸高架橋」の完成を示すプレートである。この高架橋が誕生したのは1970（昭和45）年1月で、「神明丸」の名称は線路の北側（南区根岸1丁目）にある「神明丸公園」に由来している。
◎南浦和駅
1973（昭和48）年3月4日
撮影：高橋義雄

右手からくる線路の横に続く砂利道を歩く人の姿がある南浦和駅付近の風景。奥には家屋が建ち並んでいる。左手奥、ビルの上にハート形の広告が見える建物は、第一勧業銀行の南浦和支店だろうか。現在は、みずほ銀行の南浦和支店として営業している。
◎南浦和駅付近
1973（昭和48）年3月4日
撮影：高橋義雄

1960（昭和35）年11月、東北本線（京浜東北線）の新駅として建設中だった南浦和駅付近の風景で、左側で建設工事が行われている。南浦和駅はこの翌年（1961年）7月、開業することになる。右側に見える本線上では、大宮行きの普通電車が走行している。
◎建設中の南浦和駅　1960（昭和35）年

1961（昭和36）年７月に開業した後も、整備が進められていた南浦和駅。これは同年９月の西口の風景で、資材などが野積みとなっている。この後、武蔵野線の建設計画が進行することとなり、1965（昭和40）年12月には同線の起工式がこの駅で挙行される。
◎南浦和駅西口　1961（昭和36）年

南浦和駅

こちらは京浜東北線のホームが見える南浦和駅東口の駅前で、道路工事が進められている。奥に見えるのは「自転車手荷物預り所」「喫茶軽食」の看板が見える松屋。農地が広がる中、ようやくできたであろう１軒の店舗しかなく、現在の家屋が建ち並ぶ風景とは隔世の感がある。
◎南浦和駅東口　1961（昭和36）年

国鉄の南浦和駅は、武蔵野線が開業する前の1961（昭和36）年７月、東北本線（京浜東北線）の駅として開業している。これは1973（昭和48）年３月、新しい武蔵野線のホームにおいて、開業記念の式典が準備されていたときの風景で、右側には貨物列車の姿が見える。
◎南浦和駅　　1973（昭和48）年

南浦和駅

現在もさいたま市南区南本町1丁目に会社がある「櫻井建設」の前には「高級住宅分譲中」の立て看板が置かれている。左側には東北本線の線路があり、多くの自転車が置かれている。左側の消火栓の柱に広告の見える「ミカド不動産」も、同じく南区南本町1丁目で営業している。◎南浦和駅　1973(昭和48)年3月4日　撮影：高橋義雄

家族連れの姿がある南浦和駅のバス停、ベンチが見える風景である。この当時の路線バスの行き先は浦和駅、上谷などだが、現在は西口、東口側から浦和駅、戸田車庫、田島団地、イオンモール北戸田方面に向かう国際興業バスが発着している。
◎南浦和駅　1973(昭和48)年3月4日　撮影：高橋義雄

与野駅

与野町（宿）には、本町通りを中心とした旧街道が走っており、古くから市が立って大いに賑わいを見せていたという。また、春にはサクラの並木が美しく、民俗学者の柳田国男は「桜並木の最も美しきは、埼玉県与野町なり」「町には市立ち、落花街に満ちて夢の国を行くが如くなりき」と書いている。
◎与野　花の街道　年代不詳

国鉄与野駅が開業したのは1912（大正元）年11月のこと。この当時は、北浦和駅やさいたま新都心駅が存在せず、浦和、大宮駅などしか存在しなかった。なお、駅の所在地は北足立郡の与野町ではなく、木崎村であったが、1931（昭和6）年に浦和町に編入されることとなる。これは大正期の駅前風景。
◎与野駅　大正時代

右側には「松本タクシー」の看板が見える与野駅の駅前風景で、1台の自動車が停車している。この当時は、北浦和駅やさいたま新都心駅が存在せず、隣駅は浦和駅と大宮駅だった。もともと、与野駅のある場所には1906（明治39）年4月、日本鉄道時代に浦和～大宮間に大原信号所が開設されていた。
◎与野駅　1934（昭和9）年

埼京線の与野本町駅の西側を南北に走る与野本町通り一帯は、与野町の中心として栄えた場所で、通り沿いには蔵造りの古い街並みが続いていた。このあたりには、真言宗豊山派の円乗院や正圓寺、御嶽信仰の指導者の名に由来する一山神社など、歴史のある神社仏閣も点在している。◎与野　本町通り　昭和30年代

さいたま新都心駅は、さいたま市中央区大字上落合（西側）と大宮区吉敷町（東側）にまたがって存在している。中央区には現在、大字の「上落合」のほか、上落合１～９丁目が存在しており、かつては北足立郡に上落合村が存在した。これは昭和30年代の上落合ロータリーの風景である。◎上落合ロータリー　昭和30年代

与野駅

与野公園の入り口を示す目印（奥寺公園入口）が左側に見える与野本町通りを、路線バスが走っている。中央区本町西１丁目に存在する与野公園は、1877（明治10）年に埼玉県で３番目に開園した歴史の古い公園で、1977（昭和52）年に開設されたバラ園などがあり、花の名所として親しまれている。
◎本町通り　与野公園入口付近
1955（昭和30）年頃

当初の与野駅には、西口しか存在しておらず、現在の東口が開設されるのは1958（昭和33）年11月のことである。この与野駅は浦和市上木崎に存在しており、当時の与野市に置かれた駅ではなかった。現在の所在地はさいたま市浦和区上木崎１丁目となっている。これは提灯飾りのある開設時の風景である。
◎与野駅東口
1958（昭和33）年

南浦和駅

「荻野燃料店」という大きな看板が見える前に置かれた自動車が見え、手前には畑が広がっている。現在のさいたま市緑区東浦和１～９丁目は、2002（平成14）年に誕生した新しい地名（住居表示）。浦和（現・さいたま）市になる以前は北足立郡尾間木村で、複雑に土地が入り組んでいた場所であり、区画整理されて現在に至っている。
◎東浦和駅
1973（昭和48）年４月８日
撮影：高橋義雄

与野駅西口から伸びる与野駅前通りの静かな風景である。この道路の先には、真言宗智山派の古刹、円乗院が存在している。ここは源頼朝に仕えた武将、畠山重忠ゆかりの寺院であり、創建は鎌倉時代の建久年間で、江戸時代初期の慶長年間に現在地に移転してきた。
◎与野駅前通り　1958(昭和33)年

書店や寿司店、医院などが並んでいる与野駅前通りの風景である。この与野駅前通りは、わずか591メートルの短い埼玉県道で、与野公園、円乗院付近の県道165号と結ばれている。この当時も、自転車や歩行者に加えて、自動車も走る賑やかな通りだったことがわかる。
◎与野駅前通り　1958(昭和33)年

与野駅

貨物列車（タンク車）が停車している与野駅のホーム風景である。この与野駅からは、東北本線とともに武蔵野線大宮支線が分岐している。武蔵野線大宮支線は、与野～西浦和（武蔵野線）間を結ぶ4.9キロの貨物線で、実際には北側の大宮操車場構内で東北貨物線から分岐している。
◎与野駅
1985（昭和60）年

与野駅は島式ホーム１面２線をもつ地上駅で、橋上駅舎を有している。これは東口の駅前であり、すぐ東側には旧中山道（県道164号鴻巣桶川さいたま線）が走っている。この写真が撮影された1992（平成４）年には、自動改札機の使用が開始された。
◎与野駅東口
1992（平成４）年

旧与野市の古い市街地は西口側にあり、開業当初には西口しか存在しなかった。駅前から伸びる与野駅前通り（県道119号与野停車場線）などには商店街が形成されて、大いに栄えていたが、1985（昭和60）年に埼京線が開通して、与野本町駅などが開設されると、与野駅の利用者は減少した。
◎与野駅西口
1998（平成10）年

駅前にタクシー会社「平和自動車」の看板が見え、自動車が多数、停車している北浦和駅西口。この頃の駅前広場は、まだアスファルトによる舗装はなされていなかった。子供が手を添えているバス停の表示板も簡素なものであり、左奥にはレトロなボンネットバスの姿も見える。
◎北浦和駅西口
1959（昭和34）年

1968（昭和43）年に現在の橋上駅舎が誕生する前、地上駅時代の北浦和駅西口の駅前風景。以前（上？）の写真と比較すると、駅前のスペースが舗装されて、緑地などが整備されている様子がわかる。右手には「喫茶食堂」の看板がある小さな駅前食堂が見えている。
◎北浦和駅西口
1960（昭和35）年

東北本線（京浜東北線）の北浦和駅は、戦前の1936（昭和11）年９月に開業している。これは戦後の1968（昭和43）年10月、現在の駅舎が新築落成したときの駅前、バスターミナルの風景である。駅の構造は島式ホーム１面２線をもつ地上駅で、橋上駅舎を有している。
◎北浦和駅
1968（昭和43）年

旧式のオート三輪が停車している北浦和駅付近の商店街、交差点の風景である。コート姿の女性がいることから、秋から冬にかけての季節だろうか。右手の菓子店には、かわいい子供の絵が見える森永ドロップの看板が掲げられている。まだ、自動車の姿は少ないようだ。
◎北浦和商店街　1960（昭和35）年

北浦和駅東口から北に伸びる平和通商店街を歩く人々。割烹着姿のおかみさんたちが目立っているは、午後（夕方）の買い物どきなのだろうか。左手には、鉄道弘済会の預かり所の看板があり、埼玉らしい手焼きの草加せんべいを売る店も見えている。
◎平和通商店街　1960（昭和35）年

北浦和駅

北浦和駅東口の駅前に客待ちのタクシーが並んでいる。地上駅舎だった時代であり、「火災予防運動」の立て看板が見える冬の風景か。この東口側には旧中山道（県道164号）が走っており、北棟には名門の進学校、県立浦和高等学校（旧制浦和中学校）が存在している。
◎北浦和駅東口
1966（昭和41）年

工事中を示す囲いに新しく誕生する予定の新駅舎の完成予想図が貼られている、国鉄（現・JR）北浦和駅の西口風景で、バスを待つ多くの人々が見えている。この北浦和駅の西側には、中山道（国道17号）が走っており、北浦和公園、浦和伝統文化館恭慶館が存在している。
◎北浦和駅西口
1967（昭和42）年

木造の簡素な仮駅の姿がある東北本線（京浜東北線）の北浦和駅の西口駅前、改札口付近の風景である。翌年には浦和市内に武蔵野線が開業し、多くの新駅が誕生することになる。駅舎と同様、新しい跨線橋も生まれている。左側には、駅前売店が見えている。
◎北浦和駅西口
1967（昭和42）年

武蔵野線開業

1973（昭和48）年３月、国鉄（現・JR）武蔵野線が開通し、旧浦和市内にも新しい駅が誕生した。市内を横切るこの新線には、東から東浦和、武蔵浦和、西浦和と、「浦和」を含む３つの駅が開業。既存の南浦和駅、東北本線（京浜東北線）の北浦和駅を合わせると、浦和に「東西南北」を冠した駅が揃うことになった。◎武蔵野線開業　1973（昭和48）年

西浦和駅

「祝武蔵野線西浦和駅開駅記念」の祝賀看板が見える国鉄（現・JR）の西浦和駅の駅前風景で、自動券売機の前に立つ人物が見える。西浦和駅の所在地は、さいたま市桜区田島５丁目で、2003（平成15）年、政令指定都市移行に伴い、旧浦和市の大久保地区と土合地区の一部が桜区となった。◎西浦和駅　1973（昭和48）年

東浦和駅

地元の人々らが集まって、開駅記念の祝賀会が開催されていた、国鉄（現・JR）武蔵野線の東浦和駅の風景である。東浦和駅の所在地は、さいたま市緑区東浦和１丁目で、緑区は2003（平成15）年に誕生している。この駅の東側には、芝川が流れ、見沼通船堀公園が存在している。
◎東浦和駅　1973（昭和48）年

1973（昭和48）年４月、府中本町～新松戸間で開業した国鉄（現・JR）の武蔵野線。これは開業１か月前の同年３月、東浦和駅のホーム風景である。東浦和駅は、掘割の中に設置された地上駅で、相対式２面２線のホームを有し、中間線１線が存在している。
◎東浦和駅　1973（昭和48）年

埼玉高速鉄道

2001(平成13)年3月に赤羽岩淵～埼玉美園間で開業した埼玉高速鉄道は、東京地下鉄南北線と結ばれて、沿線の住民にとっては都内へのアクセスが大いに便利になった。これは開業の前年(2000年)、延伸してきたレールを締結した際の祝賀風景である。
◎埼玉高速鉄道、レール締結　2000(平成12)年

2001(平成13)年3月、埼玉高速鉄道の終着駅として開業した浦和美園駅の駅舎である。駅の構造は、島式ホーム1面2線を有する地上駅で、コンコース、改札口は橋上に設けられている。開業当時は浦和市であったが、間もなくさいたま市となって、現在は緑区に存在している。
◎浦和美園駅　2001(平成13)年

さいたま新都心駅

東北本線と埼京線・東北新幹線の線路の間で、ようやく姿を見せ始めていた新駅、さいたま新都心駅。青空の下、奥には大宮駅付近のビル群が見えている。この駅から南側の与野駅までは1.1キロと短く、北側の大宮駅との距離は1.6キロとなっている。
◎建設中のさいたま新都心駅　1999（平成11）年

2000（平成12）年、東西自由通路、けやき広場が竣工した、さいたま新都心駅の風景で、巨大なドーム屋根の下を大勢の人々が歩いている。さいたま新都心駅の東側はさいたま市大宮区吉敷町、西側は中央区大字上落合であり、この自由通路は東西を結んでいる。
◎さいたま新都心駅　2000（平成12）年

日進駅

「祝川越線電化開通記念」の祝賀ゲートが飾られている、日進親和会の商店街風景である。右側に広告看板が見える「まこと幼稚園」は、1960（昭和35）年に開園した「日進まこと幼稚園」で、駅から徒歩４分ほどのさいたま市北区日進町に存在している。
◎日進駅　1985（昭和60）年

1940（昭和15）年７月に開業した川越線の日進駅の駅舎の風景である。同じ日（７月22日）には同線の指扇、南古谷駅なども誕生しており、これらの駅舎の形もよく似ていた。現在は2011（平成23）年に竣工した橋上駅舎が使用されている。
◎日進駅　1985（昭和60）年

1885（明治18）年３月に開業した大宮駅だが、直後の同年７月に東北本線と高崎線の分岐点となったことで、大宮町（後の大宮市、現・さいたま市）に「鉄道の街」という大きな発展をもたらした。この1914（大正３）年のホーム風景でも、乗り換え客を含めた多くの利用客がいたことがわかる。
◎大宮駅
1914（大正３）年

1914（大正３）年の大宮駅の本屋内、待合室の奥に出札口と小荷物受付所が見えている。大宮駅には国鉄線に加えて、1902（明治35）年に川越電気鉄道（後の西武大宮線）が乗り入れて、構内に停留場を置いたことで、手荷物などの利用客も増えていった。
◎大宮駅出札口付近
1914（大正３）年

この大宮駅は1883（明治16）年７月、日本鉄道（東北本線・高崎線）の上野～熊谷間が開業した当初は、駅が設置されておらず、２年後の1885（明治18）年３月に開業している。同年７月には大宮～宇都宮間が開業して、現在の東北本線、高崎線の接続駅となっている。
◎大宮駅東口
1914（大正３）年

大きな時計が目印だった瀟洒な造りの大宮駅の東口駅舎である。大宮駅における東西の連絡は、1968（昭和43）年４月に地下で結ばれる東西自由通路が完成するまで、国道16号の跨線橋である大永橋を渡る必要があった。現在は新しい中央自由通路を利用することができる。
◎大宮駅東口　1955（昭和30）年

駅前にやってくるタクシー、路線バスの数が増加した時期、1965（昭和40）年の大宮駅東口の風景である。この年10月のダイヤ改正では東北本線の「ひばり」、奥羽本線の「つばさ」、上越線の「とき」という３往復の特急列車が、大宮駅に停車するようになった。
◎大宮駅東口　1965（昭和40）年

大宮駅東口の駅前には路線バス、タクシーが整然と並んでいる。構内に目を移せば、南北に跨線橋を備えた立派な鉄道駅であることがわかる。この後、1982（昭和57）年６月には東北新幹線の始発駅となり、新幹線の高架ホームを有する巨大な鉄道駅に発展してゆく。
◎大宮駅東口　1965（昭和40）年

大宮駅東口から東に伸びる大宮停車場線（現・県道90号）の沿道風景である。この県道は県道２号（旧国道16号）の大栄橋交差点に至る、わずか454メートルの距離となっている。道路の両側の歩道はアーケード商店街となっており、買い物客で賑わいを見せていた。
◎大宮駅東口駅前　1967（昭和42）年

大宮駅東口

1967（昭和42年）10月、駅ビル「大宮ステーションビル・OSB」（現・ルミネ1）が開業した翌年（1968年）の大宮駅東口付近の空撮写真である。右下に見える大宮中央デパートは、1966（昭和41）年に開店した東口のシンボル的存在で、2017（平成29）年まで営業していた。
◎大宮駅東口付近の空撮
1968（昭和43）年

戦前には「川越新道」と呼ばれていた大宮駅東口から伸びる駅前通りは戦後、歩道と車道が分離、舗装されて、東口のメインストリートとなって「大宮銀座通り」と名付けられた。1952（昭和27）年には歩道にアーケードが設置され、賑わいのある商店街に発展していった。
◎大宮駅東口（昭和35年）

客待ちをするタクシーが数列並んでいる大宮駅東口の駅前広場で、奥には大宮銀座通りのアーケード商店街が見えている。高度成長期の日本を象徴するように、商店の屋根やビルの屋上などには、「ブラザーミシン」「日立テレビ」といった、さまざまなメーカー、商品の広告看板が見えている。
◎大宮駅東口
1963（昭和38）年

手前には自家用車、奥にはタクシーが整然と駐車している大宮駅東口の駅前広場である。この2年前(1968年)には東西を結ぶ地下自由通路が開通するなど、大宮駅周辺の整備は進められていた。駅ビルの上には「屋上ビヤ★ガーデン」の広告文字が見えている。
◎大宮駅東口　1970(昭和45)年

戦後に各地で誕生した国鉄の民衆駅のひとつとして、1967(昭和42年)10月、大宮駅の東口にも駅ビル「大宮ステーションビル・OSB」(現・ルミネ1)が開業した。このとき、東武野田線の大宮駅は現在地に移設されて、国鉄駅と分離された。
◎大宮駅東口　1967(昭和42)年

大宮駅東口

現在は大宮バイパスが中山道（国道17号）と呼ばれているため、旧中山道は埼玉県道164号鴻巣桶川さいたま線となっている。これは中山道だった時代（1935年）の大宮駅東口付近の風景で、洋館を含めた立派な構えの家並が続いている中、バス（乗合自動車）などが走っている。
◎中山道　大宮駅東口　1935（昭和10）年

1966（昭和41）年、現在の大宮区大門３丁目に竣工した旧大宮市役所である。この建物は、さいたま市に移行した後も、大宮区役所として使用されていた。立て看板に見える「国体」とは、翌年（1967）年に埼玉県で開催されることになっていた、第22回国民体育大会のことである。
◎大宮市役所　1966（昭和41）年

アーケード商店街となっていた頃の大宮駅東口、大門町付近の中山道の風景である。道路の上に見える幕に書かれている「柳生武芸帳」は、五味康祐の小説を東映が映画化した作品で、近衛十四郎が主演し、花園ひろみ、山城新伍らが脇を固める形で、1961（昭和36）年に公開されている。◎中山道　大門町付近　1961（昭和36）年

大宮駅東口

大宮駅東口駅前の大宮中央通り付近から、中山道の北側を見た風景である。洋装の人々が多い中、手前を歩く子供連れの２人の女性は艶やかな着物姿である。右側に見える「野原金物店」、左側の「お薬は齊藤」という看板は、戦後間もない時期（昭和20年代）らしいものとなっている。◎中山道　1952（昭和27）年

今から100年近く前の国鉄の大宮操車場で、広大な用地に線路が並び、多数の貨車などが停められている。この大宮操車場は1927（昭和２）年８月、大宮駅の附属施設として開設され、大宮操駅（臨時駅）に変化を繰り返しながら、現在に至っていた。
◎大宮操車場
昭和初期

広大な用地を有していた国鉄の大宮工場の空撮写真である。東北本線などの前身となった日本鉄道が、1894（明治27）年に設立した工場をルーツとするこの大宮工場だが、現在はJR東日本の大宮総合車両センターに組織が変わり、電車の検査、修繕などを主に行っている。
◎国鉄大宮工場
1961（昭和36）年

東北新幹線の列車が見える大宮駅の新幹線ホームである。現在の大宮駅は４層の構造になっており。１階に在来線（東北本線など）のホームがあり、３階に新幹線ホームが設けられている。なお、在来線のうち、埼京線・川越線のホームは地下１階に置かれている。
◎大宮駅
1982（昭和57）年

大宮機関区・操車場

蒸気機関車が牽引する列車の姿も見える国鉄の大宮操車場の風景である。ここは貨物輸送が華やかなりし時代には、３面６線の貨物ホームが設けられ、大宮貨物駅とも呼ばれていた。現在はその用地は大幅に縮小され、再開発によって、さいたま新都心の街が誕生している。
◎大宮操車場　1969（昭和44）年

大宮機関区の転車台の上で回転する姿を見せている、D51形703号の蒸気機関車。1942（昭和17）年に製造されたSL、D51形703号は戦後、大宮機関区に籍を置いて活躍した後、高崎、亀山機関区（三重県）に移って、1972（昭和47）年に廃車となっている。
◎大宮機関区　転車台　1969（昭和44）年

東北新幹線

1982（昭和57）年８月の東北新幹線の大宮～盛岡間の開業を半年後に控えた同年２月、大宮駅付近で架線の接続が行われた。これは「祝東北新幹線架線接続」と書かれた祝賀用看板の下、紅白の幕を付けた架線作業車の上で、セレモニーが行われている風景である。
◎東北新幹線の架線接続　1982（昭和57）年

埼京線開業

1985（昭和60）年９月、埼京線が開業して、大宮駅において、祝賀セレモニーのテープカットが行われた風景である。埼京線は首都圏の新しい通勤路線として期待されていたルートで、大崎～池袋間は山手線、池袋～赤羽間は赤羽線、赤羽～大宮間は東北本線（支線）で成り立っていた。◎大宮駅　埼京線開通式　1985（昭和60）年

さいたま新都市交通

1983（昭和58）年12月、埼玉新都市交通伊奈線（ニューシャトル）の大宮～羽貫間が開通した。その後、1990（平成２）年８月に羽貫～内宿間が開通し、全長12.7キロの路線が全通した。この伊奈線は、鉄道博物館に入館する人々が多く利用する路線となっている。
◎さいたま新都市交通（ニューシャトル）　1983（昭和58）年

東北新幹線が開業する前後の昭和時代後期（1980年代）から、拡張・整備が進められてきた大宮駅。これは現在とほぼ同じ姿となった頃の駅舎西口の風景である。この後、平成時代には2005（平成17）年に「エキュート大宮」が開業するなど、エキナカの施設が整備されることとなる。
◎大宮駅西口　1990（平成２）年

大宮駅西口

建築資材が積まれている大宮駅構内の風景で、左側に１両の客車が停車している。大宮駅では２年後（1982年６月）の東北新幹線開業に向けて、構内、駅舎の整備が進められていた。翌年（1981年10月）には中央自由通路が完成することになる。
◎大宮駅構内　1980（昭和55）年２月16日　撮影：高橋義雄

1982（昭和57）年の東北新幹線開業を前にした、前年（1981年）の大宮駅西口の商店街の風景である。アーケードが付けられている歩道からはみ出すようにして、車道の端には多数の自転車が置かれている。商店の看板はいかにも昭和時代という雰囲気である。
◎大宮駅西口　1981（昭和56）年６月７日　撮影：高橋義雄

大宮駅西口

駅前の再開発、整備が進む前の大宮駅西口付近の風景である。写真館前の空き地は、駐輪場となっているのか、多数の自転車が置かれている。1981（昭和56）年10月には、東西地下自由通路に代わるものとして、中央自由通路が完成する。
◎大宮駅西口
1981（昭和56）年6月7日
撮影：高橋義雄

大宮駅西口の駅前広場には、多数のタクシーが停車している。奥に続くアーケード商店街の角の店舗、屋根に見える広告看板「マネーショップ　ヤタガイ」は、サラリーマン金融（サラ金）準大手の会社で、1984（昭和59）年に倒産している。
◎大宮駅西口
1981（昭和56）年6月7日
撮影：高橋義雄

前年（1982年）に大宮駅西口に誕生した、大宮ステーションビル新館とは対照的な古風な風景が広がっている西口駅前の風景である。この後、西口駅前では区画整理事業が行われて、再開発が進んで、1987（昭和62）年にはそごう大宮店が開店する。
◎大宮駅西口
1983（昭和58）年1月16日
撮影：高橋義雄

砂ぼこりを上げてボンネットバス、自動車が走る大宮駅西口駅前の風景で、道路はまだ舗装されていなかった。この写真が撮影された1959（昭和34）年は、皇太子（後の平成天皇）御成婚があった年で、テレビが一般に普及した年でもあった。中央付近には「東芝テレビ」の広告看板が見える。◎大宮駅西口駅前　1959（昭和34）年

東（左）側に見える旧中山道（現・県道164号）に沿って走る東北本線に寄り添うような形で広がっていた国鉄の大宮操車場の空撮写真である。この後、片倉工業大宮工場とともに再開発され、さいたま新都心に生まれ変わり、さいたまスーパーアリーナなどの新施設が誕生する。
◎大宮操車場　年代不詳

大宮駅西口

この時期の大宮駅西口では、鐘塚公園などと結ばれるペデストリアンデッキ（歩行者用回廊）の建設中だった。奥に見える大宮駅西口DOMショッピングセンター（大宮西口共同ビル）は1982（昭和57）年、ダイエーと丸井（マルイ）の2店が核テナントとなって開業している。
◎大宮駅西口　1988（昭和63）年1月15日　撮影：高橋義雄

完成したペデストリアンデッキの美しい姿とは対照的に、大宮駅西口はゲームセンター、たばこ店、書店などの小さな古い商店が雑然と残されていた。1987（昭和62）年に開店したそごう大宮店のビルの前でも、新しいビルが建設中である。
◎大宮駅西口 1989（平成元）年1月8日　撮影：高橋義雄

宮原駅

さいたま市北区宮原町３丁目にある宮原駅は、国鉄の高崎線の駅として、1948（昭和23）年７月に開業している。ここには以前、1908（明治41）年５月に開設された、加茂宮信号場（所）が存在していた。これは1972（昭和47）年に改築される前の木造駅舎とホームの風景である。
◎宮原駅
1971（昭和46）年

1972（昭和47）年に改築されて誕生した、高崎線の宮原駅の橋上駅舎で、駅の構造は島式ホーム２面４線の地上駅となっている。駅の所在地は、さいたま市北区宮原３丁目で、高崎線の普通列車のほか、湘南新宿ライン、上野東京ラインの列車が停車する。
◎宮原駅
1972（昭和47）年

大宮駅西口

大宮駅西口側の上空から、大宮駅東口方面の市街を望んだ空撮写真である。駅東口にはこの年（1967年）10月、駅ビル「大宮ステーションビル・OSB」（現・ルミネ１）が開業する。中央付近を南北に通っているのは、武蔵一ノ宮氷川神社に続く氷川緑地である。
◎大宮駅と市街の俯瞰
1967（昭和42）年

土呂駅

この年（1983年）10月の開業を半年後に控えた東北本線土呂駅の建設工事中の風景で、完成予想図を示す大きな看板が立てられていた。地元では、大正時代から駅建設の動きがあり、1971（昭和46）年に完成した土呂土地区画整理事業において、既に駅前広場が造られていた。
◎土呂駅
1983（昭和58）年４月３日
撮影：高橋義雄

モダンな橋上駅舎の出現を期待させる鉄骨の骨組みが姿を現しつつあった頃、建設中だった土呂駅である。土呂駅は1983（昭和58）年10月、東北本線の新駅として開業し、島式１面２線をもつ橋上駅舎がお披露目される。駅前広場にはブロンズ像「やすらぎ」が設置された。
◎土呂駅
1983（昭和58）年４月３日
撮影：高橋義雄

東大宮駅

地下駐輪場の建設工事が進められていた頃の東大宮駅の東口駅前。1964（昭和39）年３月、東北本線（宇都宮線）の新駅として誕生した後、この駅に停車する列車の数も増えて、近隣住民が駅を利用する回数も増加した。宇都宮線の中でも乗降客数の数が多い駅で、大規模な駐輪場の必要が生じていた。
◎東大宮駅
1990（平成２）年４月１日
撮影：高橋義雄

東大宮駅

東京オリンピックが開催される直前の1964（昭和39）年３月に東北本線の新駅として開業した東大宮駅。黒磯行きの普通列車が停車している、島式１面のホームの風景である。この頃は駅周辺にまだ雑木林が広がっていたが、現在は商業地、住宅地に変わっている。
◎東大宮駅　1964（昭和39）年

東北本線の東大宮駅は、1964（昭和39）年４月に開業したが、計画時の駅名は「砂」だった。駅の所在地は、さいたま市見沼区東大宮４丁目で、この当時は小さな地上駅舎だったが、現在は橋上駅舎に変わっている。この駅の南側には、「大宮」の地名に「北」を加えた、東武野田線の北大宮駅が存在している。◎東大宮駅　1983（昭和58）年

指扇駅

JR川越線の指扇駅は、1940（昭和15）年７月に開業している。これは2014（平成26）年に橋上駅舎になる前の地上駅舎の姿である。駅の所在地はさいたま市西区大字宝来であり、「指扇」の地名は1955（昭和30）年に大宮市に編入されるまで存在した、指扇村に由来している。
◎指扇駅　1983（昭和58）年

土呂駅

1983（昭和58）年10月、東北本線の大宮～東大宮間に開業した土呂駅。駅の所在地はさいたま市北区土呂町１丁目である。駅の構造は島式ホーム１面２線の地上駅で、当初から橋上駅舎となっていた。この写真の頃は、駅周辺がまだ整備されていなかった。
◎土呂駅　1983昭和58）年

大和田駅

棒線（１面１線）時代の東部野田線、大和田駅のホーム風景である。駅の所在地はさいたま市見沼区大和田町２丁目で、1929（昭和４）年11月の北総鉄道時代に開業している。現在は相対式ホーム２面２線の構造に変わり、ホーム間は跨線橋で結ばれている。
◎大和田駅　昭和20年代

現在とは屋根の形が異なっていた時期の東武野田線、大和田駅の駅舎であり、手前にはタクシーが停車している。このあたりには室町時代に大和田陣屋がおかれ、江戸時代には大和田村となっていた。1889（明治22）年の町村制の施行により、大砂土村の大字大和田に変わり、1940（昭和15）年に大宮市の一部となった。◎大和田駅　1983（昭和58）年

七里駅

大和田駅と同じく1929（昭和４）年11月の北総鉄道時代に開業した七里駅。長く跨線橋のあるこの駅舎が使用されていたが、2021（令和３）年12月から駅舎の橋上化の工事が開始され、2024（令和６）年２月から新しい駅舎の使用が始まった。◎七里駅　1983（昭和58）年

1940（昭和15）年に市制を施行して成立した大宮市。半世紀がたった1990（平成２）年８月、市制50周年を記念した行事として、大宮市民を日光、鬼怒川に運ぶ臨時列車「大宮市民号」が運転された。本番に先立つ形として、東武野田線でも試運転が実施された。
◎東武　大宮市民号　1990（平成２）年

地上駅時代の岩槻駅の駅前風景である。岩槻駅は1929（昭和４）年11月、北総鉄道（後の総武鉄道）の岩槻町駅として開業。1939（昭和14）年に岩槻駅に駅名を改めている。1944（昭和19）年３月に東武鉄道に吸収されて、野田線の駅となった。駅前売店の前に手をつないだ母娘の姿がある。
◎岩槻駅　昭和30年代

現在は橋上駅舎が誕生している岩槻駅だが、地上駅舎時代には跨線橋が存在した。駅前には「人形の町」をキャッチフレーズにしたモニュメントが置かれていた。この後、平成20年代に橋上化工事が進められ、2016（平成28）年に東西自由通路が設けられて、橋上駅舎の使用が始まった。
◎岩槻駅　昭和50年代

ゆるやかにカーブして続く岩槻市内の商店街である。手前には「パイロット万年筆」の看板が見える文房具店、「日本生命」の保険代理店が存在している。自転車の人が見えるものの、自動車が走る姿はまばらだった時代の風景。画面の奥には緑の木々が広がっている。
◎岩槻市内　年代不詳

岩槻駅

「祝　駅前一番通り　祝」の横断幕が飾られている、岩槻駅前一番通りの商店街の風景。「駅前フェスティバル」と書かれた提灯も見えている。歩行者天国が実施されているため、のんびりとショッピングなどを楽しむ市民の姿がある。左手の2階に見える「秀月」は、人形店のことだろうか。◎岩槻駅前通り　年代不詳

「中原証券」のビルが建っている岩槻市内の風景で、奥に見えるのが東武野田線の岩槻駅である。中原証券は1934（昭和9）年に設立された証券会社で、日本橋室町に本店があり、現在も岩槻市本町1丁目に岩槻支店を置いている。駅付近だが、自動車、バスの姿がまだ少なかった頃である。◎岩槻駅前の俯瞰　年代不詳

東北・京浜線、西武鉄道大宮線、総武鉄道の時刻表

十四年四月
一日改正

大宮・東京・櫻木町間（東北・京濱線）（電車）

運賃表ハ338頁參照

（田端・上野・品川間ニハ山手線電車ガ運轉シテ居リマス）

上野・東京・蒲田・櫻木町行 初電車				終電車					粁程	驛名	蒲田・東京・上野・大宮行 初電車					終電車				
…	…	…	4 11	11 57	…	0 22	0 41	1 02	0.0	發大宮著	4 54	5 17	5 34	…	6 07	1 38	…	…	…	…
…	…	…	4 14	12 00	…	0 25	0 44	1 05	2.7	〃與野發	4 50	5 14	5 31	…	6 04	1 34	…	…	…	…
…	…	…	4 17	0 03	…	0 28	0 46	1 07	4.3	〃北浦和〃	4 48	5 12	5 28	…	6 02	1 32	…	…	…	…
…	…	…	4 19	0 05	…	0 30	0 49	1 10	6.1	〃浦和〃	4 45	5 09	5 24	…	5 59	1 29	…	…	…	…
…	…	…	4 24	0 11	…	0 36	0 54	1 14	10.6	〃蕨〃	4 40	5 04	5 20	…	5 54	1 25	…	…	…	…
…	…	…	4 28	0 15	…	0 40	0 58	1 18	14.5	〃川口〃	4 36	5 00	5 16		5 50	1 21		…	…	…
…	…	…	4 31	0 19	0 31	0 44	1 02	1 22	17.1	〃赤羽〃	4 33	4 57	5 13	5 30	5 47	1 17	1 32	…	…	…
…	…	…	4 34	0 21	0 33	0 46	1 04	1 25	18.9	〃下十條〃	4 30	4 54	5 10	5 28	5 44	1 15	1 29	…	…	…
…	…	…	4 36	0 24	0 35	0 49	1 07	1 27	20.4	〃王子〃	4 28	4 52	5 08	5 25	5 40	1 11	1 27	…	…	…
…	…	…	4 38	0 26	0 37	0 51	1 09	1 29	21.5	〃上中里〃	4 26	4 49	5 06	5 24	5 38	1 13	1 25	…	…	…
…	…	…	4 41	0 28	0 40	0 56	1 11	1 30	23.2	〃田端〃	4 23	4 47	5 03	5 21	5 35	1 08	1 22	…	…	…
…	…	…	4 44	0 30	0 43	0 59	1 14	1 33	24.5	〃日暮里〃	4 20	4 44	5 01	5 18	5 33	1 06	1 20	…	…	…
…	…	…	4 45	0 32	0 45	1 01	1 16	1 35	25.6	〃鶯谷〃	4 19	4 42	4 59	5 16	5 31	1 04	1 18		…	…
…	…	4 14	4 47	0 34	0 47	1 03	1 18	1 37	26.7	〃上野〃	4 16	4 41	4 57	5 14	5 29	1 02	1 16	1 39	…	…
…	…	4 15	4 49	0 36	0 49	1 04	1 19		27.3	〃御徒町〃	…	4 39	4 55	5 13	5 27	1 01	1 15	1 37	…	…
…	…	4 17	4 51	0 37	0 51	1 06	1 21	…	28.3	〃秋葉原〃	…	4 37	4 54	5 11	5 26	0 59	1 13	1 36	…	…
…	…	4 19	4 52	0 39	0 52	1 08	1 23	…	29.0	〃神田〃	…	4 36	4 52	5 10	5 24	0 57	1 11	1 34	…	…
…	…	4 21	4 55	0 41	0 54	1 10	1 25	…	30.3	〃東京〃	…	4 34	4 49	5 07	5 21	0 55	1 09	1 31	…	…
…	…	4 23	4 57	0 43	0 56	1 12	1 27	…	31.1	〃有樂町〃	…	4 32	4 48	5 05	5 20	0 53	1 07	1 30	…	…
…	…	4 24	4 59	0 45	0 58	1 14	1 28	…	32.2	〃新橋〃	…	4 30	4 46	5 03	5 18	0 51	1 05	1 28	…	…
…	…	4 26	5 01	0 47	1 00	1 16	1 31	…	33.4	〃濱松町〃	…	4 28	4 44	5 01	5 16	0 49	1 03	1 26	…	…
…	…	4 29	5 03	0 50	1 02	1 19	1 33	…	34.9	〃田町〃	…	4 26	4 41	4 59	5 13	0 47	1 01	1 23	…	…
…	…	4 32	5 06	0 52	1 06	1 22	1 36	…	37.1	〃品川〃	…	4 23	4 38	4 55	5 10	0 44	0 58	1 20	…	…
…	…	4 35	5 10	0 56	1 09	1 25	1 39	…	39.5	〃大井町〃	…	4 19	4 35	4 52	5 07	0 41	0 55	1 17	…	…
…	…	4 38	5 13	0 59	1 12	1 28	1 42	…	41.7	〃大森〃	…	4 17	4 32	4 49	5 04	0 38	0 52	1 14		…
…	4 18	4 42	5 17	1 02	1 16	1 32	1 46	…	44.7	〃蒲田〃	…	4 13	4 28	4 45	5 00	0 34	0 48	1 10	1 38	…
…	4 23	4 47	5 21	1 06	1 20	1 36		…	48.5	〃川崎〃	…	…	4 23	4 40	4 55	0 30	0 44	1 05	1 34	
…	4 27	4 50	5 25	1 10	1 24	1 40	…	…	52.0	〃鶴見〃	…	…	4 20	4 37	4 52	0 26	0 40	1 01	1 30	1 43
4 15	4 32	4 55	5 30	1 16	1 29	1 46	…	…	57.3	〃東神奈川〃	…	…	4 15	4 31	4 46	0 21	0 34	0 56	1 24	1 38
4 18	4 35	4 58	5 33	1 18	1 32		…	…	59.1	〃横濱〃	…	…	…	4 28	4 43	0 18	0 32	0 53	1 21	1 36
4 21	4 39	5 01	5 37	1 21	1 35	…	…	…	61.1	著櫻木町發	…	…	…	4 25	4 40	0 15	0 29	0 50	1 18	1 23

運轉系統
- 大宮—蒲田、赤羽—蒲田……△印
- 東京—櫻木町……◇印
- 上野—櫻木町、秋葉原—櫻木町……□印

運轉間隔
- 大宮—赤羽 16分（朝夕混雜時ニハ8分毎）
- 赤羽—上野 8分
- 上野—蒲田 4分
- 蒲田—櫻木町 8分
- 但シ早朝夜半ハ左記間隔ヨリモ長クナリマス

大宮・川越久保町間（電車）㋊

十年十二月一日改正（西武鐵道大宮線）

驛名 大宮、內野、西遊馬、黑須、△川越久保町
（全區間12.9粁 運賃32錢）

運轉時間全區間約35分ヲ要シ
- 大宮發 7 10, 8 00, 8 45, 9 35, 10 20, 0 05, 0 45, 1 25 2 10, 2 50, 3 30, 4 15, 5 10, 5 55, 6 40, 7 25
- 川越久保町發 6 15, 7 10, 8 00, 8 45, 9 35, 10 20, 11 20, 0 05, 0 45, 1 25, 2 10, 2 50, 3 30, 4 15, 5 10, 5 55, 6 40

上記電車ノ外大宮、川越間ニハ當社經營ノ連絡自動車運轉ス（42頁參照）

十四年四月
一日訂補

大宮・粕壁及柏・船橋間㋊（總武鐵道線）（大宮・柏間電車、柏・船橋間ハガソリン車）

連帶驛ノミヲ示ス

柏方面行

粁程	運賃	驛名＼列車番號	201	101	203	此ノ間大宮發柏行		137	139	913
0.0	錢	大宮(省)發	…	6 05	…	6 38	3 20	8 45	9 32	10 30
1.2	4	北大宮〃	…	6 07	…	7 04	4 19	8 47	9 34	10 32
2.3	5	大宮公園〃	…	6 09	…	7 40	4 53	8 49	9 36	10 34
4.1	9	大和田〃	…	6 12	…	8 15	5 39	8 52	9 39	10 37
5.7	13	七里〃	…	6 16	…	9 22	6 28	8 55	9 41	10 39
8.6	19	岩槻〃	…	6 21	…	10 33	7 04	9 00	9 47	10 45
14.2	31	八木崎〃	…	6 30	…	11 33	7 34	9 09	9 55	10 53
15.3	34	粕壁〃	…	6 33	…	0 47	7 52	9 12	9 59	10 55
17.9	39	藤の牛島〃	…	6 37	…	2 18		9 16	10 03	
19.9	44	南櫻井〃	…	6 40	…	大宮發		9 19	10 06	…
23.0	51	川間〃	…	6 45	…	粕壁行		9 23	10 10	…
26.7	59	淸水公園〃	5 37	6 51	6 09	8 49	2 57	9 28	10 15	…
27.8	61	愛宕〃	5 39	6 53	6 11	10 04	3 43	9 30	10 17	…
28.7	63	野田町〃	5 42	6 57	6 14	0 09	5 15	9 33	10 21	…
31.0	68	梅郷〃	5 45	7 00	6 17	淸水公園發		9 36	10 24	…
33.3	73	運河〃	5 49	7 04	6 21	柏行		9 40	10 29	…
36.9	81	初石〃	5 54	7 10	6 26	9 24	3 34	9 45	10 34	…
39.8	87	豐四季〃	5 58	7 14	6 31	10 31	4 43	9 49	10 38	…
43.0	94	柏(省)著	6 03	7 20	6 36	11 55	5 56	9 54	10 43	…

大宮方面行

粁程	運賃	驛名＼列車番號	302	304	306	此ノ間柏發大宮行		214	138	216	218
0.0	錢	柏(省)發	…	…	…	6 25	2 15	8 25	9 10	10 13	10 54
3.2	7	豐四季〃	…	…	…	6 59	2 57	8 30	9 15	10 18	10 59
6.1	14	初石〃	…	…	…	7 36	3 40	8 35	9 19	10 22	11 03
9.7	22	運河〃	…	…	…	8 09	4 50	8 40	9 24	10 28	11 08
12.0	27	梅郷〃	…	…	…	9 05	5 45	8 44	9 28	10 32	11 12
14.3	32	野田町〃	…	…	6 05	9 54	6 14	8 48	9 32	10 35	11 15
15.2	34	愛宕〃	…	…	6 07	10 39	7 11	8 50	9 34	10 37	
16.3	36	淸水公園〃	…	…	6 10	11 52	7 54	8 52	9 36	10 39	…
20.0	44	川間〃	…	…	6 14	0 43	9 10		9 41		…
23.1	51	南櫻井〃	…	…	6 19	1 14		…	9 45	…	…
25.1	55	藤の牛島〃	…	…	6 22	柏發			9 48	…	…
27.7	61	粕壁〃	5 30	5 59	6 32	淸水公園行			9 58	…	…
28.8	63	八木崎〃	5 32	6 01	6 34	8 31	11 22	6 14	10 00	…	…
34.4	75	岩槻〃	5 41	6 10	6 43	9 32	4 12	6 35	10 09	…	…
37.3	82	七里〃	5 46	6 16	6 49	粕壁發大宮行			10 14	…	…
38.9	85	大和田〃	5 48	6 19	6 51	9 25	3 25	6 35	10 16	…	…
40.7	89	大宮公園〃	5 51	6 22	6 54	0 02	4 57	8 25	10 19	…	…
41.8	92	北大宮〃	5 53	6 24	6 56	2 25	5 19	10 13	10 21	…	…
43.0	94	大宮著	5 55	6 25	6 58	ノモノ運轉			10 23	…	…

船橋行・柏行

船橋行 404	406	0 8	410	412	此間	426	428	430	432	434	粁程	運賃	驛名	柏行 401	403	405	407	409	此間	421	425	427	429	431
5 57	6 37	7 36	8 33	9 35	柏發	5 22	6 16	7 10	7 54	9 11	0.0	錢	發柏(省)著	6 53	7 22	8 02	9 18	10 28	船橋發	5 37	6 49	7 43	8 48	9 56
6 04	6 45	7 43	8 40	9 42	船橋行	5 30	6 23	7 17	8 01	9 18	4.2	10	〃増尾發	6 46	7 15	7 55	9 11	10 21	柏行	5 31	6 42	7 37	8 42	9 49
6 10	6 51	7 50	8 46	9 48	10 40	5 36	6 29	7 23	8 07	9 24	7.3	16	〃高柳〃	6 39	7 09	7 49	9 05	10 15	11 34	5 24	6 36	7 31	8 36	9 43
6 13	6 54	7 53	8 49	9 51	11 54	5 39	6 33	7 27	8 10	9 27	9.0	20	〃六實〃	6 36	7 06	7 45	9 02	10 12	12 00	5 21	6 33	7 28	8 33	9 40
6 19	7 00	7 59	8 56	9 57	1 05	5 45	6 39	7 33	8 16	9 34	12.3	27	〃鎌ケ谷〃	6 30	7 00	7 39	8 56	10 06	1 20	5 15	6 26	7 21	8 27	9 34
6 25	7 05	8 03	9 00	10 02	2 15	5 50	6 43	7 38	8 22	9 38	14.8	33	〃馬込澤〃	6 25	6 54	7 35	8 51	10 02	2 10	5 10	6 22	7 16	8 22	9 29
6 30	7 10	8 08	9 06	10 07	3 12	5 55	6 48	7 43	8 27	9 43	17.2	38	〃塚田〃	6 19	6 49	7 30	8 46	9 56	3 00	5 05	6 17	7 11	8 16	9 24
6 35	7 15	8 18	9 10	10 12	4 14	6 00	6 53	7 48	8 32	9 48	19.9	44	著船橋(省)發	6 14	6 44	7 24	8 40	9 50	4 03	5 00	6 11	7 06	8 11	9 18

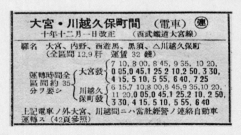

1章
歴史テーマで見るさいたま市

浦和駅の西口駅舎（2階建て駅舎）は1967（昭和42）年に竣工し、2012（平成24）年まで使用された。
◎浦和駅　撮影年不詳　所蔵：さいたま市アーカイブズセンター

01-1

さいたま市の誕生

〜浦和・大宮・与野3市が合併〜

さいたま新都心

政令指定都市さいたま市の正面玄関ともいえるJRさいたま新都心駅は平成12年4月1日に開業した。さいたま新都心の街開きに先立って開業したもので、大宮駅〜与野駅間のほぼ中間地点となっている。

さいたま新都心は、さいたま市を東京都心機能の「新都心」と位置付けた業務地区の名称だ。国が音頭を取って国鉄大宮操車場などの跡地に平成初頭から大規模な再開発が行われ、中央省庁の関東地方出先機関などが進出。さいたま市役所も令和13年度に浦和から移転してくることが決定している。

さいたま新都心に建つ操車場の記念碑

さいたま新都心駅の改札付近

さいたま新都心のそもそもは昭和63年（1988）、浦和市と大宮市が業務核都市に指定されたことに始まる。業務核都市とは、東京圏における超過密問題の解決を目的として、一極依存型の回避を目的に業務機能を柱とする諸機能の適正配置の受け皿となるべき都市として指定された都市を指している。第四次全国総合開発計画を受けて多極分散型国土形成促進法で制度化された。同促進法は昭和63年に制定されているから、浦和市と大宮市の業務核都市指定はその第一号でもあった。

東京の首都機能を補完し、地域の中心となるべき都市「業務核都市」に浦和市・大宮市が指定されたことにより、両市および与野市にまたがって立地し、昭和59年に機能を停止した国鉄大宮操車場の有効活用として、政府閣議決定で再開発・土地区画整理事業が行われた。

新都心整備事業では、「未来を担う新都心」にふさわしい都市基盤施設としてさいたま新都心駅、地上2階レベルで各施設を結ぶ歩行者デッキ、都市計画道路、区画街路、首都高速道路、ライフラインの共同溝、雨水の調整池などを重層・複合的に計画し、整備が進められた。

さいたま新都心の遠景

現在では埼玉県内でも有数のビジネス拠点となっているさいたま新都心は、南北に走るJR京浜東北線、宇都宮線・高崎線、湘南新宿ラインを挟み、西側地区と東側地区に分かれている。西側地区は9街区、東側地区は8街区に区切られ、街区を分ける都市計画道路は4車線で整備されている。

西側地区には「さいたまスーパーアリーナ」、商業施設も兼ね備えた「けやきひろば」や官民の高層ビルが立地する。さいたま新都心合同庁舎には、政府機関（中央官庁）の関東地方を管轄とするほとんどの出先機関（各省庁の地方支分部局）、ならびに甲信越地方を管轄とする一部の出先機関が設置されている。東側地区

さいたま新都心のコクーンシティ

には大型ショッピングモール「コクーンシティ」が賑わいを演出している。

浦和市と大宮市が業務核都市に指定され、与野市を含めた地域が新都心建設に動き出したことで、昭和初期からほぼ一世紀、浮いては沈んだ浦和・大宮・与野3市の合併問題はいよいよ待ったなしとなったのが、往時の状況だった。

昭和初期に大埼玉市構想

さいたま市域の大部分は江戸時代まで農地が広がっていたが、大正12年（1923）の関東大震災や昭和10年代後半の太平洋戦争などを契機として、東京などからの大規模な人口流入が生じ、本格的に宅地化が進むようになった。農地の宅地化は、まず中心市街地に近い台地上の鉄道駅付近、すなわち浦和駅から大宮駅にかけての宇都宮線・京浜東北線沿線で先行した。浦和市・大宮市・与野市の各中心部は、このような地域において互いに近接していたことから、市街地の一体化は早期に進行した。

戦後の高度成長期に入ると、首都圏への大規模な人口流入と郊外化の影響はさらに強まり、現さいたま市域の都市化は急速に進んだ。鉄道路線の沿線においては、さいたま市の人口集中地区と他市や東京の人口集中地区とが連続するようになっただけでなく、低地や鉄道駅から離れた場所にも宅地が及ぶようになり、東側の岩槻駅周辺の市街地も拡大した。

このような経緯を有する浦和・大宮・与野地域の合併問題は、昭和初期から政治課題になっていた。

今から100近く前になる昭和2年（1927）、埼玉県知事に就任した宮脇梅吉は、県庁のある浦和の単独市制もしくは浦和・大宮・与野の3町と六辻・三橋の2村の合併による一大都市圏実現を構想した。この構想は宮脇が在任わずかで他県に転出して実現しなかったが、昭和6年に宮脇が再び埼玉県知事に就任。持論を再び展開し、日進村を加えて三町三村の合併による「大埼玉市構想」を強く提唱した。しかし大宮町の負債総額が浦和町を大幅に上回っていたことから浦和町が合併に消極的となり、合併は実現しなかった。

昭和9年、市制施行により浦和市が発足。これは都道府県庁所在地として最も遅い市制施行であった。浦和の市制移行に伴い、浦和・大宮・与野・六辻・三橋の1市2町2村の上水道を取り扱う「埼玉県南水道組合」（後の埼玉県南水道企業団、現・さいたま市水道局）が設立され、「大埼玉市」構想の一部が実現した。

昭和14年（1939）には浦和市が、与野・六辻と戸田・蕨などの1市3町6村での合併を呼びかける。大宮町も、浦和市・与野町との独自の合併案を提示したことから、浦和・大宮の間で主導権争いが勃発。翌年の昭和15年、埼玉県が仲介して大宮案での合併交渉に入り、六辻・日進を加えて1市3町5村での合併で一応の合意に漕ぎつけた。しかし、各論では反対が続出して合併交渉は打ち切りとなった。

大宮町は、交渉不調に備えて別個に合併交渉を進めていた日進・三橋・宮原・大砂土の4村と11月に新設合併を行い、大宮市が発足。昭和18年には、埼玉県知事が浦和・大宮・与野との2市1町で埼玉市を設立する合併構想を打ち出すも、戦争の激化により立ち消えとなった。

「昭和の大合併」で結果残せず

戦後の混乱も落ち着いた昭和28年10月、国は市町村間の凹凸を解消し、均一的な発展を図ることを目的に町村合併促進法を施行。全国の市町村数を3分の1近く減らすことが適当として、いわゆる「昭和の大合併」を打ち出した。

埼玉県は国の方針に沿って昭和29年2月、県内323市町村を81市町村にまで合併再編する合併試案を示し、浦和市・大宮市周辺では浦和市・大宮市・与野町・大久保村・土合村の2市1町2村による合併試案が示された。しかし浦和市は大久保村・土合村を編入する合併、大宮市は周辺6村を編入する合併を構想して両者譲らず、この枠組みでの合併は実現しなかった。11月には与野町が大久保村に合併を申し込むも、こちらも実現せずに終わった。

昭和30年1月、浦和市が大久保村・土合村を編入、大宮市が周辺6村（指扇村・馬宮村・植水村・片柳村・七里村・春岡村）を編入。2月、与野町議会に北部を大宮市、南部を浦和市に編入させ、中央部を残存させる案が提出されるも、与野町を分割する合併案には各方面が反発。与野町議会議員や町民が議場を取り囲んで開会できず、与野町の分割合併案は立ち消えとなった。その後、昭和33年に与野町は市制施行により与野市となった。

昭和30年代初頭の日本社会を俯瞰すると、経済企画庁が経済白書で「もはや戦後ではない」と高らかに謳いあげ、神武景気で経済は好況に沸き、人々が「明るい明日」を見ていた時代だった。

　昭和37年、浦和市議会が浦和・大宮・与野3市と川口・蕨での5市合併を呼びかけた。第一段階で3市、第二段階で川口・蕨との合併をするというものだった。この5市合併案は、北九州市合併に刺激を受けたものだった。九州初の政令都市を目指して門司市、小倉市、若松市、八幡市、戸畑市の5市が合併し、北九州市をつくるという話題は関東地方にも伝わっていた。北九州市は翌年の昭和38年2月、5市の対等合併で誕生したが、浦和市議会による5市合併案は大胆過ぎたのか、5市間の綱引きが複雑化したこともあって立ち消えとなった。

　「昭和の大合併」でなんら結果を残せなかったこの地域の合併問題はその後、20年近く鳴りを潜めることになる。

合併までの紆余曲折

　新たな機運が生まれるのは昭和55年（１９８０）10月、県南中央地域の都市間相互のゆるやかな連合を掲げ、浦和市、大宮市、与野市、上尾市、伊奈町の4市1町および埼玉県による「埼玉中枢都市首長会議」が発足したことだ。同首長会議は昭和57年4月、首長会議の名称を「埼玉中枢都市圏首長会議」に変更し、9月には「埼玉中枢都市圏構想・基本構想」を策定。昭和60年12月、「埼玉中枢都市圏構想」の名称を「さいたまＹＯＵ Ａｎｄ Ｉプラン」（構成4市1町の英表記頭文字を組み合わせた名称）に変更。埼玉のいわゆる心臓づくりを目指して、県民と各方面の理解と協力を得るべく地道な活動をスタートさせた。

　平成2年（１９９０）7月、「政令指定都市化」を公約にして、大宮市長に新市長が当選した。だが、単独での実現は現実的には不可能であり、合併による政令指定都市化を目指すものだった。これには与野市長も同調した。しかし、浦和市側の反応は薄いものだった。

　平成3年4月、浦和市長選で「政令指定都市化」を公約にした立候補者が当選した。政令指定都市化に難色を示した現職を破っての市長就任だった。

　平成4年4月、国土庁が4市1町の圏域を「埼玉中枢都市圏域業務核都市基本構想」として発表。翌年年6月、政府は旧国鉄大宮操車場跡地に国の10省庁17機関の移転を閣議決定。12月には4市1町の強固な連合を目標とした「彩の国ＹＯＵ Ａｎｄ Ｉプラン」を策定。以後、同地域で合併政令指定都市化の動きが活発化する。

　平成7年（１９９５）3月、「合併促進決議」が浦和市議会、大宮市議会で可決、与野市議会も6月に決議を可決。この決議において、浦和を「行政の中心」、大宮を「経済の中心」、与野を「情報発信（文化）の中心」とする」という新市における3地区の位置づけが確認された。しかし、上尾市は7月19日、浦和市・大宮市・与野市からの合併協議会設置請求に対し拒否回答。上尾市の硬い姿勢が解けぬまま、平成9年12月18日に任意協議会「浦和市・大宮市・与野市合併推進協議会」が設置された。

　平成10年4月15日、新市の名称の議論を付託された「第2小委員会」が設置され、10月30日には大宮市の提案に基づき、3市の市民代表・学識経験者・マスコミ関係者で構成される「浦和市・大宮市・与野市新市名検討委員会」が設置された。翌11月、第2小委員会は、新市名検討委員会から「新市の市名は公募することが望ましい」との報告を受ける。

　大宮市は公募方式に対し態度を保留するも、同月10日に新市名検討委員会は国内外からの公募を再確認。ところが、上尾市・伊奈町を同時に合併しないことを理由に大宮市が審議をボイコットし、合併推進協議会の協議が停滞することになった。

　上尾市・伊奈町を含めた合併は、大宮市が強く求めていたもので、両市町は「彩の国～プラン」に含まれる地域であるとともに、大宮市にとって自身を新市の地理的な中央部に置くためには両市町を組み込むことが重要としていた。

　浦和市は審議正常化を求め、逆に戸田市・蕨市も合併に加えることを提案した。これは昭和37年に打ち出した5市合併構想案の一部を変えたものだった。

新市名問題で紛糾

　浦和・大宮の主導権争いで停滞した合併問題を軌道に乗せたのは、平成11年（１９９９）に政府が打ち出した「平成の大合併」だった。「自治体を広域化することによって行財政基盤を強化し、地方分権の推進に対応することなどを目的とする」としたのである。

　同年6月25日、合併推進協議会の審議に3市先行合併案が俎上に乗った。3市合併後に上尾市・伊奈町の意向確認を行う旨の合意、いわゆる「6・25合意」が行われ、審議が正常化する。

　8月19日、大宮市議会は新市名公募に再反対を主張。しかし、28日になって、公募実施要項に「6・25合意」を盛り込むことで公募の実施を合意。ようやく新市名公募の実施に漕ぎつけた。

　平成12年1月10日、新市名の公募を実施。期限の2月18日までに全国から6万７６６５件、８５８０種類の応募があり、その結果は「埼玉市」が1位（７１１７票）、「さいたま市」が2位（３８２１票）というものであった。

　新市名で合併を構成する各市の名称を用いる案は「大宮市」が3位（３００８票）、「浦和市」が6位

(1821票)だった。だが投票内容に眼を向けると、大宮市以外の地域からの「大宮市」への応募は25%弱、浦和市以外の地域からの「浦和市」への応募は30%弱と少なく、浦和市からの「大宮市」への応募は1%、大宮市から「浦和市」への応募は4%弱だった。「与野市」は100位以内に入らなかった。

　公募結果を受けて3月26日、新市名検討委員会での検討の結果、「埼玉市」(公募1位)・「さいたま市」(2位)・「彩都市」(5位2495票)・「さきたま市」(7位1374票)・「関東市」(37位217票)の5案が新市名候補として選考された。

　4月4日、第22回第2小委員会が開催。浦和市・与野市は「さいたま市」を推したが、大宮市は新たに「大宮市」の市名案を提案し、波風を起こすことになった。

　大宮市は4月17日に開催された第25回第2小委員会でも、新市の市役所をさいたま新都心周辺地区に置くよう要求。合併促進決議以来「行政の中心」と位置付けられている浦和市側がこれには猛反発した。

　最終的に「さいたま新都心周辺地域が望ましい」との意見を踏まえ、将来の新市の事務所の位置についての検討や庁舎建設基金創設を行う」旨を合併協議書に盛り込むことで、新市名を「さいたま市」とすることに合意した。しかし、「合併後の将来の市役所の位置」に関する合併協定書の文言に関する解釈を巡って対立が見られた。これは、当時から域内最大の人口を有して新市の中心となる浦和市側の反発により、新市役所をさいたま新都心に設置すると明記されておらず、「意見を踏まえ…位置を検討する」という玉虫色の文章にされているためだった。

　紆余曲折あった新市名問題も4月24日の第21回合併推進協議会で「さいたま市」と決定の運びとなった。

　平成12年5月5日、旧国鉄大宮操車場跡地にて、さいたま新都心が街開き。9月5日、合併協定調印式が行われた。

　平成13年5月1日、浦和市・大宮市・与野市が合併し、さいたま市が発足した。しかし、上尾市と伊奈町は「さいたま市との合併の是非を問う住民投票」などの結果、合併協議を断念するに至った。この結果、4市1町を前提にした合併問題は浦和・大宮・与野の3市となった。

　3市の政令指定都市移行は、平成14年10月25日に政府で閣議決定され、さいたま市は平成15年4月1日、埼玉県で初の政令指定都市となった。

　地方自治法では、政令指定都市移行での人口要件を「人口50万人以上」と規定しているが、3市の合併直前の人口は、浦和市が49万人、大宮市46万人、与野市8万人(数字は概数)。県下初の100都市の誕生でもあった。

　政令指定都市に移行したことで、浦和市域は浦和区・桜区・南区・緑区の4区に、大宮市域は大宮区・西区・北区・見沼区の4区に、与野市域は中央区と、さいたま市は計9区の行政区となった。

岩槻市もさいたま市に編入

　埼玉県下初の政令指定都市となり、人口100万人を数えるさいたま市の誕生は近隣に刺激を与えた。当初はこの浦和・大宮・与野の3市に上尾市、伊奈町も加えた4市1町の合併計画は上尾市、伊奈町が離脱してしまったが、岩槻市が政令指定都市への編入に名乗りを上げた。

　城下町だった歴史を持つ岩槻市のその頃の人口は11万人。平成15年(2003)1月26日、岩槻市は「岩槻市の合併に関する住民投票」を実施。さいたま市との合併は賛成53%、反対39%との結果が出た。また、春日部市・宮代町・杉戸町・庄和町との合併も賛成は9%弱に過ぎなかった。

　住民投票の結果を受けて岩槻市は2月5日、政令指定都市移行決定を待つさいたま市に対し合併協議の申し入れを行い、さいたま市はこの申し入れを受け入れて任意協議会「さいたま市・岩槻市任意合併協議会」設置。

　平成16年6月25日、法定協議会「さいたま市・岩槻市合併協議会」が設置され、8月24日に合併協定調印式。平成17年4月1日、さいたま市が岩槻市を編入合併し、岩槻市の市域を区域とする岩槻区が発足。さいたま市は10区の行政区を有する政令指定都市となり、現在に至っている。

　さいたま市の人口は現在、134万人である。近年は毎年1万人近く人口を増やしている。

浦和・大宮、不協和音の歴史

　浦和市と大宮市は埼玉県発展の両輪だったが、さいたま市誕生までの歴史を振り返ると、県庁所在地浦和市と新市名問題で「大宮」に拘った大宮市の対立がなければ3市合併は遅くとも昭和の大合併で実現していただろう。浦和と大宮の不協和音は、合併直前の平成13年2月にも新聞ダネになっている。「さいたま市」の看板設置をめぐったものだった。

　さいたま市誕生告知の横断幕を、浦和、大宮、与野の3市一斉に掲げることになっていたが、浦和が看板を先行設置。これに対して大宮が「フライングだ」と批判すると、浦和は「合意は横断幕に関してだけで、看板設置は違反ではない」と応酬したという子供の喧嘩じみた話になっている。

　浦和、大宮ともにその出自は似通っている。

　浦和は古くは調神社や玉蔵院の門前町であったが、現在の街は中山道の浦和宿に端を発する。

　大宮もまた古くから武蔵一宮氷川神社(大宮氷川神社)の門前町が形成され、現在の街は中山道大宮宿に起源を発している。

五街道の宿駅といっても往来が絶えなかった東海道とは違い、中山道は参勤交代の大名も少なく、宿場としては小規模なものだった。

中山道六十九次は板橋を首駅として蕨〜浦和〜大宮〜上尾〜と続くが、隣り合う宿場として仲が悪かった云々といったエピソードは見当たらない。

両者の関係に波風が立つのは、明治に入ってからだ。

明治維新の過程において、日本の地方行政に関わる制度が府藩県三治制（慶応4・明治元年）、版籍奉還（明治2年）廃藩置県（明治4）と移行していく中で現在の埼玉県域には明治2年1月、大宮県・忍藩・岩槻藩が置かれた。しかし、大宮県の実質的な県庁機能は東京府日本橋馬喰町に置かれたことから同年9月には県庁が浦和宿に移転し、県名も浦和県へと変更された。

明治4年11月、浦和県・忍藩・岩槻藩が合併して「埼玉県」となった。それから5年後の明治9年8月、埼玉県は前身を川越藩とする入間県と合併し、新たな埼玉県が起立し、現在の埼玉県の骨格が整い、新埼玉県の県庁所在地はそのまま浦和に置かれた。

県庁所在地の浦和には明治6年、教員養成機関として学制改正局（埼玉大学教育学部の前身）が浦和宿本陣内に置かれ、翌年には　埼玉県師範学校と改称された。また、明治9年には医学校が開設された。さらに、県立浦和第一尋常中学校、県立浦和高等女学校、官立浦和高等学校などが次々と開校され教育施設の充実が進み、全国から優れた学生が浦和に集まるようになり、行政の中心という特性とともに、「学問の都市浦和」としての地位も確固たるものになっていった。

さらに浦和の地位を不動のものにしたのが、浦和駅の開業だった。明治16年、日本鉄道高崎線上野駅〜熊谷駅間の開通とともに浦和駅が設置されたのだが、大宮は素通りであった。

一方の大宮は近代史をどう辿って来たのか。

明治2年、大宮県が設置され、大

現在の埼玉県庁

浦和駅前市街地改造事業に伴い1981年に竣工した浦和コルソ

宮は宿場町から行政の中心へと発展していくと思われたが、すぐに浦和県と改称、県庁も浦和に移された。また、明治16年には高崎線が開通したが、大宮は素通りだった。明治維新以後、街道の役割が低下し、周囲に田畑が広がるのみであった大宮宿の戸数は250戸に満たないほど寂れていたことが原因であった。

政治・経済ともに衰退することを危惧した大宮の地元有志は大宮駅開設運動を展開。その努力実って2年後の明治18年に待望の大宮駅が開設された。

その後、信州資本を中心とした製糸業が大宮に進出し、製糸工場が続々と作られた。また、明治27年には日本鉄道大宮工場（現・JR大宮鉄道工場）が操業を開始。昭和に入ると総武鉄道（現・東武野田線）、省線電車（現・京浜東北線）、川越線などが相次いで開通するなど、交通の要衝となり、鉄道の街として新たな発展を遂げ始めた。

大宮駅西口付近

現在の大宮の繁華を決定付けたのは新幹線だ。昭和57年には大宮駅を起点として東北・上越新幹線が開通。現在は東京と北関東・東北地方・信越地方・北陸地方・北海道地方を結ぶ多数の新幹線および在来線・私鉄が乗り入れる、東京以北最大のターミナル駅となった。

浦和駅前も賑やかだが、在来線の駅となった浦和駅前は、大宮駅前の繁華には遠く及ばない。

こうして浦和・大宮両市の歴史を辿ってみると、大宮が、浦和に追いつき追い越せとなった明治期が、合併問題当時の不協和音の根っこになっているように見えるのである。

大宮駅東口すずらん通り

緩衝剤となった与野市

政治・行政の中心は浦和市、経済・商業・交通の中心は大宮市。与野市はその両市に挟まれた位置にある。

その地勢関係そのままに、3市合併問題でも時には浦和・大宮の角突き合いに悩まされてきた。しかし、3市合併問題が空中分解しなかったのは与野市が間に入って緩衝剤となっていたからだろう。

与野市は中山道の宿場となった浦和、大宮より古くから「市場の町」として栄えてきた歴史を持つ。

鎌倉時代には、鎌倉街道の一部である「羽根倉道」が通り、室町時代には羽根倉道が荒川と交差するところから市が開かれていたという。江戸時代になると、甲州街道と奥州街道を結ぶ脇往還の町場となり、また、羽根倉河岸など荒川の舟運による近隣の物資集積地、市場の町として栄えた。

羽根倉道の道筋は今となっては曖昧模糊となっているが、与野の西隣となる志木市には、荒川に羽根倉橋が架かっている。国道463号（浦和所沢バイパス）および埼玉県道215号宗岡さいたま線に架かっている道路橋である。羽根倉道は、この道筋の途中である埼玉大前から与野方面に分岐していたと推測されている。

市は、「四・九の市」といわれ、毎月四と九がつく日に開かれる六斎市であり、江戸時代後期の官編地誌『新編武蔵風土記稿』に「道の左右軒を連ねたること、あたかも都下に似たり」と記されており、当時の賑わいを知ることができる。ちなみに同書には与野の戸数を304軒、浦和を208軒、大宮を200余軒と記しており、与野は浦和、大宮より大きな街だった。明治20年（1887）作成と推定される記録でも、浦和町の人口3524人、大宮町2880人に対し、与野町の人口は3877人という数字が残されている。

本町地区（国道17号線東側）が市場の町として栄えていた与野も、明治16年（1883）高崎線が、ついで東北線が開通し、物資の流通形態が変化してくると、衰微の微候が表れてきた。そこで、地元の有志たちが与野駅開設運動を展開し、大正元年（1912）与野駅が開設された。その後、昭和7年（1932）に省線電車（現・京浜東北線）が開通し、昭和9年には9号国道（現・国道17号）が開通すると、商業・工業活動の中心は、本町通り周辺から上落合、下落合など東部地区に移っていった。

国道17号沿いには新たにトラックボディ工場を始め、自動車の部品・修理工場、また販売店など自動車関連産業が多数進出し、昭和30年代には国道17号脇に「自動車の街 与野」の大看板を設置、話題を呼んだものだ。

昭和33年には、与野の製造業における自動車関連産業の比率は4割近くを占め、与野の代表的な産業になっていた。

その年、与野は単独で市制を施行し、県下20番目の「与野市」となった。その後、高度成長期が終わり昭和の時代も末期を迎え頃には自動車産業も転換期を迎え、与野の「自動車の街」の時代は終わりを告げた。

埼京線北与野駅北口には、与野市が平成5年に設けた「からくりモニュメント」がある。「自動車の街 与野」を記念して設置した。北与野付近はかつての工場に代わって、日産・ルノー、トヨタ等々内外のディーラーが凌ぎを削っている。

北与野駅前の「からくりモニュメント」

昭和60年、埼京線の開通により、市内に北与野駅、与野本町駅、南与野駅の3駅が新設され、「さいたま新都心」西側の最寄り駅となる北与野駅では、駅周辺開発事業による駅前広場の整備、ビル群の建設、与野本町駅の西側地区では埼玉県芸術文化の殿堂「彩の国さいたま芸術劇場」が建設され、これまでの市の様相を大きく変えるに至った。
さらに、与野市域が大半を占める「さいたま新都心」には「さいたまスーパーアリーナ」「けやき広場」や宿泊施設「ラフレさいたま」が立地している。
今ではさいたま市中央区としてさいたま新都心の大部分を占めるに至った与野もせつない時期があった。

新都心ケヤキ広場

2000年3月に竣工したさいたまスーパーアリーナは地上7階建ての多目的アリーナ

与野は浦和・大宮両市に挟まれつつ永らく単一の自治体として独立を保ったものの、浦和や大宮よりも面積や人口や経済力などで劣っていたため、どうしても知名度では劣った。与野市に所在しながら「浦和」や「大宮」という地名を称していた機関は、民間企業だけではなく官公庁も含め存在していた。具体的には、浦和西警察署は浦和市ではなく与野市にあり、旧大宮赤十字病院（現さいたま赤十字病院）は大宮市ではなく与野市にあった。また京浜東北線与野駅の所在地は浦和だ。

しかし、そうした時代も今は昔の話になった。市場の街から自動車の街へ。そして現在はさいたま市中央区として「芸術・文化の発信地」となったのが、与野の来し方である。

岩槻市は城下町からスタート

岩槻市は、さいたま市の政令指定都市移行後に、さいたま市の一員になり、市域は岩槻区となった。

岩槻は街道筋から発展した浦和・大宮・与野とは違い、江戸時代は岩槻藩の城下町として栄えた街である。

岩槻周辺は、江戸時代頃まで利根川（現在の古利根川）、荒川（現在の元荒川）などの大河が流れ、また東北地方に通じる主要な街道が通るなど水陸交通の要衝であったため、軍事上の拠点として重視され、小田原北条時代には岩槻城が築城されている。

江戸時代に日光東照宮が造営され、将軍家の日光社参が始まると日光御成道が整備され、宿場町としてまた城下町として、武蔵国東部の中心地として大いに栄えた。

岩槻は「人形の街」としても知られるが、日光東照宮の造営、修築にあった工匠たちがこの地に足をとどめ、人形づくりを手がけたのが岩槻人形の始まりと伝えられている。

明治4年（1871）8月、廃藩置県により岩槻藩が廃され岩槻県となり、同年11月に岩槻県、浦和県、忍県が合併して埼玉県が誕生、県庁は旧浦和県庁に置かれた。当初、埼玉県庁は岩槻に置くと定められたが、既に岩槻城は廃城されていたことから適当な施設がないため、浦和に県庁が置かれることになった経緯がある。

岩槻のひな人形

さいたま市岩槻人形博物館は、日本画家で人形玩具研究家、西澤笛畝の日本人形のコレクション等を展示。

岩槻の動脈は東武野田線だ。岩槻の鉄道は、大正13年（1924）に武州鉄道岩槻～蓮田間が開通し、後には神根（川口市）まで延伸したが、経営不振のため昭和13年（1938）に廃止された。しかし、昭和4年には総武鉄道大宮～粕壁（春日部）間が開業しており、この総武鉄道が東武鉄道と合併し、東武野田線として整備され、東京都心とは大宮駅、春日部駅経由で結ばれている。

市制に移行したのは昭和29年（1954）。岩槻町、川通村、柏崎村、和土村、新和村、慈恩寺村及び河合村が合併し岩槻市となり現在に至っている。

さいたま市編入に関して、岩槻市はその賛否を問う住民投票を実施している。その頃の人口はおよそ11万人だったが、現在も11万人台となっている。さいたま市編入から20年近く経ったが、人口数は変わっていないことになる。

岩槻の人口に変化が起こらないのは土地利用の方針によるものだ。岩槻の市街地は、東武野田線沿いの岩槻駅及び東岩槻駅周辺に帯状に形成されているほかは、市域の8割近くが市街化調整区域で、主に田畑等の農地として利用されている。

01-2

さいたま市10区

〜政令指定都市となって20年〜

政令指定都市になると、行政にとって一番のメリットは県からの権限譲渡だ。その一例は都市計画の決定が挙げられる。多くの事務で、県知事の許・認可や承認等が不要になる。また、行政区が設けられることで、県と市の二重行政による煩雑さが解消。窓口が一本化し、市民に対する行政サービスも向上する。

財源の拡大も、大きなメリットだ。政令指定都市になると、市の仕事が増え、区役所も置かれるため、当然、必要経費が増大する。それに見合う分として、政令指定都市には、財政上の特例が認められる。例えば、石油ガス譲与税、軽油引取税交付金、宝くじ発売収益金が新たに交付又は配分される。地方道路譲与税、自動車取得税交付金、交通安全対策特別交付金が増額される。また、地方交付税が、政令市以外の中核市や一般の市とは別の基準で算定される等々だ。

政令指定都市さいたま市の行政区は、浦和市域は浦和区・桜区・南区・緑区の4区に、大宮市域は大宮区・西区・北区・見沼区の4区に、与野市域は中央区、そして岩槻市域は岩槻区と計10区の行政区となった。以下、浦和区から10区のプロフィールを見ていく。

浦和区（旧浦和市中心部）

超高層ビルが林立する浦和駅前

浦和区は旧浦和市（以降は、浦和市と表記する）の中央部北側に相当し、浦和駅一帯はかつて県庁所在地であった浦和市の中心市街地にあたる。

大正12年（1923）に関東大震災が発生すると、直前にすでに耕地整理事業が行われ市街中心部の整備が行われていた浦和地区では比較的震災の被害が少なかった（浦和町の死者は3人）ことや帝都東京近傍でかつ大宮台地（北足立台地）上にあるという立地条件もあって東京府などから人口が流入し、後の都市化の礎となった。

太平洋戦争では、軍需工場などの存在しない浦和への攻撃は局所的であった。これが現在も戦前とほとんど変わらない区画の街並みとなっている理由である。比較的碁盤の目のように区画が整っている地区は、戦

さいたま市浦和区役所

浦和西口駅ビル

浦和伊勢丹

浦和パルコ（浦和駅東口）

うらわ美術館

後復興によるものではなく、昭和9年（1934）に耕地整理、区画整理事業が行われたためである。

戦後の浦和市は、鉄道交通の利便性もあって東京へ通勤する埼玉都民のベッドタウン的性質もより濃くなっていった。人口増による業務増加もあり仲町にあった浦和市役所は狭隘化し、昭和51年に常盤の埼玉大学跡に移転した。さらに都市改造の一環として昭和56年には浦和駅西口に再開発ビル（浦和コルソ）が建ち、駅前広場が拡張され、現在も県下最大の売上高を計上している伊勢丹浦和店が開店した。

それまでは旧中山道や県庁通り沿いが賑わっており十字屋（昭和59年閉店）などの百貨店や丸井浦和店（昭和60年閉店）、西友浦和店（平成4年閉店）もあったが、徐々に駅前周辺部に買い物客のにぎわいがシフトしていった。

平成11年（1999）、浦和市役所跡地に浦和ロイヤルパインズホテルが開業。市内初の超高層建築物であった。その後駅周辺にて再開発の機運が高まり、エイペックスタワー浦和（平成15年竣工）、コスタ・タワー浦和（平成18年竣工）などの超高層ビルが完成した。平成19年には浦和駅東口に浦和パルコが開店している。

上野東京ライン開業などにより東京駅や新宿駅への所要時間が25分と利便性が高まったため、マンション開発が活発化していった。

エイペックスタワー浦和

緑区（旧浦和市東部）

浦和美園駅周辺の大規模開発

国内最大のサッカー専用スタジアムである埼玉スタジアム２００２を擁する緑区は、埼玉県さいたま市の南東部に位置する。区域は、おおむね尾間木地区、三室地区、美園地区の各全域と谷田地区の北東部に相当する。

区域の中央部を国道463号が東西に走り、東部を国道122号線が南北に縦断している。東北自動車浦和インターがあり、東北の玄関となっている。

鉄道は南端をJR武蔵野線が走り、東浦和駅がある。東端には地下鉄埼玉高速鉄道の浦和美園の駅がある。

緑区の周辺では、綾瀬川や芝川、加田屋川といった中小の河川に沿って谷底平野が形成され、これによって大宮台地が複数の支台に区切られている。このうち緑区の西半は、浦和大宮支台の東端部に位置する。その東側の区中央部には芝川が流れ芝川低地（見沼）を形成しており、さらにその東側は鳩ヶ谷支台となってい

浦和美園駅の改札付近

綾瀬川は中川と合流して東京湾に注いでいる

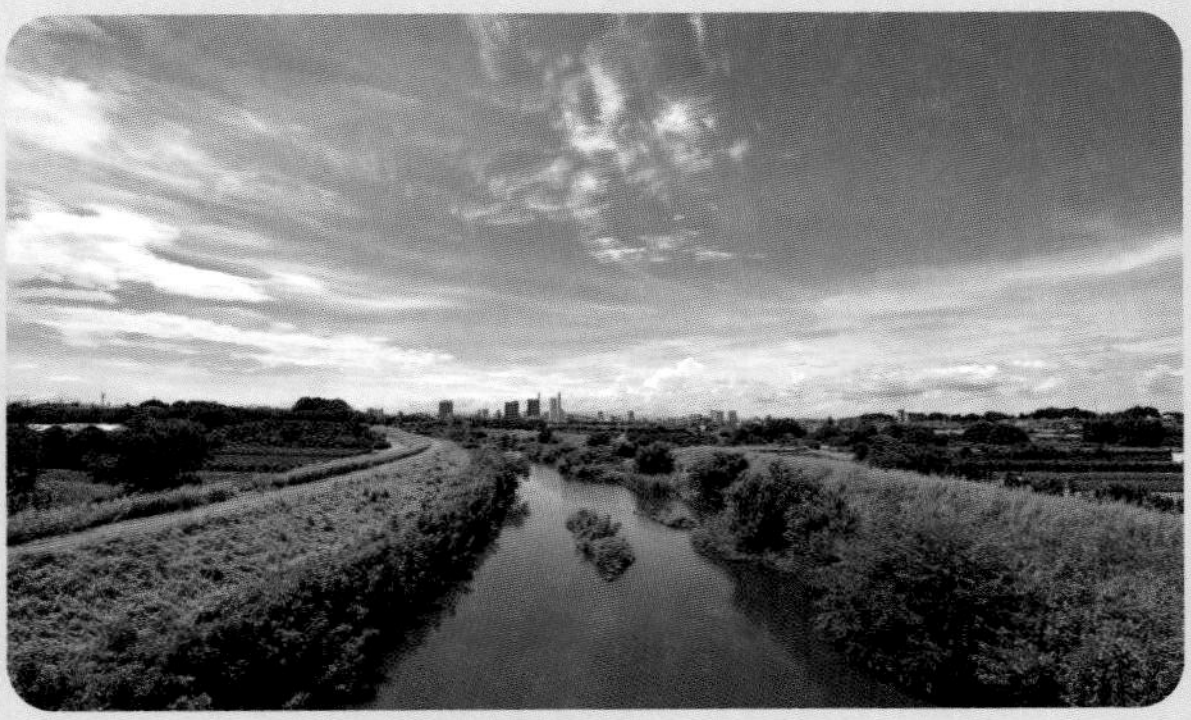
芝川は下流域で荒川放水路に注いでいる

見沼田んぼは、さいたま市（北区・大宮区・見沼区・浦和区・緑区）と川口市に存在した巨大な沼で、現在も広い緑地空間が広がっている。

る。区の北東境には綾瀬川が流れており、岩槻区との境界をなしている。

中央部に広がる見沼田んぼを中心に緑地が広がり、芝川や綾瀬川、見沼代用水、天久保用水などが流れ、綾瀬川は区の東限に当たる。

見沼田んぼは、江戸時代に新田開発および水害対策を目的として見沼溜井を干拓して形成された。

旧浦和市時代に見沼田んぼより西の台地の多くの部分で区画整理事業が着手された。昭和から現在までに東浦和駅周辺や三室地区を中心として宅地化が急速に進んだ。現在も事業が続き造成工事が行われているエリアがある。

さいたま市東部の副都心と位置付けられている浦和美園駅周辺では平成13年（2001）から「みそのウイングシティ」の区画整理事業が始まり、計画人口3万人を超える市内最大規模の開発が進んでいる。

緑区役所

緑区はその名の通り緑豊かな落ち着いた住宅地となっているが、江戸時代から続いている植木、苗木、花卉産業も盛んである。

区名選定の際の住民投票では「緑区」は6候補中5位であったが、1位と3位にランクインしていた「浦和東区」や「東浦和区」は旧市名が入っており好ましくないと判断され、2位の「美園区」は旧美園村の村域を現在の区域がそのまま受け継いでいないことなどを理由に除外され、4位の「東区」は岩槻市がさいたま市との合併を希望していたことなどを理由に除外されたために「緑区」が採用された。

南区（旧浦和市南部）

10区の中で人口が最も多い

さいたま市の南端に位置し、南側を川口市、蕨市、戸田市に接する。旧浦和市の中央部南側に相当する。区の北側は浦和区に面しており、旧浦和市の中心市街地に近接している。六辻地区のほぼ全域、北部を除く谷田地区の大部分、土合地区のうち鹿手袋・関・四谷、および西浦和地区（昭和38年に戸田町（現・戸田市）から旧浦和市に編入された地域）で構成されている。

南区は東北東から西南西方向に細長く、区北東部には、区の西寄り

南区役所

の武蔵浦和駅前にある南区役所よりも、緑区役所の方が格段に近い地区もある。このように、区役所から距離のある地域までが南区に含まれているのは、武蔵野線の南浦和駅～東浦和駅間に新駅を設置する構想があり、将来的な鉄道交通による区役所アクセスを考慮して区域が設定されたからという。

区域内を南北に走る京浜東北線、埼京線を結んで武蔵野線が走っている。鉄道交通に恵まれているのが南区だ。駅も京浜東北線に南浦和、武蔵野線に武蔵浦和、埼京線に中浦和と3駅がある。

主な商業地は、南浦和駅周辺と武蔵浦和駅周辺に形成されている。このうち武蔵浦和駅周辺地区は、さいたま市の副都心として位置づけられており、市街地再開発事業等による都市再開発が行われている。

現在ではほぼ全域が宅地化している南区だが、昭和35年（1960）時点においては、京浜東北線の蕨駅～浦和駅間に鉄道駅はなく、南区域の大部分には水田が広がっていた。

その後、昭和36年に南浦和駅が開業すると宅地化が急速に進み、昭和55年までに区のほぼ全体が人口集中地区に含まれるようになった。

南区の人口は19万人であり、さいたま市の区の中で最も多い。

桜区（旧浦和市西部）
南西部に広大な河川敷が広がる

戦後、東京の郊外化に伴い人口が急増を始め、この地区の浦和市への合併の一因となる。昭和48年4月1

桜区役所

荒川の水門風景

日、国鉄武蔵野線が開通。西浦和駅が開設される。桜区内の鉄道は、南端部を走る武蔵野線のみだが、市街地が進んでいる東部には国道17号が通っている。

区名選考では住民投票を行い、最も人気を集めたのは「浦和西区」の1471票だった。「桜区」は550票の2番手だったが、「浦和区」との混同を避けるため、「桜区」となった。荒川河川敷の秋ヶ瀬地区（田島ヶ原）に日本でも最大級のサクラソウ自生地があることに由来している。

桜区はさいたま市の南西部に位置し、大久保地区と土合地区の一部からなっている。土合地区は明治22年の町村制施行で、南元宿村、田島村、鹿手袋村、西堀村、関村、与野領町谷村、新開村、栄和村、道場村、中島村、山久保村の11カ村が合併した土合村だが、村名のつけ方がユニークだった。十一の村が合体したことから村名を「土合村」とつけたとのことだ。確かに「土」の字は十と一から成っている。

区の西端には荒川が流れ、西区、富士見市、志木市および朝霞市との境界をなしている。このうち西区の荒川右岸および富士見市には橋が架かっていないため、陸路で直通することはできない。また、荒川の近くを鴨川が南北に流れる。

区の南西部はこの二つの川を含む広大な河川敷が広がっていて、秋ヶ瀬公園、さくら草公園、荒川総合運動公園といった公園や、農地などとして利用されている。荒川河川敷は全て大字下大久保に属する。

田島ヶ原サクラソウ

首都高速埼玉大宮線より東側は主として宅地となっているほか、西側でも宅地開発が進んでおり、近年には800戸を数える大規模マンションが建設された。

低地の広がる桜区域では、自然堤防などの微高地が集落、後背湿地が水田として利用されてきた。このため弥生時代以降、様々な時代の集落や律令体制下の条里制の遺構（大久保条里遺跡など）が各地に見られる。また、5世紀後半から7世紀にかけて、白鍬地区や西堀地区など各所に古墳が造られ、大久保古墳群や土合古墳群が形成され、遺跡も発見されている。

鎌倉時代、大久保地区を鎌倉街道羽根倉道が通じており、羽根倉道が入間川（現・荒川）を渡る地点が羽根倉であり、こちらも「羽根倉橋」（国道463号の荒川架橋）等に名を残している。

大宮区（旧大宮市中心部）

大宮駅周辺を大規模再開発構想

大宮区は政令指定都市であるさいたま市の中西部、南北のほぼ中央部に位置する。中山道宿場町の一つである大宮宿を起源とする。見沼の水神を祀った武蔵一宮氷川神社（大宮氷川神社）の門前町でもあり、氷川神社一帯が日本さくら名所100選にも選ばれている大宮公園となる。約2キロに及ぶ氷川参道とともにさいたま市民の憩いの場となっている。

大宮区役所

大宮区の中心部にある大宮駅は、埼玉県はおろか全国でも有数のターミナル駅であり、駅周辺は県内一の商業・業務地区を擁している。

大宮駅西口

中山道の宿場町から「鉄道の街」として発展してきた旧大宮市だが、大宮駅が東京圏で有数の大ターミナル駅として繁華を極めているのは、遡れば明治期に大宮駅が高崎線と東北本線の分岐駅となったことだ。

明治16年、高崎線開業後の日本鉄道は、上野駅から青森駅へ向かう、現在の東北本線の建設に動いたが、高崎駅・前橋駅へ向かう路線の分岐点をどこに設けるかが問題になった。浦和・大宮・熊谷の3案があった。熊谷案は当時最大の輸出品目である繊維産業の中心地である桐生・足利を経由するなどといった理由で、具体的検討がなされた。

浦和分岐案は、経由する岩槻の農

武蔵一宮氷川神社は、東京都・埼玉県近辺に約280社ある氷川神社の総本社

大宮公園動物園

民が鉄道反対運動を起こした。蒸気機関車が出す粉塵を嫌ったもので、鉄道時代初期には、この手のトラブルは至るところで起きていた。

日本鉄道のアメリカ人技師クロフォードは、宇都宮への最短経路となる大宮経由で建設すべしと意見を出した。最終的には鉄道官僚トップにあった井上勝の決断によって、大宮はその起点となる地として、駅が設けられることになった。そして明治18年、誘致運動に動いていた地元有志に提供された駅用地に大宮駅は開業している。

明治27年（1894）、地元有志が提供した土地を基に、駅の北に隣接して日本鉄道大宮工場（現在の大宮総合車両センター・大宮車両所）が設置された。さらに日本の重要幹線の分岐駅という交通の要衝となった

大宮駅東口付近

大宮駅を持つことになった大宮は以降、「鉄道の町」として繁栄。現在に至ることになる。

大宮駅周辺は東口・西口ともに百貨店や専門店・ファッションビル、飲食店、企業や金融機関などが軒を連ね、埼玉県内最大の繁華街およびオフィス街が広がっているが、さいたま市による駅舎および駅周辺の一体的かつ大規模な再開発が構想されている。

大宮駅グランドセントラルステーション化構想と仮称されているもので、駅舎では東西連絡通路の増設や駅ビルの建替えによる駅機能の更なる強化を、駅周辺では大規模整地による建物・道路の再開発や地下開発等がそれぞれ検討されている。これに関連して、さいたま市は令和4年4月、独立行政法人都市再生機構（U

R）と大宮駅周辺のまちづくりに関する連携協定を締結したと仄聞する。

西区（旧大宮市西部）
豊かな自然と田畑が広がる

　西区はさいたま市の北西部に位置する。区域北部をJR川越線は東西に走り、区の東部で川越線と交差しながら国道17号が南北に抜けている。国道17号は一部が新大宮バイパスを兼ねており、国道16号西大宮バイパスとジャンクションを形成している。一方、農村地帯だった面影を色濃く残し、区の西部には荒川の河川敷が広がっているというのが、西区の概要である。

　区東部や川越線西大宮駅・指扇駅周辺は宅地化が進むが、その他の地区においてはのどかな田畑風景が広がっている。荒川左岸の河川区域に大字の飛地が大小多数存在しているが、これはかつて指扇領に属していた村々が領有していた入会地の名残である。

西区役所

西大宮駅改札

西大宮駅ホーム

　明治22年（1889）の町村制施行当時、現在の西区域には三橋村・日進村・指扇村・馬宮村・植水村の5村があった。昭和15年（1940）11月、三橋村・日進村が大宮町・宮原村・大砂土村と合併し、大宮市が発足。昭和30年1月、指扇村・馬宮村・植水村が大宮市に編入合併した経緯を経て、さいたま市西区となっている。

　現在、西区では大規模な土地区画整理事業が進められている。JR川越線西大宮駅南側で行われている指扇土地区画整理事業は、対象地区面世は30ヘクタールに及ぶ。この事業はさいたま市誕生後の平成16年（2004）に都市計画決定となり、途中の事業計画変更を経て令和に入ってから事業に着手。事業期間は令和12年を見込んでいる。

指扇駅北口街並み風景

　西区はこの事業で、西大宮駅を核とした、西区の新たな地域拠点の核となる市街地形成を図る。

　指扇駅は長い間、南口しかなく地元住民は不便をかこっていたが、平成26年（2014）3月に16年越しの念願であった北口が開設され、南北地区の移動が自由になった。翌年には北口駅前ロータリーの供用が開始され、今後の指扇地区の発展に向けた転機となることが期待されている。

北区（旧大宮市北部）
景観優れたベッドタウン

　北区はさいたま市の北部に位置する。江戸時代における中山道大宮宿から上尾宿の間にあたり、南北に長い街である。鉄道でいえば、大宮

北区役所

駅から出た東北本線、高崎線、川越線のJR3線が鉄道博物館を区境として3方向に分かれていくあたりが北区の南部となる。また、南端には東武野田線が走り、大宮公園駅は海外にも知られた盆栽村の最寄り駅となっている。

　工場跡地などの敷地を活用した大規模な再開発により、大型商業施設・公共医療施設整備・マンション宅地造成等が行なわれたことから、さいたま市内のベッドタウンとして、主に多数の大型マンションを含む住宅街と郊外型ショッピングモールなどで形成されている。一方、区の北部、国道16号沿いには工業団地（吉野原工業団地）や卸売市場（大宮市場）がある。

　北区役所はJR3線が分岐した北側、国道17号の東側にある。埼玉新交通伊奈線加茂宮駅から徒歩7～8分だ。

加茂宮駅

　北区役所は「プラザノース」と名付けられた複合施設に所在する。プラザノースは、コミュニティ、図書館、ホール及び区役所等の機能を複合化し、さらに特色として芸術創造・ユーモア機能を含めた施設となっている。

　このプラザノースの敷地は、戦後は富士重工業大宮製作所、戦前は中島飛行機製作所の一部だった。昭和6年から昭和13年まで大宮競馬場があったところでもある。

　現在、この地区は区画整理によって大きく姿を変えた。周辺地域は平成16年、さいたま市によって「ノーザンハートときたまち」と命名され、美しく整備された緑豊かな街並みがさいたま市景観特区に指定され、そのまちづくり等が高く評価されている。

　区内にある宮原駅（高崎線）・日進駅（川越線）・加茂宮駅（埼玉新都市交通伊奈線）周辺一帯は、さいたま市が指定する「副都心景観拠点（日進・宮原地区）」となっている。

　政令指定都市へ移行する際の行政区割りで、大成町・櫛引町など、同一町の丁目によって北区と大宮区に分割される現象が起きた。これは、小中学校の学区等も大きく関係していたことに起因する。そのため、大宮区北部は大宮区役所より北区役所の方が近距離であるなど、北区とほぼ同一の生活圏や商圏を形成している。

見沼区（旧大宮市東部）

「見沼」の地名はないけれど

　見沼区はさいたま市の北東部に位置し、南北に長い地形となっている。そのほぼ中央部を東武野田線が東西方向に走っており、区内には七里、大和田の2駅がある。北西部にはJR東北本線東大宮駅がある。

　区名の由来である見沼は、かつての武蔵国、現在の埼玉県さいたま市（北区・大宮区・見沼区・浦和区・緑区）と川口市に渡って広がっていた巨大な沼沢地を指す。縄文時代にはこの辺りまで東京湾が入り込んでいた名残という。

　江戸時代に入ると、それまで手つかずであった見沼も開発が始まり、多くの新田が開拓された。その新田開発の一例として今も残っているの

見沼区役所

東大宮駅東北本線ホーム（1990年）

東大宮駅前

が、芝川の西側沿いに広がる「見沼田んぼ」であり、地名は見沼一丁目から三丁目になっている。しかし、見沼の町名は大宮区に属する。さいたま市が誕生し、大宮市域を行政区に割り振る際、芝川を大宮区と見沼区の境としたことで、見沼区から見沼の地名がなくなってしまったようだ。

見沼区は、大砂土東、春岡、七里、片柳の4つの地区から成っている。区の東部には見沼代用水東縁、綾瀬川が流れ、南西部は芝川に近接し、河川に沿って水田や畑が広がっている。

東武野田線沿線から北部には、高層住宅群をはじめ計画的に形成された市街地が広がっている。

北東部の深作沼周辺は、かつては見沼の一部であったが、現在は埋め立てられて卸売団地などが建設されている。

昭和30年代、大宮市大字大谷に大谷県営住宅(現在の大宮七里住宅)が造成されたのを機に、近隣に東宮下団地などの県営住宅の建設が相次ぎ、人口が増加。また、昭和39年(1964)の国鉄東大宮駅の開業を機に、北部で土地区画整理事業などによる計画的な市街地形成が進められ、住宅地が拡大したことが、北部の市街化を進めている。

南部は河川に沿って水田のほか、花卉・花木や野菜栽培の畑などが広がっており、都市的な生活環境と自然が共存しているのが見沼区といえる。

中央区(旧与野市域)
区名決定に一悶着あり

中央区の面積は10区の最小ながらさいたま市の中枢「さいたま新都心」を擁している。旧与野市域をほぼそのまま継承していながら、区名は「与野区」ではなく「中央区」である。区内に「与野」を含む町丁名は現存せず、「与野」の地名は駅名や学校名などに残るのみとなった。

かつての市域の行政区にその名を残した浦和、大宮とは違い、さいたま市の誕生を契機に、過去の歴史にこだわることなく古い上着を脱ぎ捨てたかに見える。しかし、新生さいたま市の政令指定都市移行にあたっての区名決定にあたっては「中央区」にするか「与野区」にするかで激しい悶着があったのである。

中央区役所

さいたま市の行政区名決定までを時系列で見ていくと、まず平成13年(2001)10月22日、さいたま市行政区画審議会の最終答申により、さいたま市に設置されることになった9区の区画がおおむね決定されたことから始まる。区画にはA、B、C、D~とアルファベットが当てられ、現中央区の仮称は「E区」だった。

平成14年2月21日、第1回さいたま市区名選定委員会において、区名公募や「区名投票」の実施が決まり、5月1日から24日にかけて、市内在住・在勤・在学者を対象とした区名案の公募が行われた。E区の上位3件は1位「与野区」882件、2位「中央区」514件、3位「新都心区」24件だった。6月22日、区名検討市民の会において、E区の6つの区名案として上位3件に彩央区・埼京区・中央与野区を加えてが選定されることになった。8月1日から16日まで、市民意向調査としての位置づけではがきによる「区名投票」が実施された。

その結果、E区は「与野区」が1941件と全体の49%を占めた。「中央区」1171件、「新都心区」435件、「彩央区」267件、「中央与野区」88件、「埼京区」60件に大差をつけての1位となった。

市民意識調査としての結果であるから、投票数1位が最優先されると思ったら、そうではなかった。9月30日、第4回さいたま市区名選定委員会において、委員長の旧与野市長井原勇が「区名案についての委員長私案」として全9区の区名案を提示し、この中でE区について「さいたま新都心を擁し、地理的に市域の中央に位置していること」を理由に「与野区」ではなく区名投票第2位の「中央区」を選定した。

この際、井原委員長は合併協議会時の経緯として「与野区ではなく中央区にすべきとの結論が出て、3市の合併が達成できた」「新都心地域は大宮区に入ることになっていたが、浦和・与野の住民は猛反発し、新都心が与野に入ると決まったときに、与野という名前は困る、新都心が入るのだから中央区にすべきといろいろ論議の末、与野の行政区に属することに決まった」「立場上、与野区に引っ繰り返すことはできない」などと発言。

これに対して「中央区になることが初めから決まっていたような話ではないか」「大宮が、新都心地区を与野市域のE区に組み込むことを了とする代わりに、与野区と名乗らせないといった趣旨の裏取引があったかのように聞こえる」などと猛反発。声が上がったもっともな言い分である。委員会はかくて侃々諤々、怒鳴り声も聞こえる始末となったが、最終的に挙手による採決を経て「中央区」が選定された――。

さいたま新都心や、その西側の最

寄り駅である埼京線北与野駅周辺には、再開発ビル群が立ち並んでいるが、中央区役所は同じく埼京線与野本町駅を最寄りとしている。駅西側にある「彩の国さいたま芸術劇場」

与野本町駅西口

彩の国さいたま芸術劇場

では国際的に評価の高いコンサートや舞台が催され、蔵造り住宅など江戸の面影を残す与野本町の景観とともに、政令指定都市さいたま市の「芸術、文化創造発信」の担い手となっている。

岩槻区（旧岩槻市）

譜代岩槻藩の城下町として発展

平成17年（2005）4月1日、さいたま市の10番目の行政区となった「岩槻区」は、旧岩槻市の市域をそのまま踏襲している。

市域のほぼ中央部を元荒川が南北に流れ、その周辺には今も耕作地が広がっている。東端には東北自動車道、国道122号が通っている。また122号線のバイパスも岩槻区役所南側から北上している。市域のほぼ中央部を、首都圏を環状に結んでいる国道16号が東西に走っている。

岩槻区役所（岩槻駅前ワッツ東館内）

鉄道は区の北部域に東武野田線が走り、岩槻と東岩槻の2駅があるが、中心市街地は岩槻区役所のある岩槻駅周辺となっている。江戸時代は城下町であり、日光御成道岩槻宿も形成。往時から賑やかな街だった。

岩槻宿の規模は「東西11町・南北15町余」（1町は110メートル弱）で、文化・文政期の「家数は560軒余」であった。岩槻宿では、六斎市が毎月一・六日に行われ、産物のネギ・ゴボウ・米・木綿などが売買されたという。

街道筋に東北方面につながる岩槻は戦国時代には小田原北条の領国で、本拠である相模国小田原城に次ぐ重要拠点のひとつだった。江戸時代に入ると徳川家康も岩槻を関東支配拠点のひとつと見なし、家康三河の時代から股肱の臣であった高力清長に二万石を与えて岩槻に入部させている。これが岩槻藩の立藩となった。

岩槻区役所

以後、青山氏・阿部氏・板倉氏・戸田氏・藤井松平氏・小笠原氏・永井氏ら譜代大名の居城となった。江戸中期に九代徳川家重の側用人大岡忠光（大岡忠相の遠縁）が入って藩主家が固定。廃藩置県まで大岡氏の居城となった。天守はなかったが、天守代用の櫓として本丸に二層二階の瓦櫓があり、他に柿葺二層二階の二重櫓と同じく柿葺の一層一階の櫛形櫓が本丸に存在した。

岩槻藩の石高は藩主交代のたびに代わっており、岩槻藩三代目の阿部家時代が九万九〇〇〇石と最も高く、大岡家は二万三〇〇〇石で廃藩置県を迎えている。

岩槻宿は日光御成道の4番目の宿場だが、城下町に設けられた宿場であったことから、岩槻は武蔵国東部の中心地として大いに栄えたという。

岩槻は岩槻城の城下町時代から岩槻宿を経て多くの町名が残っていたが、昭和40年代からの住居表示実施の流れにより順次消滅した。近年は旧町名の持つ文化価値が見直され、住居表示などで失われてしまった町名を復活させようとする動きがあり、旧町名や通り名を記した石碑、プレートの設置を進めているとのことだ。

01-3

さいたま市と鉄道

～浦和駅から始まった鉄道網の形成～

さいたま市役所

さいたま市は人口134万人(令和5年4月時点)を擁する堂々たる大都市である。その基盤となっているのは、他市が羨むほどの鉄道網にある。

さいたま市域において初めて鉄道が開通したのは、明治16年(1883)7月28日。その日、現市域で唯一の鉄道駅として浦和駅が開業した。その2年後、東北本線の分岐点として設置された大宮駅が明治18年3月16日に開業した。

浦和駅開業140年の横断幕

蒸気機関車から電車の時代に入った大正期には京浜東北線のルーツとなる京浜電車が走り始めた。昭和に入ってもさらなる鉄道路線の開通や新駅の開業により、さいたま市域を走る路線や駅は次第に増加し、いまではJR及び私鉄合わせて8路線(新幹線は除く)31鉄道駅が所在するまでになった。

JR路線(ここでは旅客鉄道を指す)の多くは南北方向に通じており、東京大都市圏における放射状の路線をなしている。特に大宮駅以南は、上野東京ライン、湘南新宿ライン(宇都宮線・高崎線)、京浜東北線の3複線と、東北新幹線の建設の際に別線として建設した埼京線の4路線が担っており、多数の列車が運行されている。大宮駅以北でも、宇都宮線・高崎線が都心へのアクセス路線という重要な役割を果たしている。私鉄では埼玉新都市交通伊奈線が大宮から伊奈町内宿まで走っている。

一方で、東京大都市圏における環状の路線をなす路線として、大宮駅から岩槻駅方面への東武野田線(東武アーバンパークライン)と指扇駅方面への川越線が、また市南部には武蔵野線が、それぞれ東西方向に通じている。武蔵野線と埼玉高速鉄道線(埼玉スタジアム線)以外、市内を走る全ての路線が大宮駅に発着している。

さいたま市の鉄道ネットワークがどのように形成されていったか、時系列で見ていく。

高崎線(明治16年開業)
中山道鉄道計画の第一期線

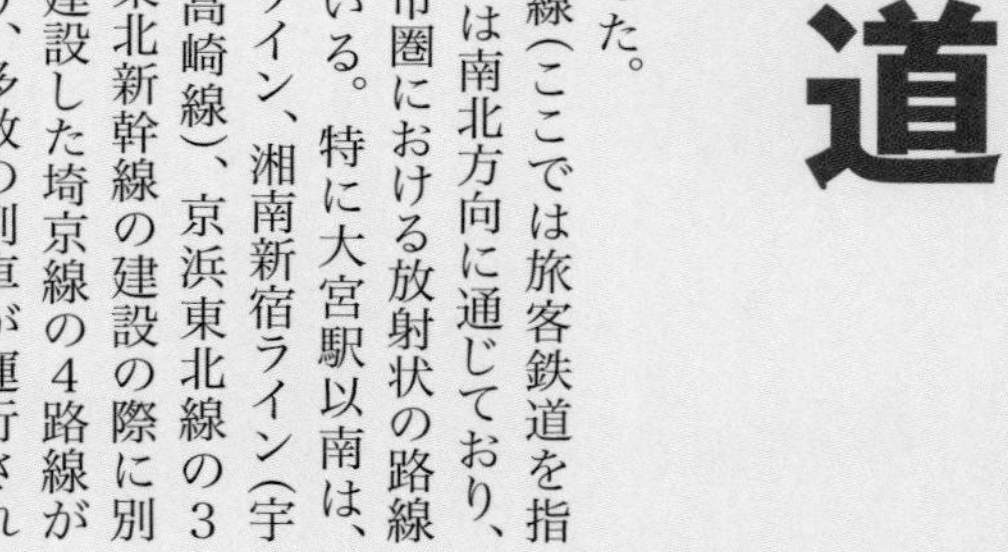
高崎線のE233系籠原行き

浦和駅は、日本鉄道の駅として開業している。

日本鉄道は、明治14年(1881)に設立された日本初の民営鉄道会社だが、路線の建設や運営には政府及び官設鉄道が関わっており、建設路線の決定も国策的要素が優先され、国有地の無償貸与、建設国営など、実質上は「半官半民」の会社であった。

もともと明治政府では鉄道局長官であった井上勝をはじめとして、鉄道国有派が多数だったが、西南戦争の出費などで財政窮乏。政府の鉄道

日本鉄道の開業式典（3点とも）

事業として最優先に位置付けられた中山道沿いの鉄道区間のうち、東京〜高崎間の測量が開始されていたが、財政難から工事は未着工であった。これに対して、民間資本による鉄道の早期開業を求める動きがあり、日本鉄道の設立に結実した。

以後、日本鉄道に触発されるような形で山陽鉄道・九州鉄道・北海道炭礦鉄道などの新たな民鉄会社が続々と日本各地で創設され、日本の幹線鉄道はその多くが民間資本で建設されることになる。

明治16年7月28日、日本鉄道の第一期線として上野駅〜熊谷駅間が開業した。開業時の開設駅は上野駅・王子駅・浦和駅・上尾駅・鴻巣駅・熊谷駅だった。この第一期線が高崎線の起こりだ。

上野〜高崎間の路線には「王子〜赤羽〜大宮〜鴻巣〜熊谷〜高崎」という英国人技師ボイル案と、「千住〜岩槻〜忍〜熊谷〜高崎」というアメリカ人技師クロフォード案の2案があった。当時の鉄道局長官井上勝がボイル案を採用し、宿場町時代とは変わって寂れていた大宮を外して県庁所在地となっていた浦和に駅を設けることになった。

日本鉄道第一期線は明治17年に高崎まで開通し、同年6月25日には明治天皇臨席のもと上野駅で開通式が行われている。この際に明治天皇は上野〜高崎間を往復乗車している。

上野に起点駅を設けたのは、用地の問題だった。新橋駅の北側には江戸時代からの市街地が広がっていた。また神田から板橋にかけての台地の勾配を避けるため、台地の縁にあり、寛永寺の広大な寺領を利用できる上野をターミナルとした。

明治政府が、新橋～横浜間に次ぐ第二路線として群馬を目指したのは、殖産興業政策の一環だった。明治期は生糸や絹織物は外貨を稼ぐ輸出産業のトップを占めており、養蚕業と製糸業の盛んな群馬県と横浜を結ぶ主要鉄道として最優先に挙げられていた。明治18年（1885）に赤羽から官営鉄道の品川を結ぶ品川線（現在の山手線・赤羽線）が開業し、群馬と横浜を結ぶ当初の計画が実現している。

また、上野～高崎間は東京と京阪神間を結ぶ主要鉄道と位置付けられた「中山道鉄道」の第一区を形成する計画でもあった。中山道鉄道案は後に東京～京阪神間を結ぶ鉄道の岐阜以東は東海道経由へと変更され、東海道本線計画へ転じている。

日本鉄道が上野～熊谷間を開業した当時、政府官報では上野熊谷間汽車と表記したが、旅客案内上は中仙道汽車と案内されることもあった。

明治39年、日本鉄道が鉄道国有法により買収・国有化され、本路線も国鉄に編入された。3年後の明治42年10月12日公布の国有鉄道線路名称により公式に大宮～高崎間を「高崎線」と定め、両毛線や日光線、水戸線等と同じく東北本線を幹線とする「東北線の部」に属する一線として位置付けられた。

東北本線（明治19年開業）分岐点として大宮駅が設置された

高崎線と並行するように、東北に向かう第二期線計画も進められた。

上野駅から青森駅へ向かう、現在の東北本線を建設する際に、高崎駅へ向かう路線のどこから分岐させるかが問題になった。浦和・大宮・熊谷の3案があった。熊谷案は当時最大の輸出品目である繊維産業の中心地である桐生・足利を経由するなどといった理由で、具体的検討がなされた。

浦和分岐案は、経由する岩槻の住民が鉄道忌避を起こした。アメリカ人技師のクロフォードは、宇都宮への最短経路となる大宮経由で建設すべしと意見を出した。最終的には井上勝の決断によって、大宮はその起点となる地として、駅が設けられることになった。

この間、高崎線に駅を設けられなかった大宮は、地元が熱心な誘致活動を行っていたが、鉄道局長官井上勝の判断にどう影響したかは不明のようだ。

第二期線の建設は急ピッチで進められ、明治18年7月16日に大宮駅～宇都宮駅間が開業した。途中駅には

在来線の特急「つばさ」は1961年から92年まで上野～秋田間を走った。列車名は東北・山形新幹線に継承されている

蓮田駅・久喜駅・栗橋駅・古河駅・小山駅・石橋駅が設置された。当時利根川の架橋が完了しておらず、この区間には渡船が運行され、栗橋駅～古河駅間の現在の利根川畔には中田仮停車場が設けられて利根川鉄橋の開通まで運用された。以後、明治19年（1886）12月1日黒磯駅まで開通した。なお、上野～青森間は明治24年に全通した。

　宇都宮線は、現在は東京駅から大宮駅、宇都宮駅を経由して黒磯駅までを結ぶJR東北本線の列車運行系統の愛称であるが、「宇都宮線」の愛称が設定されたのは地元自治体の働きかけによっている。

　東北方面も新幹線の時代に入っていた昭和63年（1988）、東北本線の長距離旅客輸送機能が東北新幹線に移され、上野駅～黒磯駅間が東京～埼玉～栃木間の輸送に特化されつつある状況を鑑み、当時の栃木県知事が、県庁所在地である宇都宮市のアピールも絡めて、上野駅～赤羽駅～黒磯駅間の名称を「宇都宮線」とすることをJR東日本に提案した。栃木県の提案に沿線自治体である東京都・埼玉県・茨城県の各知事も了承したことから、「宇都宮線」は平成2年3月10日から公式の愛称となった。

　高崎線、宇都宮線は上野東京ラインの登場で、今では東海道線と直通運転する首都圏の通勤大動脈ともなった。

上野～札幌間で運転されていたカシオペア

宇都宮線のE231系

京浜東北線（大正3年開業）

昭和32年まで二等車も連結

　東京都心部を南北に縦貫し、北はさいたま市大宮駅、南は鎌倉市大船駅まで結ぶ京浜東北線は、大正3年（1914）12月20日の東京駅開業と同時に「京浜線」として東海道本線東京駅～高島町駅間で開始された電車運転が京浜東北線の起こりとなっている。高島町駅は翌年、横浜駅（2代目）の移転に伴い、横浜駅に統合されて廃止されている。そしてこの年12月30日、桜木町駅（初代横浜駅）に延伸している。

　当時の途中駅は新橋・品川・大井町・大森・蒲田・川崎の6駅だった。また、二等客室（一両の半分だった）も連結されており、大正7年まで急行電車も運行されていた。

　準備不足により開業日早々に来賓を乗せた下り電車が立ち往生するトラブルを引き起こした。仙石貢鉄道院総裁は翌12月21日の新聞各紙に謝罪広告を掲載するほどの騒ぎになった。その後もトラブルが起こっていたため電車の運行を一旦中断し、半年余り入念な試運転を行って運行再開の運びとなっている。

　京浜線が北に延びていくのは、大正末期になってからだ。大正14年11月1日、東北本線東京駅～秋葉原駅間の電車線が完成し、京浜線電車の運行区間を田端駅まで延伸。昭和3年2月1日、東北本線田端駅～赤羽駅間の電車線が完成して京浜線電車の運行区間を赤羽駅まで延伸。そし

京浜東北線の快速電車E233系

根岸線に直通するE233系大船行き

て昭和7年（1932）9月1日、東北本線列車線の赤羽駅～大宮駅間の電化に乗り入れる形で大宮駅まで運行区間を延伸された。

大宮駅まで延伸した当初は東北・京浜線とアナウンスされていたようで、昭和31年（1956）11月19日から京浜東北線に改められた。二等車はこのころも連結されており、廃止されたのは翌年の昭和32年6月30日となっている。

昭和39年、根岸線が開業。当初は桜木町～磯子間だったが、昭和48年に大船まで全通すると、京浜東北線も根岸線経由で大船駅に向かう現在の運行形態となっている。

一般的に日本の鉄道では当該路線の起点駅から離れていく列車を「下り」、その逆を「上り」としているが、東北本線と東海道本線の起点となる東京駅を挟んで運転する京浜東北線にはこの定義は当てはまらない。従ってJR内部では大宮駅から大船駅方面への電車を「南行」（なんこう）、大船駅から大宮駅方面への電車を「北行」（ほっこう）と呼んで区別しているとのことだ。

東武野田線（昭和5年全通）

さいたま市初の東西軸鉄道

東武野田線は大宮駅から春日部駅、千葉県の柏駅を経由して同県船橋駅を結んでいる。東京30キロ圏内の東半分を走り、昭和5年（1930）に全線が開通した。郊外路線だが全線が東京近郊のベッドタウンに位置し、通勤路線となっている。東武では、伊勢崎線（東武スカイツリーライン）・日光線・東上本線（東上線）に次ぐ基幹路線と位置付けて「東武アーバンパークライン」との愛称をつけている。

野田線の8000系が発車を待つ

野田線が東武鉄道の路線となった経緯は昭和19年（1944）3月1日、戦時中の陸上交通事業調整法に基づいて東武鉄道が総武鉄道を吸収合併したことによる。それまでは総武鉄道の路線が東武鉄道野田線・船橋線となり、戦後の昭和23年4月16日、船橋線を野田線に統合して、大宮駅～船橋駅間を野田線としている。

総武鉄道は、大正12年（1923）に千葉県営鉄道野田線を買収した北総鉄道（現在の北総鉄道とは無関係）が昭和4年に社名変更したもので、その年の12月には大宮駅を開業し、翌5年10月1日に大宮～船橋間が全通している。

さいたま市域では初の東西軸の鉄道となった東武野田線はさいたま市域の大宮区に大宮・北大宮・大宮公園の3駅、見沼区に大和田・七里の2駅、岩槻区に岩槻・東岩槻の2駅を設けており、さいたま市東部になくてはならない動脈となっている。また、春日部駅では東武伊勢崎線と連絡している。

東武アーバンパークラインの愛称が定着

川越線（昭和5年全線開業）

電化されたのは昭和60年だった

東武野田線とほぼ同時期に走り出したJR川越線はさいたま市から西へ向かい、川越市を経由して日高市の高麗川駅までを結んでいる。

川越駅以東（大宮駅～川越駅）の区間では、埼京線を介した東京臨海高速鉄道りんかい線新木場駅までの直通運転と、相鉄線直通列車として埼京線および相鉄新横浜線を介した相模鉄道本線海老名駅までの直通運転が行われている。川越駅以西（川越駅～高麗川駅）の区間では、八高線の八王子駅までの直通運転が行われている。

さいたま市域の貴重な横軸鉄道である川越線は、軍事的観点から建設されている。昭和9年（1934）東海道本線と東北本線を、東京を経由せずに結ぶという軍事的な危機管理政策として軍部から強い要請もあって昭和9年に着工。昭和15年には全

川越車両センター所属のE233系

川越線内で離合するJR東日本E233系（左）と、りんかい線70-000形

線が一度に開業している。しかし、電車ではなく蒸気機関車であった。

当時、大宮～川越間には明治39年（1906）開通の路面電車として西武大宮線が走っていたが、川越線の開通に伴い利用が激減し、川越線が開通した昭和15年の暮れには12月に運休し、翌年に廃線となっている。この路面電車は埼玉県で初の電車であったが、9600形蒸気機関車に敗退したのであった。

川越線は高度成長期の昭和44年（1969）まで蒸気機関車であり、その後も電化されずにディーゼル機関車が牽引していた。全線が電化したのは昭和60年であった。大宮駅は新幹線が四六時中発着していた時代である。

川越線は昭和40年代以降、沿線人口の急増に伴い、利用客も増加した。しかし、単線・非電化のまま抜本的な輸送力の増強対策がとられず、「1時間に1本か2本、ラッシュ時でも3本」という運行本数であったために、昭和50年代後半頃には「酷電なみの混雑」が指摘されるに至った。ついには昭和55年5月には、沿線市町が立ち上がり、「国鉄川越線複線電化促進協議会」を結成したほどだ。だが、当時の国鉄は民営化に直結した赤字地獄に陥っており、利用者の要望には応えられなかった。

電化の契機となったのは、埼京線の開業だった。昭和60年の埼京線開業に伴い、埼京線と川越線の大宮駅～川越駅間との直通運転が開始された。同時に、川越線は大宮駅～日進駅間が複線化されるとともに、川越駅以西も含む全線が電化された。埼京線と川越線との直通運転は、埼京線の車両基地を、川越線の南古谷駅（川越市）付近に新設したことに伴ったものだ。

埼京線は、当初は大宮駅以北を高崎線と併走させる計画であったが、計画区間に車両基地を設置する用地が確保できず、川越線沿線に車両基地を求めることとなった。これに伴い、川越線は都市近郊の通勤路線としての性格を強めることとなり、利用客もさらに増加した。

平成14年（2002）には埼京線を介して東京臨海高速鉄道りんかい線との直通運転を開始し、相鉄線直通列車として令和元年には埼京線・相鉄新横浜線を介して相模鉄道本線と相互直通運転を開始した。

一方、川越線は、都市近郊の通勤路線としての性格が強いにもかかわらず、大宮駅～日進駅の1駅間を除くほぼ全線が依然として単線であり、運行本数も日中毎時3往復と少ない状態にあった（平日朝の指扇駅～大宮駅間の上りのみは最大8本）。電化以後の大きな路線改良は、平成21年（2010）開業の西大宮駅に行き違い設備が造られたのみである。

平成27年には、利用客が微増傾向にあるにもかかわらず、川越駅～高麗川駅の日中時間帯が毎時3往復から2往復へと、五日市線・青梅線とともに減便となり、戦中戦後の混乱期を除いた国鉄時代を含め首都圏郊外路線で初の本数減となり、さらに令和元年のダイヤ改正では相鉄線との直通運転が開始された一方で、大宮駅～川越駅間で朝夕に減便している。

　さいたま市域の貴重な東西軸である川越線だが、長く非電化・単線のままに捨て置かれことに加えて、傍目には冷遇されているように見える路線である。

武蔵野線（昭和48年開業）

首都外郭環状線として埼玉県が申請

さいたま市域にＪＲ武蔵野線の駅は、西浦和・武蔵浦和・南浦和・東浦和の4駅があり、南浦和では京浜東北線と接続する。

現在の武蔵野線はE231系0番台・900番台が主力

　横浜市鶴見駅と千葉県西船橋駅を結ぶ武蔵野線は、山手貨物線のバイパス路線として国鉄が建設した貨物線で、同時に旅客用にも供用された首都圏の外環状路線である。東京都多摩地区、埼玉県南部、千葉県西部など首都圏の郊外を結ぶ通勤・通学路線でもあり、東京都心部から放射状に延びるＪＲや私鉄の各路線との交点に乗換駅が設けられている。

　旅客営業の起点は府中本町駅であるが、府中本町駅～鶴見駅間は現在でも貨物専用路線として機能しており、この区間は旅客営業区間と区別して通称「武蔵野南線」と呼ばれる。

武蔵野線の列車の多くは京葉線に乗り入れる

当路線の開業により山手貨物線の貨物列車の本数が減少し、山手貨物線を走行する埼京線や湘南新宿ラインといった旅客列車の新設・増発が可能となった。

　昭和2年（1927）山手貨物線を代替する「東京外環貨物線」として計画されたが、太平洋戦争などの影響で計画は凍結。戦後になり山手貨物線の貨物列車本数が増加したことから、昭和27年に首都外郭環状線の一環として所沢～浦和～流山～我孫子間の路線が埼玉県より申請され、昭和32年に鉄道建設審議会で建設が決定され、昭和39年に日本鉄道建設公団によって着工した。

　昭和48年（1972）4月1日、府中本町駅～新松戸駅間、与野駅～西浦和駅間などが開業し、旅客線および貨物線の営業を開始した。開業当初は貨物列車の合間の住民への見返り運転であり、昼間は40分間隔、ラッシュ時でも15～20分間隔での運転だった。昭和50年代に入ると、貨物列車は拠点間集中輸送へ重点が移り列車本数が削減されてダイヤに余裕が生じ、沿線の開発に伴い人口も増加し、旅客列車も増発された。関東の鉄道では開業当初から自動改札機を全面的に導入した初の路線でもある。

　昭和53年に新松戸駅～西船橋駅が延伸開業し全線開通。昭和63年12月に京葉線西船橋駅～市川塩浜駅間および南船橋駅～新木場駅間が開業し、一部列車が京葉線と直通運転するようになった。

埼玉新都市交通伊奈線（昭和58年開業）

東北・上越新幹線開通の代償路線

　埼玉新都市交通伊奈線は大宮区、北区、上尾市、北足立郡伊奈町を結んでいる。ゴムタイヤの新交通システム（ＡＧＴ）による鉄道路線で、「ニューシャトル」の愛称が付いている。

　上尾市と隣接する伊奈町は梨、ぶどうなどを栽培する典型的な農村だった。のどかな農村に東北・上越新幹線が走ることになったとき、2本の新幹線で町が分断されると激しい反対運動が起こった。新幹線建設の代償として敷設されたのが、伊奈線だった。

　埼玉新都市交通は、埼玉県とＪＲ東日本及び沿線自治体などが出資者

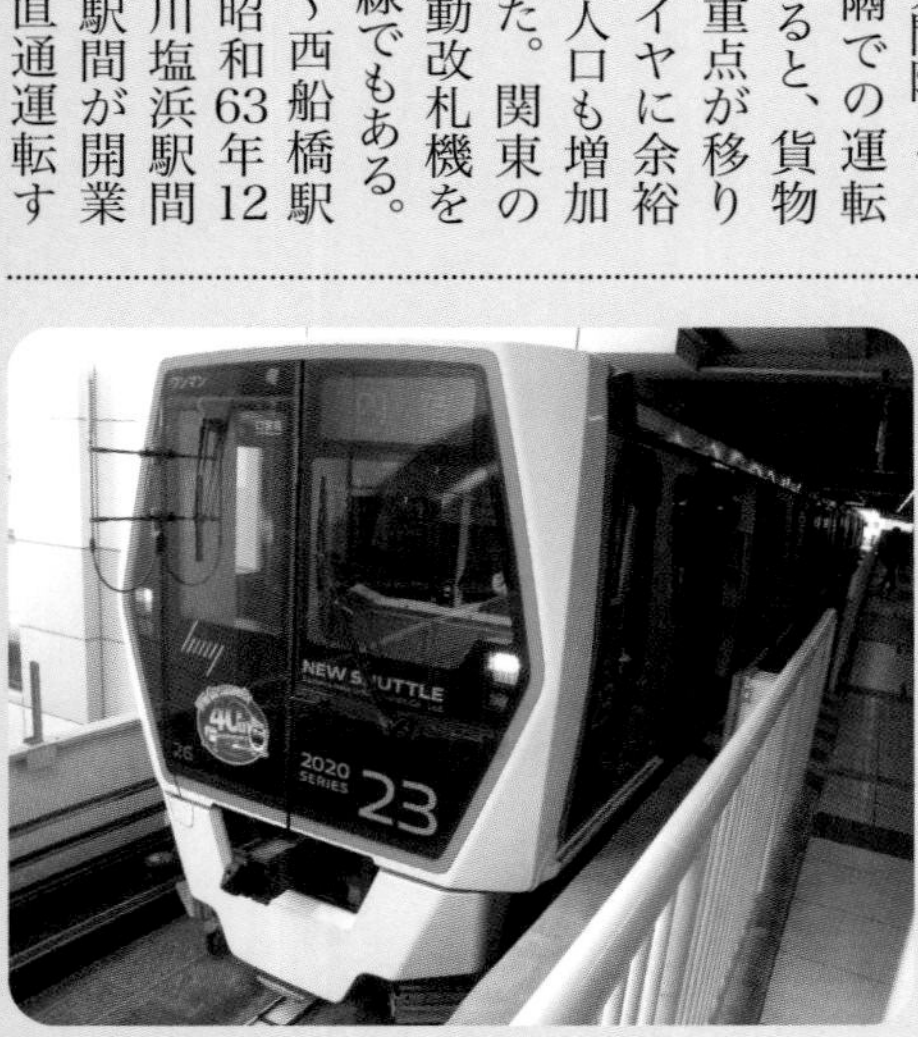

埼玉新都市交通の2020系

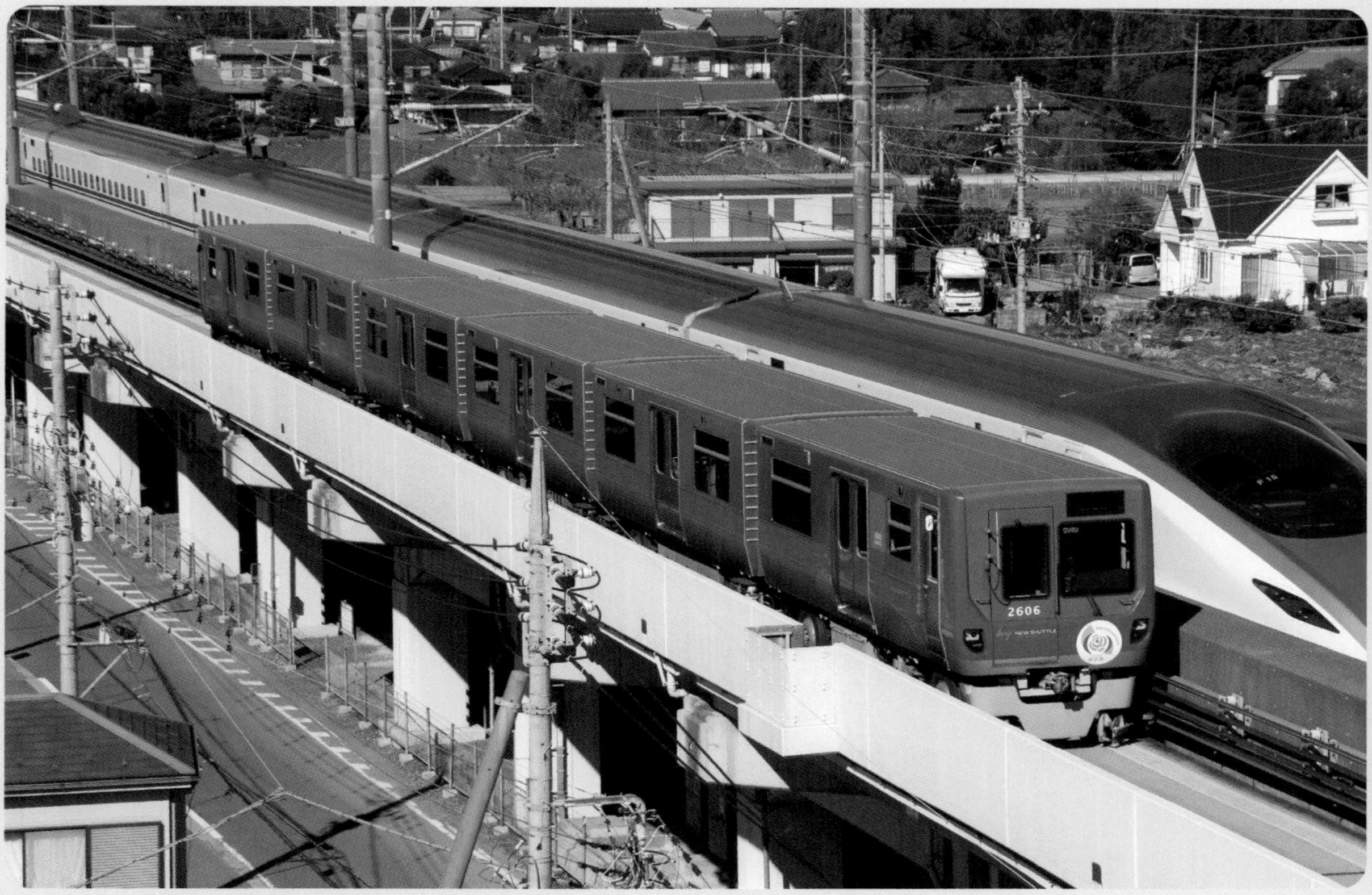

埼玉新都市交通2000系電車は2007年の鉄道博物館開業にあわせて登場

となって設立された第三セクターである。伊奈線沿線には普通の鉄道を建設するほどの需要はないと判断されたことから、中量輸送機関として新交通システムAGTが導入されている。

　伊奈線は昭和58年の開業以来、沿線人口の少なさから利用は伸び悩み、赤字路線だった。出資する埼玉県とJR東日本、大宮市（現・さいたま市）、上尾市、伊奈町は、昭和62年より経営健全化支援を開始。車両購入費や駅施設使用料の軽減を行っていたが、平成26年に累積損失を解消。現在は日中も混雑している。

　路線は全区間が高架で、東北・上越新幹線の高架に沿って敷設されており、ほとんどの区間で橋脚を新幹線と共用。関東平野のほぼ中央部を新幹線の高架の高さを走るため、よく晴れた日には秩父の山並みや富士山、筑波山、男体山、赤城山なども見通せ、車窓からの景観は抜群とのことだ。

　伊奈町は、浦和・大宮・与野の三市合併問題の際に提案された上尾市も含めた4市1町案が出てきた時の町だが、伊奈線の開通を機に土地区画整理事業が展開され、東京都心・さいたま市のベッドタウンとして宅地造成が進んでいる。

埼京線（昭和60年開業）

通勤新線は東京圏の大動脈に

　さいたま市域内に武蔵浦和駅・中浦和駅・南与野駅・与野本町駅・北与野駅・大宮駅の6駅が設けられて

埼京線・川越線の電化祝賀マーク（1985年）

いるJR埼京線は、今や東京圏の大動脈路線となったが、その出自は新埼玉交通伊奈線と同じく、新幹線建設にも伴う代償路線して計画された通勤新線だった。

　東北・上越新幹線の建設計画では赤羽〜大宮間のうち埼玉県内を地下化とする予定であった。しかし、地下化によるトンネル建設案は地盤の問題で難しいことが判明。「通勤新線」を併設した形での高架化案が運輸省を通じて埼玉県知事などに示された。この提案は地元が高架化案を受け入れた場合の「見返り」としての提案でもあった。

　高架化案は騒音問題などで起きていた沿線住民(戸田・浦和・与野3市と東京都北区)による反対運動のさらなる活発化を招いた。その後、

埼京線の電車は相鉄の海老名まで運転される

国鉄側が騒音問題に対する措置をとることや、通勤新線の建設を正式に表明したことを受け、沿線の自治体がラッシュ緩和や通勤時の交通利便性の向上と「通勤新線」の快速の停車を国鉄に要望。住民側からも新線の期待が次第に高まったことから、沿線自治体も新線併設を条件に新幹線建設賛成に舵を切り、それらの要望などの具現化を盛り込んだ建設計画がようやく合意された。
　通勤新線は計画段階では赤羽駅〜宮原駅間を建設し、高崎線に乗り入れて新宿駅へ直通させる構想だった。しかし、通勤新線の車両基地用地問題で川越電車区(南古谷駅近辺)に設けることになり、大宮〜宮原間は廃止。当時非電化だった川越線を電化し、通勤新線は川越線乗り入れの形に変更となった。
　昭和60年9月30日、通勤新線は「埼京線」の名で開業。同時に川越線大宮駅〜高麗川駅間も電化開業した。運転区間は池袋駅〜川越駅間で、最短44分(通勤快速)で結び、それまで赤羽駅、大宮駅で乗り換えを含め69分かかっていた同区間の大幅な短縮効果は大きかった。一方で、混雑の激しかった京浜東北線は、埼京線に乗客が移行したことで混雑率は軽減され、埼玉県南部から都内への通勤の足が大きく改善された。
　既存の赤羽線を接続して、埼玉県南部と赤羽駅・板橋駅を経由して池袋駅とを結ぶ新路線として誕生した

左から相模鉄道12000系、JR埼京線E233系、東京臨海高速鉄道70-0000形の車両

埼京線はその後、山手貨物線への乗り入れ開始により新宿駅、恵比寿駅へと徐々に区間が延伸され、平成14年(2002)からは大崎駅を介して東京臨海高速鉄道りんかい線と相互直通運転もスタート。池袋駅〜大崎駅間の山手貨物線区間は湘南新宿ラインと線路を共有しており、同区間は湘南新宿ラインとともに各駅停車の山手線に対して快速列車としての役割を持つ。さらに令和元年(2019)の相鉄・JR直通線(新宿駅〜海老名駅)の開業で、相模鉄道相鉄新横浜線・本線とも相互直通運転を行うようになった。また大宮以北では川越線川越駅まで直通運転を行っている——。

国鉄民営化後もしばらくは取得した用地が残され、平成12年前後にさいたま市との合併協議を行っていた上尾市は、宮原に残されていたJRの用地を利用した埼京線もしくは京浜東北線の上尾駅延伸を合併の見返りとして要求していたが、破談。合併協議も解消されている。

埼玉高速鉄道線
(平成13年開業)

東京メトロと直結する唯一の路線

埼玉スタジアム線の愛称が付いている埼玉高速鉄道は東京メトロ南北線の終点駅である赤羽岩淵駅から埼玉県に延長する形で浦和美園駅に至る路線である。起点の赤羽岩淵駅および終点のさいたま市緑区の浦和美園駅以外は、全ての駅が川口市に所在している。

東川口駅で武蔵野線と接続している路線の大半は地下を通り、浦和美園駅及び隣接する車両基地のみ地上にある。

京浜東北線・宇都宮線と東武伊勢崎線(東武スカイツリーライン)・日暮里舎人ライナーに挟まれた、国道122号(岩槻街道)や日光御成街道沿線の川口市東部・北部及びさいたま市東部と都心を結ぶ路線としての役割を担っている。特に本路線の開業まで鉄道が通っていなかった旧鳩ヶ谷市(現・川口市)は、バスのみだった交通状況が大きく改善された。

浦和美園駅は埼玉スタジアム2002への主要な交通手段として利用されると共に、駅周辺は「みそのウイングシティ」と名付けられた大規模な区画整理が行われた。

浦和美園駅から岩槻駅を経て蓮田駅に至る路線延伸が検討されていると聞く。

埼玉高速鉄道は、埼玉県と東京メトロ及び沿線自治体の川口市、さいたま市などが出資している第三セクターである。

埼玉高速鉄道に乗り入れる東急3020系電車

埼玉高速鉄道2000系2800形は、現在、東急新横浜線にも直通する

中山道の松並木

01-4

中山道と日光御成道

〜浦和宿・大宮宿・大門宿・岩槻宿〜

さいたま市域には江戸時代の街道筋が2本走っている。中山道と日光御成道だ

国道17号が中山道筋であり、日光御成道は国道１２２号の埼玉県内のうち岩槻区の加倉南交差点以南の通称が、日光御成街道の別名である岩槻街道となっている。

中山道は六十九次あり、木曽街道とも称された。さいたま市域には浦和宿と大宮宿があり、日光御成道には大門宿と岩槻宿が設けられていた。

中山道六十九次は天保年間（１８３０〜４３）、浮世絵師・渓斎英泉および歌川広重により、名所絵（浮世絵風景画）『木曽海道六十九次』として描かれているが、日光御成道はそのような名所絵は残されていないようだ。

浦和宿で鰻の食い納め

中山道は、日本橋を起点に板橋宿を首駅として蕨宿〜浦和宿〜大宮宿〜上尾宿〜となり、浦和宿は第三宿になる。上町・中町・下町からなり、現在は住居表示実施を経て常盤・仲町・高砂がそれぞれ対応している。

浦和宿は、北は日光街道と連絡し、南では相模国大山詣で大山道とつながっていた。荒川を渡る羽根倉の渡し（志木市）と秋ヶ瀬の渡し（さいたま市）があった。

浦和宿は幕府直轄領であった。将軍家の鷹狩りの休泊所は雅名で「御殿」と呼ばれたが、上町に浦和御殿が設けられていたのが、浦和宿の起こりという。それ以前は調神社（浦和区岸町）や玉蔵院（浦和区仲町）の門前町として栄えていた。

浦和御殿はしかし、文禄2年（１５９３）鴻巣宿に鴻巣御殿が設けられたことで、慶長年間（１５９６〜１６１４）後半には廃止され、以後は幕府直営の御林として管理されるようになった。当時を伝えるものは明治26年（１８９３）の浦和地方裁判所（現・さいたま地方裁判所の前身）建設に伴って姿を消し、現在は裁判所跡の赤レンガ堀を残す常盤公園となっている。

浦和宿は、道中奉行による天保14年（１８４３）の調べで、町並み10町余（1町は１００メートル強）。宿内人口１２３０人（男６０９人、女６１６人）。宿内家数２７３軒（本陣1軒、脇本陣3軒、旅籠15軒、問屋場1軒、高札場1軒、自身番所1軒他）。

江戸から近いこともあり、東海道品川宿のように旅籠が抱える遊女で道中の足を止めることもなかったから、宿場町としてはこじんまりしていた。だが、市場としては小田原北条時代からの歴史があり、毎月の2と7の日には「六斎市」が立って賑わいを見せていた（二七の市）。

浦和宿上町の住人が祀った慈恵稲荷神社（浦和区常盤）の鳥居を中心として南北2町の範囲が市場であったと伝わる。中山道に面した神社社頭には「二・七市場跡」の標柱が建てられ、「市神様」の灯籠が保存されており、さいたま市の指定史跡となっている。

浦和宿は鰻で有名な宿場でもあった。中山道を道中していく江戸っ子の「鰻の食い納め」の宿場であったという。

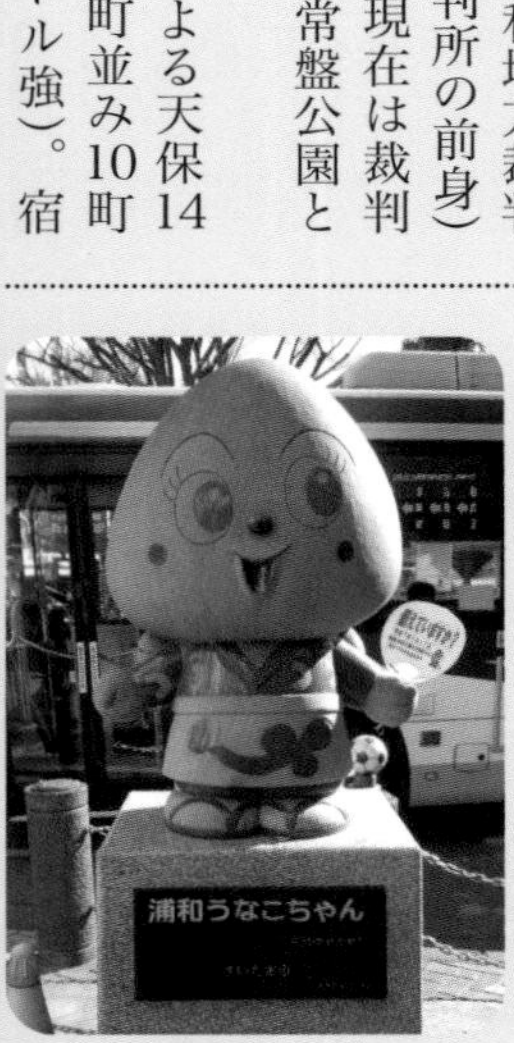

浦和の鰻碑

中山道浦和宿

江戸時代、浦和近郊には別所沼など鰻の生息に適した水郷地帯が広がっており、鰻を蒲焼にする調理法は浦和が起こりともいわれる。丸焼きをぶつ切りにして串に刺し、塩や味噌で食していた従来の調理法と違い、蒲焼の美味さは中山道浦和宿から江戸っ子に伝わったともいう。

浦和宿を過ぎるとしばらくの間、蒲焼を食せる店がなくなってしまうことから、鰻好きの江戸っ子は前宿の蕨宿あるいは浦和宿で心ゆくまで蒲焼を腹におさめて道中の精力にしたらしい。

毎年5月末に行われる「浦和うなぎまつり」が「浦和宿の鰻」を伝えている。

大宮宿にあった下原刑場

大宮宿の起こりは、浦和宿と上尾宿の間の馬継場であり、氷川神社の参道沿いに集落が広がっていた。五街道が整備されたのは、参勤交代が制度化された三代家光治世の寛永年間だが、大宮宿も馬継場から宿場を形成していく。当初、本村(後の高鼻村→宮町)、北原村、右衛門八分(後の堀之内村)、甚之丞新田(後の寿能村→大門町)、新宿中町、新宿下町、吉鋪新田の7組で構成され、これらを大宮宿と総称した。その後、宮町・大門町・仲町・下町・吉敷町の5町構成に形を変えながら集約・発展を見せている。

大宮宿の草分けとなったのは「紀州鷹場本陣」だった。八代将軍吉宗を輩出した紀伊藩の御鷹場本陣があり、大宮宿が成立してからは宿場の脇本陣を兼ねていた。同本陣は、小田原北条時代の岩槻城の支城であった寿能城の家老北澤家直系の屋敷であった。北澤家は甚之丞新田の開拓者であり、「紀州鷹場本陣は大宮宿の草分けだった。北澤家は後世、日本近代漫画の創始者と評価される北澤楽天を輩出している家柄である。

天保年間には町並みは9町余。宿内人口１５０８人(男６７９人、女８２９人)。宿内家数３１９軒(本陣1軒、脇本陣は9軒、問屋場4軒、旅籠25軒他)。

人口は浦和宿とほぼ同じ規模であったが、宿場ではなく継立場を起源としていたこともあり、問屋場が多い。浦和宿と比べて男より女の数が１５０人ほど多かったのは、旅人相手の女を抱える飯盛旅籠が多かったことを示唆している。

大宮宿の南外れには「下原刑場」があった。東海道筋の鈴ヶ森、日光街道(奥州道中)沿いの小塚原など、江戸幕府は庶民への戒めに往来賑やかな街道筋に刑場を設けたが、下原刑場もその一つ。

松平定信が老中として幕政を仕切っていた寛政元年(１７８９)、大泥棒として名を売った盗賊団の頭目・真刀徳次郎が、一族郎党とともに火付盗賊改方・長谷川平蔵宣以に捕らえられ、下原刑場で処刑されて

中山道大宮

いる。長谷川平蔵宣以は、昭和の時代に池波正太郎の『鬼平犯科帳』で蘇った。

下原刑場は現在の吉敷町に所在した。明治元年の明治天皇の氷川神社行幸の際に、地元から刑場廃止の嘆願書が出され、廃止に至った。跡地は片倉工業（本社・東京都中央区）の製糸所として利用された。平成8年（1992）に工場が廃止されると隣接する大宮操車場跡地の開発であるさいたま新都心計画の一環として再開発が進んだ。工場跡地周辺はコクーンシティなどの商業施設が整備され、往時の面影を残すものは刑場の供養塔である「火の玉不動」のみとなっている。

さいたま新都心地区を通る旧中山道はケヤキ並木となっているが、その中ほど「お女郎地蔵」と「火の玉不動」が収められた小さな祠がある。「お女郎地蔵」には宿場には付き物の女郎哀史にまつわる伝承が残されている。

日光御成道大門宿～岩槻宿

大門宿は、現在の緑区大門にあった。

大門宿は当初、鎌倉街道中道に沿ってできた集落で、中世には市が開かれた。中世の幹線で奥州街道、奥大道などとも呼ばれていた。戦国時代の末には人馬の継立など、宿場として機能していったという。

大門村が日光御成道の宿場町となった時期ははっきりしていないが、遅くとも四代家綱治世の頃と思われる。というのも家綱が2度、社参を行って以降、七代家継まで40年近く社参は途絶えているからだ。古い史料には、足立郡大門村は天和2年（1682）五代綱吉の治世に岩槻宿と共に御成道の宿場に組入れられ、「駄賃高札が交付された」とある。

『日光御成道宿村大概帳』によると、大門宿は天保14年（1843）街並7町23間、本陣1軒・脇本陣1軒、旅籠6軒、問屋場1ヶ所、戸数180軒、人口896人という数字が残されている。

大門宿は大門村から大門町に発展したが、明治22年（1889）の町村制施行で大門町は周辺の下野田村、北原村、間宮村、差間村と玄蕃新田の4村1新田と合併し、地名は大門村となった。大門村は昭和の大合併で昭和31年4月1日、南隣の戸塚村、北隣の野田村と合併して美園村となり、大門村は消滅した。その後浦和市に編入され、さいたま市の誕生で緑区に属するようになった。

さいたま市の副都心として浦和美園地区の区画整理や拠点整備が進み、町の中心は大門エリアから徐々に浦和美園駅周辺に移りつつある。

平成13年（2001）、埼玉高速鉄道が開業に伴い終着駅として旧大門村域北部に浦和美園駅が開設されたが、駅名正式決定までの仮称は「浦和大門駅」だった。

美園地区では毎年10月下旬、日光社参を模した「日光御成街道美園大門宿まつり」が開催されている。

大門宿から岩槻宿に向かう日光御成道の道筋は現在、県道105号さいたま鳩ヶ谷線になっている。

岩槻宿の規模は、大門宿で引用した『日光御成道宿村大概帳』によると、岩槻城下9町を総称して岩槻宿といい、宿内人別は男1648人、女1703人の計3378人。戸数は778軒で、うち本陣・脇本陣が各1軒あり、旅籠屋は10軒となっている。

岩槻の城下町を通る日光御成道に面して形成された岩槻宿は、「加倉口から城下に入ると市宿町、久保宿町と続いており、岩槻宿はこの2町によって構成されていた。他に城下7町が、岩槻宿の定助郷として当初より市宿町と久保宿町に付属していた。

岩槻宿が城下町を通る御成道筋に形成されたことから、大門宿より規模が大きかったことがわかる。また、岩槻宿では、市宿通りに六斎市が毎月一・六日に行われ、産物には、ネギ・ゴボウ・米・木綿などが売買されていた。市宿通りは現在、国道122号に面している本町一丁目の岩槻郷土資料館前の通り名として残っている。

浦和美園東口駅前

岩槻駅

日光社参8泊9日

日光御成道は、江戸時代に整備された日光街道の脇往還であった。江戸時代初期には、この街道筋は岩槻を通ることから日光道中岩槻通りや岩槻道とも呼ばれていた。

徳川家康が日光に祀られ、将軍家の社参が行われたのは、元和3年（1617）二代将軍徳川秀忠が最初となる。秀忠の最初の社参は日光街道を通っており、三代家光の寛永年間に、将軍一行が通る特別な道路として整備された。それまでは、細々とした日光街道の脇道でしかなかった。

家光以降、日光社参にこの道を利用するのが慣例となり将軍御成りの道ということで「日光御成道」と称され、道中奉行の支配下に置かれた。

江戸城を発つと、中山道の本郷追分を起点として、岩淵・川口宿（荒川を挟んでの合宿）～鳩ヶ谷宿～大門宿と進み、初日は岩槻城に宿泊した。2日目は幸手宿近くで日光街道（日光道中）に入り、古河城に宿泊。3日目は宇都宮城に宿泊した後、4日目に日光に到着した。日光には連泊し、復路は往路を逆に辿る合計8泊9日の行程であった。

往路では岩淵・川口宿が、復路では幸手宿が昼休の通例だった。

日光社参は合計19回実施された。そのうち、16回が四代家綱までに集中しており、祖父家康を敬愛して止まなかった三代家光の10回は歴代将軍の中で最多となっている。

日光社参は将軍家の威信を天下に知らしめる目的もあり、その行列は数万人規模の大行列となった。

よく語られるのが八代吉宗による享保13年（1728）の日光社参だ。10万人を超える大行列だったという。宿場の規模を考えると俄には信じがたいが、諸大名や旗本は社参供奉のほか日光や道中各地の警護、江戸の留守固めなど様々な人馬の手配も命じられる。そのための供侍の数は膨大にある。費用も莫大だ。日光社参はかくて数百人規模となる代参が多くなっていた。

吉宗以降、将軍家の社参は安永5年（1776）の十代家治、そして天保14年（1843）の十二代家慶の社参が、将軍家による最後の日光社参となっている。

日光御成道

東北本線、高崎線、信越本線の時刻表（昭和14年）

上野・仙臺及宇都宮・日光間（下り）（東北本線及日光線）

十四年五月十一日訂補

下り 東北本線（上野—仙臺）、日光線

特ニ示シタルモノハ他ニ・三等車　常磐線ハ 210—213 頁　信越線ハ 230—237 頁　上越線ハ 238 239 頁

粁程	驛名	821 日光行	121 青森行	123 尻内著	125 日光/盛岡行	827 日光行	131 福島行	2801 日光行	133 日光/白河行	103 青森行（急行）	133 盛岡行	135 日光/小牛田行		137 日光/仙臺行	101 青森行	139 日光/仙臺行	841 日光行	143 日光/福島行	145 宇都宮行	147 日光/青森行
0.0	上野 發	…	…	…	5 35	6 49	7 25	8 20	8 45	10 00	…	10 20	…	0 05	1 30	2 05	3 30	4 37	5 45	7 00
2.2	日暮里 〃	…	…	…	レ	レ	レ	レ	レ	レ	…	レ	…	レ	レ	レ	レ	レ	5 50	7 05
…	尾久 〃	…	…	…	5 43	6 57	7 33	レ	8 53	レ	…	10 28	…	0 13	レ	2 13	3 38	4 45	5 55	7 10
9.6	赤羽 〃	…	…	…	5 50	7 04	7 41	8 32	9 01	10 14	…	10 36	…	0 20	1 44	2 20	3 45	4 51	6 02	7 17
20.6	浦和 〃	…	…	…	レ	レ	レ	レ	レ	レ	…	レ	…	レ	レ	レ	3 58	5 04	レ	レ
26.7	大宮 〃	…	…	…	6 10	7 25	8 01		9 21	10 35	…	10 55	…	0 43	2 04	2 40	4 07	5 12	6 26	7 37
35.6	蓮田 〃	…	…	…	6 20	7 35	8 11		9 31	レ	…	11 05	…	0 53	レ	2 50	4 17	5 22	6 36	7 47
39.9	白岡 〃	…	…	…	6 26	7 41	8 17	レ	9 37	急行	…	11 11	…	0 58	レ	2 56	4 23	5 28	6 42	7 53
45.3	久喜 〃	…	…	…	6 33	7 48	8 24	レ	9 44	レ	…	11 18	…	1 06	2 23	3 03	4 30	5 35	6 49	8 00
53.8	栗橋 〃	…	…	…	6 42	7 58	8 33	レ	9 53	レ	…	11 27	…	1 15	レ	3 12	4 40	5 44	6 58	8 09
61.1	古河 〃	…	…	…	6 52	8 08	8 43	レ	10 03	レ	…	11 37	…	1 25	2 40	3 22	4 50	5 53	7 08	8 19
69.6	間々田 〃	…	…	…	7 01	8 17	8 52	レ	10 12	レ	…	11 46	…	1 34	レ	3 31	4 59	6 03	7 17	8 28
77.0	小山 〃	…	…	…	7 12	8 28	9 02	レ	10 22	11 17	…	11 57	…	1 44	2 57	3 42	5 10	6 16	7 28	8 38
84.5	小金井 〃	…	…	…	7 20	8 36	9 10	レ	10 30	レ	…	0 05	…	1 52	レ	3 50	5 18	6 25	7 38	8 46
91.8	石橋 〃	…	…	…	7 29	8 45	9 19	レ	10 39		…	0 14	…	2 01	レ	3 59	5 27	6 34	7 45	8 55
98.2	雀宮 〃	…	…	…	7 37	8 53	9 27	レ	10 47		…	0 22	…	2 09	レ	4 07	5 35	6 42	7 53	9 03
105.9	宇都宮 著	…	…	…	7 46	9 01	9 37	9 52	10 55	11 42	…	0 31	…	2 17	3 29	4 16	5 44	6 52	8 02	9 12
	（日光線）				825				833			835	…	837		839		843		847
105.9	宇都宮 發	6 15	…	…	7 50	9 05		9 56	11 02		…	0 38	…	2 21		4 21	5 48	7 09	…	9 16
110.7	鶴田 〃	6 21	…	…	7 56	9 12		レ	11 08		…	0 44	…	2 28		4 28	5 54	7 15	…	9 22
120.2	鹿沼 〃	6 32	…	…	8 10	9 23		レ	11 19		…	0 55	…	2 39	2・3	4 43	6 05	7 26		9 33
128.3	文挾 〃	6 44	…	…	8 20	9 35		レ	11 30		…	1 06	…	2 51		4 55	6 20	7 37	注意	9 44
134.1	下野大澤 〃	6 56	…	…	8 29	9 45		レ	11 39		…	1 17	…	3 01		5 05	6 30	7 46		9 56
139.8	今市 〃	7 05	…	…	8 39	9 57		10 34	11 51		…	1 28	…	3 14		5 19	6 40	7 56		10 06
146.4	日光 著	7 18	…	…	8 52	10 10		10 47	0 04		…	1 39	…	3 27		5 32	6 53	8 09		10 19
105.9	宇都宮 發	（ノ列車アリ二〇五頁參照 宇都宮・寶積寺間ニハ烏山線行）	…	5 56	7 52	…	9 43	…	11 00	11 48	…	0 37	（ヨリ併結仙臺マデ 新潟發10 28列車）	2 22	3 35	4 23	…	7 03	第八一四七列車ハ白河行ナルモ七月八日ヨリ八月三十一日マデ白河・青森間直通運轉	9 18
112.1	岡本 〃		…	6 05	8 02	21	9 53	…	11 09	レ	…	0 46	…	2 31	レ	4 34	…	7 12		9 27
117.6	寶積 寺 〃		…	6 16	8 10	7 20	10 01	…	11 16	レ	…	0 54	…	2 38	レ	4 42	…	7 19		9 36
123.5	氏家 〃		…	6 24	8 18	7 27	10 10	…	11 24	レ	…	1 01	…	2 46	3 37	4 51	…	7 27		9 45
128.0	蒲須坂 〃		…	6 32	8 30	3（氣動車）（祭日ヲ除キ運轉 七月廿日迄）	10 18	…	11 31	レ	…	1 08	…	2 53	レ	5 01	…	7 34		9 52
131.8	片岡 〃		…	6 38	8 35		10 25	…	11 36	レ	…	1 14	…	2 58	レ	5 08	…	7 39		9 57
138.1	矢板 〃		…	6 48	8 45		10 34	…	11 46	レ	…	1 21	…	3 06	4 16	5 17	…	7 47		10 05
142.9	野崎 〃		…	6 56	8 56		10 43	…	11 54	レ	…	1 32	…	3 14	レ	5 27	…	7 55		10 15
148.1	西那須野 〃		…	7 03	9 05		10 51	…	0 01	0 36	…	1 39		3 21	4 41	5 35	…	8 02		10 22
154.2	東那須野 〃		…	7 12	9 16		11 01	…	0 09	レ	…	1 47		3 30	レ	5 45	…	8 11		10 31
159.6	黒磯 〃		…	7 19	9 30		11 14	…	0 19	0 50	…	1 55		3 37	4 57	5 56	…	8 18		10 38
167.9	黒田原 〃		…	7 32	9 48		11 32	…	0 40	レ	…	2 07		3 50	レ	6 08	…	8 31		10 55
173.0	豐原 〃		…	7 38	9 57		11 39	…	0 52	レ	…	2 17		3 56	レ	6 15	…	8 37		11 01
178.4	白坂 〃		…	7 48	10 09		11 50	…	1 01	レ	…	2 26		4 10	5 32	6 25	…	8 47		11 11
184.6	白河 〃		6 20	8 08	10 28		0 10	…	1 08	1 25	…	2 39		4 24	5 45	6 37	福	8 59		11 23
189.3	久田野 〃		6 27	8 16	10 36		0 22	…		レ	…	2 46		4 32	レ	6 44	島	9 06		レ

粁程	驛名	640 桐生行	107 青森行	405 青森行（急行）	105 青森行	501 栗橋行	211 仙臺行	403 新潟/青森行		109 小牛田行	1201 青森行（急行）	903 新潟行 不定期
0.0	上野 發	8 10	8 45	10 00	10 20	…	…	11 15	（新潟・上野間 2 寝臺 連結ス 但シ不定期第九〇三列車上野・郡山間運轉ノ場合ハ行先青森行トナリ寢臺車ハ連結セズ）	11 40	（上野發七月十四日ヨリ九月十日迄運轉）	11 05
2.2	日暮里 〃	レ	レ	レ	レ	3	…	レ		レ		2
…	尾久 〃	8 18	レ	レ	10 29	9 42	…	11 24		11 49		
9.6	赤羽 〃	8 25	8 59	10 14	10 37	9 50	…	11 32		11 57		11 22
20.6	浦和 〃	レ	レ	レ	レ	レ	…	レ		レ		レ
26.7	大宮 〃	8 45	9 20	10 35	10 59	10 10	…	11 54		0 20		11 43
35.6	蓮田 〃	8 55	レ	急行	11 09	10 20	…	0 05		0 31		（不定期列車 上野郡山間）
39.9	白岡 〃	9 01	レ	レ	11 16	10 26	…	0 12		0 38		
45.3	久喜 〃	9 08	9 41	2・3	11 23	10 33	…	0 20		0 47		
53.8	栗橋 〃	9 17	レ		11 33	10 42	…	0 30		0 57		
61.1	古河 〃	9 27	9 59	レ	11 44	…	…	0 41		1 09		
69.6	間々田 〃	9 36	レ	レ	11 54	…	…	0 52		1 20	…	
77.0	小山 〃	9 51	10 19	11 24	0 05	…	…	1 03		1 32	…	0 46
84.5	小金井 〃	桐生著11 08	10 28	レ	レ	…	…	レ		1 42	…	レ
91.8	石橋 〃		10 37		レ	…	…	レ		1 53	…	レ
98.2	雀宮 〃		10 45		レ	…	…	レ		2 03	…	レ
105.9	宇都宮 著	…	10 54	11 56	0 37	…	…	1 36		2 13	…	1 20
	（日光線）									851		
105.9	宇都宮 發	…		（秋田迄奥羽線廻リ 急行）		…	…	（奥羽線廻リ）		4 05	…	（不定期列車ニ付 驛へ問合下サイ）
110.7	鶴田 〃	…			2・3	…	…			3	…	
120.2	鹿沼 〃	…				…	…			4 35	…	
128.3	文挾 〃	…				…	…			4 53	…	
134.1	下野大澤 〃	…				…	…			5 07	…	
139.8	今市 〃	…				…	…			5 22	…	
146.4	日光 著	…				…	…			5 42	…	
105.9	宇都宮 發	…	11 02	0 05	0 43	…	…	1 43	…	2 21	…	1 26
112.1	岡本 〃	…	11 11	レ	レ	…	…	レ	…	2 32	…	レ
117.6	寶積寺 〃	…	11 18	（上野・秋田間 寢臺車ハ）	レ	…	…	2 02	…	2 41	…	レ
123.5	氏家 〃	…	11 26		レ	…	…	レ	…	2 51	…	1 53
128.0	蒲須坂 〃	…	11 33		レ	…	…	レ	…	3 00	…	レ
131.8	片岡 〃	…	11 38		レ	…	…	レ	…	3 07	…	レ
138.1	矢板 〃	…	11 46		1 29	…	…	レ	…	3 20	…	レ
142.9	野崎 〃	…	11 54		レ	…	…	2 40	…	3 29	…	レ
148.1	西那須野 〃	…	0 01		レ	…	…	レ	…	3 38	…	2 34
154.2	東那須野 〃	…	0 11	レ	1 58	…	…	3 01	…	3 52	…	レ
159.6	黒磯 〃	…	0 20	レ	レ	…	…	3 12	…	4 02	…	2 54
167.9	黒田原 〃	…	0 34	レ	レ	…	…	3 36	…	4 18	…	レ
173.0	豐原 〃	…	レ	レ	レ	…	…	レ	（〇三列 郡山新）	4 30	…	レ
178.4	白坂 〃	…	レ	レ	レ	…	…	レ		4 46	…	3 25
184.6	白河 〃	…	1 01	1 50	2 52	…	…	4 07		5 00	…	3 47
189.3	久田野 〃	…	レ	レ	レ	…	…	4 14		5 08	…	3 58

上野・高崎・長野・直江津間（下り）（東北本線・高崎線及信越本線）

十四年七月一日訂補

下り 信越本線（長野—直江津）

特ニ示シタルモノハ他ニ・三等車　不

（上野—大宮 東北本線　上リ二〇八頁 下リ二〇二頁）

粁程	驛名	401 長野行	341 長野行	315 新潟行	403 長野行	317 新潟行	719 小山/長岡	319 小山/長野	721 水上行	1305 臨 長野行	305 小山/新潟	905 直江津行	723 新潟/長岡	701 秋田/新潟（急行）	901 柏原行	625 小山行	323 長岡行	705 小山/新潟
0.0	上野 發	…	…	…	…	…	5 15	6 25	7 10	8 10	8 30	…	8 40	9 10	…	10 05	10 55	11 35
2.2	日暮里 〃	…	…	…	…	…	レ	レ	レ	レ	レ	…	レ	レ	…	レ	レ	レ
…	尾久 〃	…	…	…	…	…	5 24	6 33	7 18	レ	レ	…	8 48	急行	…	10 13	11 03	レ
9.6	赤羽 〃	…	…	…	…	…	5 32	6 40	7 25	8 23	8 43	…	8 55	9 23	…	10 20	11 10	11 48
20.6	浦和 〃	…	…	…	…	…	レ	レ	レ	レ	レ	…	レ	レ	…	レ	レ	レ
26.7	大宮 著	…	…	…	…	…	5 50	6 58	7 43	8 41	9 00	…	9 13	9 40	…	10 39	11 28	0 05
	大宮 發	…	…	…	…	…	5 52	7 00	7 45	8 42	9 02	…	9 15	9 42	…	10 40	11 30	0 07
34.9	上尾 〃	…	…	…	…	…	6 02	7 10	7 55	レ	レ	…	9 25	レ	…	10 50	11 40	レ
38.5	桶川 〃	…	…	…	…	…	6 08	7 16	8 01	（臨時列車）	レ	…	9 31	レ	…	10 56	11 46	レ
43.1	北本宿 〃	…	…	…	…	…	6 14	7 22	8 07		レ	…	9 37		…	11 02	11 52	レ
46.7	鴻巣 〃	…	…	…	…	…	6 20	7 28	8 13		レ	…	9 43		…	11 08	11 58	レ
54.0	吹上 〃	…	…	…	…	…	6 29	7 37	8 22	レ	レ	…	9 52	レ	…	11 17	0 07	レ
61.1	熊谷 〃	…	…	…	…	…	6 38	7 46	8 31	9 15	9 37	…	10 01	10 14	…	11 26	0 16	0 42
67.7	籠原 〃	…	…	…	…	…	6 47	7 55	8 40	七月十五日ヨリ九月十日迄運轉	レ	…	10 10	レ	…	11 35	0 25	レ
72.5	深谷 〃	…	…	…	…	…	6 53	8 01	8 46		レ	…	10 30	（急行 上野新潟間）	…	11 41	0 31	レ
76.8	岡部 〃	…	…	…	…	…	7 01	8 09	8 54		レ	…	10 37		…	11 49	0 39	レ
82.4	本庄 〃	…	…	…	…	…	7 08	8 16	9 01		9 57	…	10 44		…	11 56	0 46	1 04
86.4	神保原 〃	…	…	…	…	…	7 14	8 22	9 07		レ	…	10 51		…	0 02	0 52	レ
90.9	新町 〃	…	…	…	…	…	7 21	8 29	9 14		レ	…	10 57		…	0 09	0 59	レ
97.0	倉賀野 〃	…	…	…	…	…	7 29	8 37	9 22		レ	…	11 06	レ	…	0 17	1 07	レ
101.4	高崎 著	…	…	…	…	…	7 36	8 44	9 29	9 52	10 18	…	11 12	10 50	…	0 24	1 14	1 27
	兩毛線連絡 232頁						619	621	507		623		511					627
101.4	高崎 發	…	…	…	…	…	7 48	8 56	*9 56		10 32	…	11*56		…	0 35		1 40
111.2	前橋 著	…	…	…	…	…	8 02	9 10	10 32		10 51	…	0 13		…	0 49		1 57
140.2	桐生 〃	…	…	…	…	…	8 43	9 51	3		11 34	…	3		…	1 32		2 42
193.1	小山 〃	…	…	…	…	…	10 00	11 06			0 55	…			…	2 46		4 00
	上越線連絡 238頁																	
101.4	高崎 〃	…	…	…	…	…	7 42		9 35			…	11 18	10 57	…	…		1 33
122.5	澁川 〃	…	…	…	…	…	8 22		10 06			…	11 49	11 27	…	…		2 06
160.5	水上 〃	…	…	…	…	…	9 51		11 09			…	0 52	0 24	…	…		3 15
267.0	長岡 發	…	…	…	…	…	0 48					…	3 52	2 43	…	…		6 02
332.1	新潟 著	…	…	…	…	…			…			…		4 10	…	…		8 20
													321					
101.4	高崎 發	…	…	…	…	6 32	…	8 50	…	9 58	10 24	…	11 25	秋田著9 06	…	…	1 20	…
103.8	北高崎 〃	…	…	…	…	6 37	…	8 57	…	レ	レ	…	11 31		…	…	1 27	…

粁程	驛名	725 柏崎/長岡	707 小山/新潟	327 小山/直江津	727 長岡行	741 高崎行	329 小山/長野	729 桐生/水上	331 横川行	1601 金澤（急行）	601 金澤（急行）	747 熊谷行	301 新潟行	303 新潟行	1703 臨時 新潟	703 秋田/新潟	309 直江津行	603 米原行	709 新潟行	605 米原行
0.0	上野 發	0 30	1 55	3 05	4 15	5 00	5 40	6 35	7 35	8 40	9 00	…	9 45	…	10 30	10 35	10 45	10 55	11 30	11 50
2.2	日暮里 〃	レ	レ	レ	レ	5 05	レ	6 40	レ	臨	レ	…	レ	…	レ	レ	レ	レ	レ	レ
…	尾久 〃	0 38	2 03	3 13	4 23	5 10	レ	6 45	7 43	時	急行	9 20	9 53	…	レ	10 44	レ	11 04	11 39	11 59
9.6	赤羽 〃	0 45	2 10	3 22	4 30	5 17	5 54	6 52	7 50	8 52	9 13	9 27	10 00	…	10 43	10 52	11 02	11 12	11 47	0 07
20.6	浦和 〃	レ	レ	3 34	4 44	レ	レ	レ	レ	レ	レ	レ	レ	…	レ	レ	レ	レ	レ	レ
26.7	大宮 著	1 03	2 28	3 43	4 51	5 35	6 14	7 10	8 00	9 10	9 31	9 45	10 18	…	11 01	11 12	11 21	11 32	0 07	0 27
	大宮 發	1 05	2 30	3 44	4 53	5 37	6 15	7 12	8 10	9 10	9 33	9 46	10 20	…	11 04	11 14	11 24	11 34	0 09	0 30
34.9	上尾 〃	1 15	2 40	3 54	5 03	5 47	レ	7 22	8 20	レ	レ	9 56	10 30	…	レ	11 25	（不定期列車）	11 46	レ	0 42
38.5	桶川 〃	1 21	2 46	4 00	5 09	5 53	レ	7 28	8 26	（臨時列車）	レ	10 02	10 36	…	（臨時列車）	11 31		11 52	レ	0 48
43.1	北本宿 〃	1 27	2 52	4 06	5 15	5 59	レ	7 34	8 32		2・3	10 08	10 42	…		11 38		12 00	レ	0 56
46.7	鴻巣 〃	1 33	2 58	4 12	5 21	6 05	レ	7 40	8 38			10 14	10 48	…		11 44		0 07	レ	1 03
54.0	吹上 〃	1 42	3 07	4 21	5 30	6 14	レ	7 49	8 47	レ	レ	10 23	10 57	…	レ	11 53	レ	0 17	レ	1 13
61.1	熊谷 〃	1 51	3 16	4 30	5 39	6 23	6 49	7 58	8 56	9 42	10 06	10 32	11 06	…	11 38	0 04	0 16	0 28	0 59	1 24
67.7	籠原 〃	2 00	3 25	4 39	5 46	6 32	レ	8 07	9 05	レ	レ	…	11 15	…	レ	0 13	自八月十日至八月廿日運轉	レ	レ	1 33
72.5	深谷 〃	2 06	3 31	4 45	5 54	6 38	レ	8 13	9 11	レ	レ	…	11 21	…	レ	0 20		レ	レ	1 41
76.8	岡部 〃	2 14	3 39	4 53	6 02	6 46	レ	8 21	9 19	レ	レ	…	11 29	…	レ	0 28		レ	レ	1 49
82.4	本庄 〃	2 21	3 46	5 00	6 09	6 53	7 10	8 28	9 26	レ	レ	…	11 36	…	レ	0 35		レ	レ	1 58
86.4	神保原 〃	2 27	3 52	5 06	6 15	6 59	レ	8 34	9 32	レ	レ	…	11 42	…	レ	0 42		レ	レ	2 06
90.9	新町 〃	2 34	3 59	5 13	6 22	7 06	レ	8 41	9 39	レ	レ	…	11 48	…	レ	0 49		レ	レ	2 14
97.0	倉賀野 〃	2 42	4 07	5 21	6 30	7 14	レ	8 49	9 47	レ	レ	…	11 57	…	レ	0 57		レ	レ	2 25
101.4	高崎 著	2 49	4 14	5 28	6 37	7 21	7 31	8 56	9 54	10 18	10 43	…	0 04	…	0 21	1 04	1 15	1 34	1 58	2 32
	兩毛線連絡 232頁	629	631	633	521		635	736			639		501							
101.4	高崎 發	*2 55	4 26	5 40	*6 52	…	7 43	9 14		（上野發七月二十日ヨリ八月二十九日迄運轉）	11*10	…	*0 08	2・3（上野新潟間）						
111.2	前橋 著	3 09	4 41	5 54	7 09	…	7 57	9 28			11 26	…	0 25							
140.2	桐生 〃	3 50	5 26	6 43	3	…	8 46	10 13			0 06	…	3							
193.1	小山 〃	5 05	6 39	8 20		…	10 08				3	…								
	上越線連絡 238頁																			
101.4	高崎 〃	2 55	4 20		6 44	…		9 02				…			0 27	1 10			2 04	
122.5	澁川 〃	3 28	4 56		7 15	…		9 33				…			0 55	1 41			2 41	
160.5	水上 〃	4 50	6 13		8 21	…		10 39				…			2 16	2 50			4 01	
267.0	長岡 發	7 45	9 06		11 05	…						…		…	4 58	5 35			9 22	
332.1	新潟 著		11 31			…		…				…		…	6 42	7 35			9 22	
		325	347																	
101.4	高崎 發	3 01	4 21	5 34	…	…	7 37	…	10 00	10 22	10 49	…	3 10	…	上リ野八	秋田著1 45	1 20	1 43	…	2 40
103.8	北高崎 〃	3 06	4 25	5 39	…	…	7 41	…	10 05	レ	レ	…	0 17	…			レ	レ	…	2 46

◎注意……不ハ不定期列車ニ付乗車ノ際ハ豫メ驛へ問合セ下

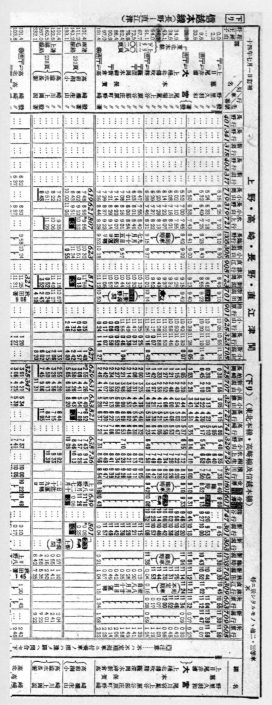

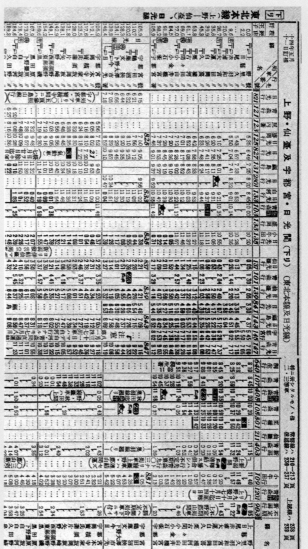

2章
古地図で見る さいたま市

埼京線の与野本町駅が開業した翌日（1985年10月1日）、駅の横を通過する東北新幹線の列車。東北新幹線の上野〜大宮間は同年3月に延伸している。与野本町駅は、島式ホール1面2線を有する高架駅で、さいたま市中央区本町東2丁目に置かれている。
◎与野本町駅　1985（昭和60）年10月1日　撮影：高橋義雄

02-1

北区〜上尾市〜伊奈町

〜中枢都市圏構想破綻後の展開〜

4市1町合併協議離脱の背景

地図の掲載エリアはさいたま市北区北部から上尾市の上尾駅以南、伊奈町の南部となっている。上尾市、伊奈町はさいたま市誕生前夜、4市1町による合併協議のメンバーだったが、その後離脱。浦和・大宮・与野の3市合併によるさいたま市が成立している。

昭和50年代半ば、時の埼玉県知事が「埼玉中枢都市圏構想（YOU And Iプラン）」を策定し、大宮、浦和、与野そして上尾、伊奈町を加えた4市1町で合併し政令都市制定を目指す機運が醸成された。しかし、自治体の合併には利害関係が錯綜する。合併への具体的な動きが出てこないまま、十年以上が経過した平成元年（1989）に東京一極集中是正のため旧国鉄大宮操車場跡地に中央省庁の出先機関を移転させることが決まった。後のさいたま新都心計画が国から出たことで、平成5年（1993）埼玉県知事、浦和、大宮、与野、上尾市長、伊那町長の連名で「彩の国 YOU And Iプラン I」を策定。この4市1町での合併が本格的になっていき、任意による合併推進協議会も設置された。

4市1町の合併プランは、昭和53年から「埼玉県中枢都市圏構想」として周辺自治体の長い間の懸案だったことから、上尾市や伊奈町も一貫してこの方向で動いていた。しかし、浦和・大宮・与野の3市が上尾市と伊奈町を外して協議を先行させた上、合併後の主導権争いから浦和が3市合併案を、大宮が4市1町案を主張するなど、合併協議を振り出しに戻す議論を展開。その結果、与野市が提案した折衷案に落ち着いた。まず3市が先行合併し政令指定都市移行時に上尾、伊奈の意向を踏まえて再度協議するというものだ。当然、上尾市と伊奈町は反発した。

上尾宿

当時、上尾市は京浜東北線の宮原駅延伸を望んでいた。高崎線宮原駅は大宮市に位置するが、上尾駅の隣駅だ。運行本数の少ない中距離列車しか走っていなかった頃である。運行本数が格段に多い京浜東北線が宮原駅まで延伸すれば、上尾市の通勤事情は格段にアップする。

宮原駅周辺にはJRの通勤新線（埼京線）計画時に買収した広大な用地が残されたままだった。しかし、JR側の返答は「NO」であったことから、当時の上尾市長は合併反対が過半数となった住民投票の結果も踏まえて、さいたま市成立に向けた合併協議から抜けた。

一方、伊奈町は昭和58年には、東北・上越新幹線の開業にあわせ、伊奈町と大宮市を結ぶ埼玉新都市交通伊奈線が開通し、町内に丸山、志久、伊奈中央、羽貫、内宿の5駅が設けられた。それまで鉄道が走っていなかった伊奈町にとって、町域のほぼ中央部を南北に走る伊奈線の誕生は、伊奈町の将来を吸収合併が目に見えている4市1町合併に託す必要もなくなったことになる。

さいたま市誕生直後に上尾市・伊奈町で合併協議

上尾市は中山道の宿場町から発展していった街だが、伊奈町は古くからの農耕地帯だった。江戸時代には徳川家康に仕え、家康の国づくりを支えた代官頭の一人である伊奈備前守忠次が行った治水事業や新田開発によって拓けていった。

明治8年（1875）に小室宿村、別所村など8カ村が合併して小室村が発足。明治22年には大針村、羽貫村、小針新宿村、小針内宿村の4カ村が合併して小針村が発足した。昭和18年（1943）戦時下とあって国の自治体強化の政策から小室村、小針村が合併し伊奈村となり、昭和45年（1970）に町制を施行している。

伊奈忠次は利根川東遷・荒川西遷事業など、江戸初期の優れた土木官僚として名を残している。徳川家康の三河時代からの股肱の臣で、家康が江戸に領地替えされたとき、ともに関東に入国。天正18年（1590）、それまでの軍功によって武蔵国小室・

北区～上尾市～伊奈町周辺（1929年）

帝国陸軍参謀本部陸地測量部発行「1/20000地形図」

鴻巣の一万三〇〇〇石を賜り、その館を小室領丸山(大字小室)に築いた。代官頭として関八州の天領(幕府の直轄地)を治め、関東地方の勧業治水に貢献した。町名は、伊奈忠次にちなんで名付けられている。

　伊奈町にとって伊奈線開業効果は大きかった。県民活動総合センターや県立伊奈学園総合高等学校・中学校などの県の施設も多く立地。内宿駅、羽貫駅及び伊奈中央駅周辺では土地区画整理事業の施行により良好な環境の住宅地が供給されたことに伴い人口は大きく増加し、平成22年(2010)国勢調査によれば人口増加率は県内で1位、全国でも5位と、町は大きく変貌した。

　国勢調査による伊奈町の人口は、一貫して増加傾向にある。伊奈町の人口が1万人の大台に乗ったのは昭和45年(1960)だが、平成2年(1990)は2万7100人、平成22年では4万2494人。現在は4万5000人を数えるに至った。

　伊奈町と上尾市では、さいたま市誕生2年後の平成15年(2003)に合併が模索されている。当初は上尾市、桶川市、北本市、伊奈町の3市1町による合併を目指したが、途中で北本市と桶川市が合併協議から抜けた。3市1町による広域行政体の構築はならなかったが、これまでの行政上のつながりや歴史的背景から上尾市と伊奈町との1市1町の合併が現実的として、合併特例法の期限内での合併が協議に入った。

「市町村の合併の特例に関する法律」こと通称合併特例法は昭和40年(1965)に制定された。この法律により、合併した市町村では「合併特例債」という国から支援が得られる有利な地方債の発行が認められていたが、合併特例債が適用されるのは平成17年3月31日までを期限とする時限立法だった。

　上尾市、伊奈町は議会議員で構成される合併推進協議会が中心となって検討を重ねたが、合併協議についての情報を住民に提供し、その理解を得て合併特例法の期限内に合併することは時間的に非常に難しいとの認識で一致。平成16年夏、上尾市と伊奈町の合併問題は終了する運びとなった。合併特例法は平成22年4月1日に現行のものに改正されているが、破談後は上尾市、伊奈町の合併論は出ていない。

　上尾市と伊奈町とは昭和34年にも、伊奈村の上尾市への編入合併が両市村間で審議されている。上尾市の臨時議会では満場一致で合併を可決したが、伊奈村の臨時村会では1票差で合併が否決されたため、実現とはならなかった。こうした経緯も見ると、上尾市と伊奈町は隣り合いながらも縁遠いのかもしれない。

　伊奈町の人口は現在、4万5000人を数える。伊奈線開業効果で市制移行も十分な人口規模に発展している。上尾市の人口は23万人。合併となれば、上尾市による吸収合併となるだろう。人口も増え、財政基盤もしっかりした伊奈町にしてみれば、合併のメリットはもう薄くなったのかもしれない。

湘南新宿ラインの運行スタート

　高崎線宮原駅・川越線日進駅・伊奈線加茂宮駅周辺一帯は、さいたま市が指定する「副都心景観拠点(日進・宮原地区)」となっている。工場跡地などの敷地を活用した大規模な再開発により、大型商業施設・公共医療施設整備・マンション宅地造成等が行なわれた。

　さいたま市北区の最北部に位置する宮原駅は大宮駅の隣駅ながら、長く大宮駅周辺の繁華からは置き去りにされていた。

　高崎線宮原駅は、明治末期に開設された加茂宮信号所跡地に、戦後間もない昭和23年(1948)に開業している。そうした出自もさることながら、京浜東北線が走っている大宮駅以南と、1時間に2~3本しか高崎線の各駅中距離列車しか停車しない宮原駅とは鉄道交通の利便性は比較にならなかった。更に昭和60年には埼京線も走り出し、その格差は広がるばかりだった。

　国鉄の通勤新線計画で誕生した埼京線は、当初は宮原駅を発着駅とする計画であり、国鉄はそのための用地も買収していた。しかし、車両基地を川越線沿線に設けることになっ

加茂宮17号側

宮原駅東口駅前

北区～上尾市～伊奈町周辺(1955年)

建設省地理調査所発行「1/25000地形図」

たことから、埼京線は大宮から川越線に乗り入れることになり、宮原駅周辺の浮上の機会は潰えた。

宮原周辺がさいたま市の副都心となりえたのは、湘南新宿ライン、上野東京ラインの開通に尽きる。

湘南新宿ラインはさいたま市が誕生した年の平成13年（2001）12月1日のダイヤ改正から運行開始した。運行開始当初の本数は、日中のみ25往復の設定となっていた。その内訳は、宇都宮線・高崎線からの直通列車は18往復で、他は新宿と東海道線・横須賀線方面を結ぶ列車が存在する程度で、東京駅及び上野駅発着列車に対する補助的な役割に過ぎなかった。だが、平成16年10月のダイヤ改正で、湘南新宿ラインの全列車が南北直通運転となり、運転本数も64往復となった。それ以降もダイヤ改正ごとに増発が行われていた中で、平成27年（2015）上野東京ラインの運行が始まった。この間、平成20年（2008）には北区役所も入る地域の中核施設であるプラザノースもオープン。大規模再開発が本格化していった。

宮原駅の現在の時刻表を見ると、平日の通勤時間帯における大宮・上野方面は朝6時台8本、7時台12本。日中（11時〜15時）でも4本が運行されている。

大宮駅の隣駅ながら、日常的に利用するには不便だった宮原駅も湘南新宿ライン、上野東京ラインの運行によって通勤用利用駅に何ら支障はなくなった。かつては京浜東北線の宮原延伸を望んだ上尾市も、両ラインの運行は宮原同様に大きな福音となった。

大宮競馬場跡地にプラザノース

宮原地区が広がる北区北部にとって、伊奈線の開業効果も大きかった。

大宮駅から伊奈町の内宿駅間を走る埼玉新都市交通伊奈線は伊奈町に大きな発展をもたらしたが、その開業効果は北区北部も同様だった。

伊奈線は北区に加茂宮・東宮原・今羽・吉野原の4駅が設置された。

ちなみに「宮原」の地名は加茂宮と吉野原からそれぞれ一文字取ったものだ。明治22年4月1日、町村制施行に伴い、加茂宮村・吉野原村・奈良瀬戸村・大谷別所村が合併し、宮原村が発足。村名は、加茂宮村の宮と吉野原村の原から採られている。

北区役所も入る複合施設プラザノースの敷地はかつて富士重工業大宮製作所であった。戦前は中島飛行機製作所で、昭和6年（1931）から昭和13年まで大宮競馬場があった。

大宮競馬場は、昭和6年12月に当時の大宮町と宮原村にまたがって開設された。総面積9万坪、観客席は3階建て1棟と2階建て2棟で、馬券売場や景品引換所は全部地下にあって地下道で結ばれていたという。馬場は周回1600メートル幅員27メートルで、「公認競馬に負けないような青毛氈の馬場」と紹介されていた芝コースだった。

第1回の競馬は、昭和6年12月11〜13日に開催された。初日は午前8時半開始で11レース（駈歩7レース、速歩2レース、繋駕1レース、障碍1レース）が行われた。繋駕とは、騎手が一人乗り二輪馬車をつなげて走ったレースである。

馬券は単勝と複勝のみ、1票1円（現在の貨幣価値で3000円程度）で発売され、配当の上限10倍と決められていた。開催初日の馬券は6万円近くを売り上げ、3日間合計で18万円超を売り上げた。

初回以降毎年春秋の2回開催され、回を増すごと入場客が増え馬券売上は増えていった。当初は1開催あたり3日間だったが昭和9年秋季の開催からは4日間になってさらに売上が増え、運営は絶好調だった。

しかし、戦時色が濃くなり、軍需産業が重視されると大宮市は中島飛行機製作所の工場を競馬場敷地に招致するため、運営母体の畜産組合連合会と移転交渉。昭和16年9月、軍の意向に従い競馬場の春日部移転が決定。昭和17年春季開催を最期に大宮競馬場は廃止になった。

戦後、中島飛行機製作所跡地に立地した富士重工業は、名機「隼」で盛名を馳せた中島飛行機の技術者有志が設立したものである。昭和30年代に車社会が到来すると、富士重工業は「スバル」で一世を風靡したこと、古い世代の記憶に残っているかもしれない。

なお、春日部競馬場は戦後、浦和市に権利関係を譲渡。その結果誕生したのが、今も健在である浦和競馬である。

埼玉新都市交通ニューシャトル2000系電車

北区～上尾市～伊奈町周辺（1985年）

建設省国土地理院発行「1/25000地形図」

02-2

宇都宮線～見沼～東武野田線

～巨大な沼沢地が干拓されて～

見沼開拓小史

掲載した地図は大宮区東部から見沼区に至るエリアとなっている。さいたま市の政令指定都市移行に伴い、行政区が設けられたことから、芝川をほぼ区界として大宮区と見沼区となったことから「見沼」の町名は見沼区ではなく大宮区に残ることになった。

見沼区は、集落の成り立ちから大砂土東、春岡、七里、片柳の4地区からなり、面積は10区中で2番目、人口は3番目の規模を有している。

4地区のうち、大砂土（おおすなと）は明治22年の町村制施行により、大和田村、今羽村、島村、砂村、土呂村、西本郷村、堀崎村の区域をもって成立した大砂戸村に由来する。大和田村の「大」、砂村の「砂」、土呂村の「土」の3字から採られた。七里はこの地にあった七ヶ郷（大谷、猿ヶ谷戸、門前、宮下、膝子、新堤、風渡野）を合併した七里村に由来する。七里地区は戦後に中規模な団地やニュータウンが建設され、住宅都市として発展してきた。現在はマンションも多く建設されている。

見沼区の東部には見沼代用水東縁、綾瀬川が流れ、南西部は芝川に近接し、河川に沿って水田や畑が広がっている。一方、区の北部には高層住宅群をはじめ計画的に形成された市街地が展開し、南部には見沼田んぼが広がるなど都市的な生活環境と自然の魅力が共存。南西部では芝川に近接しており、河川に沿って水田のほか、花卉・花木や野菜栽培の畑などが広がり、背後の斜面林と一体となって見沼田圃の景観をつくっている。

見沼田圃とは、かつての武蔵国、現在の埼玉県さいたま市（北区・大宮区・見沼区・浦和区・緑区）と川口市に広がっていた見沼溜井が作った広大な耕作地帯を指す。現在も広い緑地空間があり、「見沼田んぼ」と通称している。

往古の見沼区域には古芝川が大宮台地を浸食した谷に、奥東京湾が入り込んでいた。このため、この地の周辺には貝塚が点在している。奥東京湾は弥生時代に入ると海岸線が後退し、見沼・入江沼・鳩沼・深作沼（鶴巻沼）など多数の沼がつながる広大な沼沢地となった。見沼は三沼・箕沼・御沼とも表され、Y字型で3方向に湾曲して伸び、岬や入江も多い複雑な地形であった。

見沼田んぼ

江戸時代に入ると、利根川・荒川流域において、多数の河川の付け替えや沼地の干拓が行われたが、その昔から手つかずであった見沼もその影響を大きく受けることとなった。まず三代家光治世の寛永6年（1629）には、関東郡代の伊奈忠治らが、利根川東遷事業の一環として、それまで現在の元荒川へと流れていた荒川の河道を、現在の熊谷市久下付近で締め切り、和田吉野川・市野川を経由して入間川筋に流す河川改修を実施した。荒川の西遷と呼ばれるこの河川の付け替えにより、元荒川筋では水害が減少して新田開発が盛んに行われるようになった。反面、入間川筋ではより一層洪水の危険性にさらされることとなった。

同じく寛永6年には、灌漑用水の確保を目的として、現在の東浦和駅南東側付近の芝川をせき止める八丁堤も築堤され、その上流側に見沼溜井が形成された。平均水深8尺、周囲10里（約40キロメートル）にも及ぶ溜井により、下流の灌漑は成功したが、その一方で、見沼周辺では多くの田畑が水没した。

四代家綱治世では、新田開発に商人資本を利用した。延宝3年（1675）江戸商人坂東助右衛門は、見沼の一部を干拓して新田を開拓する。しかし、この干拓により溜

宇都宮線～見沼～東武野田線周辺（1929年）

（地図未発行）

帝国陸軍参謀本部陸地測量部発行「1/20000地形図」

井の一部を綾瀬川へ流下させたため溜井の貯水能力が低下。八代吉宗の治世になると、下流の村から新田取り潰しの訴訟が起き、結局享保3年（1718）に溜井へ復元させられた。しかしながら土砂堆積で、溜井の貯水能力は低下の一途をたどり、水害も頻発するようになった。

享保の改革の一環として新田開発を進めていた吉宗は勘定吟味役に紀州藩士・井沢弥惣兵衛を登用して見沼溜井の干拓を開始した。井沢は溜井に代わる水源として見沼代用水を現・行田市地域の利根川から60キロにわたり開削して灌漑用水とする一方で、八丁堤を破り、溜井最低部に排水路を開削して芝川と結び、荒川へ放水する工事を1年で完成させた。

見沼干拓後は、商業資本も加わった新田開発が進み、新田面積1172ヘクタールに及ぶ見沼田んぼが完成した。それ以後、この地は肥沃な穀倉地帯となった。さらに見沼干拓に併せて、八丁堤跡に享保16年（1731）に構築された見沼通船堀により、江戸と結ぶ見沼通船が開通、見沼代用水流域の舟運輸送の発達にもつながり、見沼は耕作地帯として江戸～明治～大正～昭和と長い時を重ねていく。

野放図な再開発を免れる

昭和9年（1934）、東京府東京市は人口増に対応するため、村山貯水池（多摩湖）・山口貯水池（狭山湖）に続く、第三の貯水池の建設場所を見沼田んぼ一帯とする計画を発表した。しかし、水没対象となる地域の市町村、すなわち浦和市・尾間木村・三室村・野田村・大宮町・大砂土村・片柳村・七里村・春岡村（以上、現・さいたま市）、原市町（現・上尾市）、大門村（現・さいたま市）、芝村・神根村（以上、現・川口市）の農民らの反対運動や日中戦争の激化により、昭和14年に、東京市は貯水池計画を撤回した。

菜の花が咲く見沼通船堀

戦後の高度成長期に入ると、大都市圏では開発ラッシュが相次ぐが、埼玉県は積極的に見沼田んぼの保全に向けた動きを次々と打ち出していった。

桜が満開の見沼田んぼ周辺

昭和40年（1965）には、「見沼田圃農地転用方針」（通称「見沼三原則」）を制定。この結果、大宮市・浦和市にある見沼地区の農地転用は禁止され、原則として開発行為が不可能となった。昭和44年には、「見沼田圃の取扱いについて」（通称「見沼三原則補足」）を制定した。

平成7年（1995）、「見沼三原則」・「見沼三原則補足」に代わる新たな土地利用の基準として、「見沼田圃の保全・活用・創造の基本方針」を策定した。以降、現在に至るまで、埼玉県南部は急速な都市化の波が押し寄せたにもかかわらず、見沼全体としては、一部市街化、公園化しているがほぼ原型を保ち、首都圏最大と言われる緑地帯を保ってきている。

なお、東京都足立区の見沼代親水公園は、見沼代用水が現在の足立区北西部まで引かれていたため、昭和59年（1984）に用水付近が公園として整備された際に命名されたもので、見沼そのものに直接由来する名称ではない。公園の最寄り駅である見沼代親水公園駅（東京都交通局日暮里・舎人ライナー）も、同様に足立区に所在する。

市街地化を促した宇都宮線東大宮駅

宇都宮線東大宮駅。1日平均乗車人員は、3万人を少し超える。乗降人員数に換算すれば6万人だ。令和元年にはコロナ禍前は3万3500人を数えていた。コロナ禍で一時は2万4000人台にまで落ち込んだものの復活の兆しが見えている。

さいたま市の中心部から離れてはいるが、駅の所在する見沼区の住民だけでなく、市境が近い上尾市の住民や芝浦工業大学の学生・関係者の利用もある。大宮駅より北側に所在する宇都宮線の駅では宇都宮駅に次ぐ第2位の乗車人員であり、他の路線への乗り換えがない駅としては最も多い。

快速列車の当駅停車を求める声が多く、隣の蓮田駅と連続停車になることや、当駅では待避ができないこと、また当駅に停車すると混雑が快

宇都宮線～見沼～東武野田線周辺（1955年）

建設省地理調査所発行「1/25000地形図」

速に集中するおそれがあることからなど、JRはダイヤ上の影響が大きいとして長年快速の停車は実現しなかったが、令和3年3月のダイヤ改正で快速ラビットと湘南新宿ライン快速の停車駅に加えられた。

見沼区北部の市街化は、昭和39年3月東大宮駅が開業したことから始まっている。当時駅前は雑木林で、ほとんどの列車が通過していたが、宅地が広がっていくと昭和44年には土地区画整理事業が行われ、砂地区だった駅前周辺は町名地番変更が行われ、所在地の町名が「東大宮」になる。

昭和50年代半ばから周辺の人口が増加するとともに、停車する列車が増加。東大宮駅の利便性が高まったのは平成13年から湘南新宿ラインの運行が始まってからだ。現在は上野東京ラインも停車し、平日通勤時間帯の朝7時台は上野・東京方面は11本が停車。日中時間帯（9時～16時）も1時間に5本が運行されている。

東大宮駅の隣駅となる土呂駅は北区土呂町一丁目を所在地とするが、東大宮駅開業から20年後の昭和58年の開業である。

土呂駅の設置を求める運動は、大正時代から行われていた。東大宮駅開業を見て、地元の動きが加速していく。昭和41年3月、当時の大宮市議会で東北本線土呂駅（仮称）設置の各会派共同提案の動議が可決された。昭和46年10月に完成を迎えた土呂土地区画整理事業では、土呂町内への東北本線新駅開設に備えて駅前広場が造られた。

昭和53年5月、土呂駅（仮称）設置促進連合会が、新駅設置に関する陳情書を当時の大宮市長・大宮市議会議長宛に提出。翌年には大宮市が地元住民とともに土呂駅設置期成同盟会を設置し、積極的な誘致活動に乗り出した。昭和57年、国鉄が漸く土呂駅の設置を承認し、昭和58年10月1日の駅開業となった。

湘南新宿ライン、上野東京ラインの停車駅となって、運行本数は東大宮駅と同様である。駅が所在する北区のほか、芝川を挟んだ見沼区の住民の利用も多い。

東大宮駅と土呂駅の間に立地し、地図に表記されている「大宮操車場」は「大宮総合車両センター東大宮センター」を指し、JR東日本の車両基地。昭和44年に尾久客車区東大宮派出所として新設された。その後、現在の車両基地となっている。

東武野田線沿線

見沼区内に東武野田線の駅は、大和田・七里の2駅が設けられている。両駅の時刻表を見ると、平日の通勤時間帯となる大宮方面行の朝7時台はほぼ5分間隔で運行されている。また始発電車が走り出す早朝5時台は10分間隔、6時台及び8時代は9本となっており、宇都宮線東大宮、土呂両駅より運行本数は多い。春日部方面もほぼ同様だ。

野田線大和田駅（1983年）

見沼区の東武野田線沿線は、大宮駅又は春日部駅を経由して都内へ行く人が多く、典型的な首都圏のベッドタウンとなっているが、時刻表がそのことを表している。しかし、東武野田線は都心へ直結する路線（南北方向）ではないことからJR京浜東北線沿線のような発展は見られない。それがかえって緑の多い住環境としては好まれているのかもしれない。

両駅の1日平均乗降人員は1万7000人台で、JRのように乗車人員に換算すると9000人に満たない。静かなベッドタウンといったところだ。

大和田駅は見沼区役所の最寄り駅であり、駅周辺には大宮武道館などがあるほかは主に住宅地になっており、駅から西方へ1キロほど離れると見沼田んぼの田園地帯が広がる。

東武野田線は、明治44年（1911）5月に開業した千葉県営鉄道野田線をルーツとしている。東葛飾郡野田町（現・野田市）の醤油醸造業者から舟運に頼るだけの交通の不便さを訴えられたため、千葉県が鉄道開業に動いたもので野田町駅（現・野田市駅）～柏駅間で開業している。

野田市駅周辺はキッコーマンの創業地であり、本社を置く企業城下町としても知られる。ここから毎日、全国に醤油が出荷されているが、往時は柏から国鉄経由で全国に発送する目的で、野田町～柏駅間での開業となっている。

千葉県営鉄道野田線は大正10年代に民間に払い下げられ、北総鉄道（現在の北総鉄道とは無関係）となった。この時代に船橋に延伸し、昭和4年（1929）に総武鉄道と改称すると大宮に延伸している。この時に大和田駅、七里駅が開業している。

戦時中の昭和18年（1943）、陸上交通事業調整法によって東武鉄道が総武鉄道を吸収合併。当初は大宮駅～柏駅間が野田線、船橋駅～柏駅間が船橋線と別路線であったが、昭和23年に野田線に統合されて、見沼の田園地帯を走る東武野田線となった。そして、高度成長期を経て沿線はベッドタウン化し、現在に至る。

宇都宮線～見沼～東武野田線周辺（1985年）

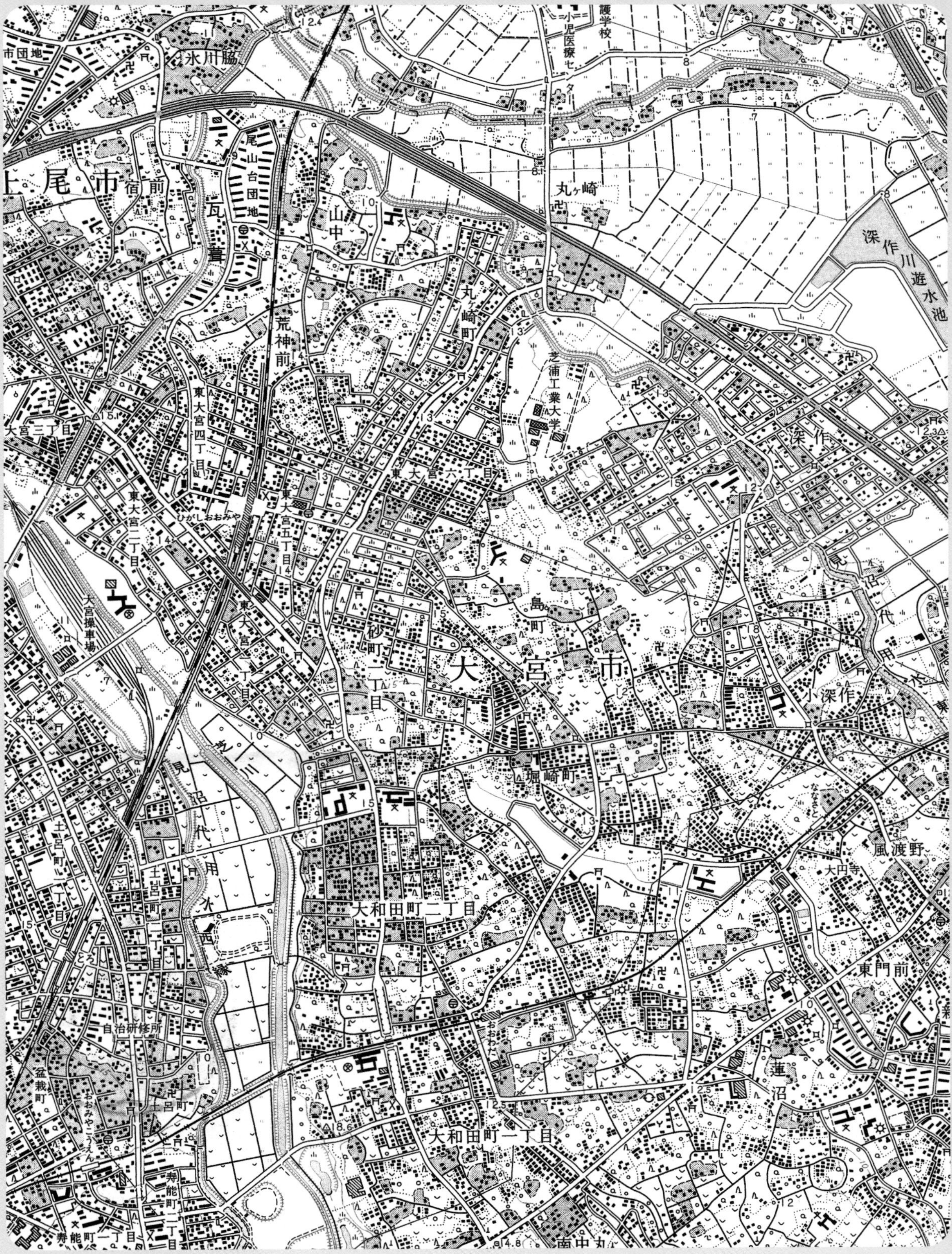

建設省国土地理院発行「1/25000地形図」

02-3

岩槻駅～東岩槻駅～綾瀬川周辺

～岩槻城を築城したのは誰か？～

岩槻城址公園と慈恩寺

岩槻城址公園は、岩槻城を含め周辺を整備した公園である。岩槻区太田3丁目の全域に広がる。

室町時代の後期に太田道灌あるいは古河公方によって築城されたともいわれる岩槻城は、台地を利用した平城で、主郭部、その北の新正寺曲輪、南の新曲輪・鍛冶曲輪がそれぞれ別個の台地上にあり、その間には深い沼地が広がっており、沼地は軍事上の防御にもなっていた

岩槻城址公園ロマンスカーきぬ号展示

岩槻城址公園は広大な城郭の内、南端の新曲輪、鍛冶曲輪などの部分が整備され、史跡に指定されています。その地内には土塁、空堀、馬出など、中世城郭の面影がよく残されている。

岩槻城三の丸に勤めた藩士の長屋門であったといわれる黒門も保存されている。明治維新後、県庁の表門として使用するため移築され戦後に返還されたため、城内での本来の位置は不明となっている。

また園内の菖蒲池には朱塗りの八ツ橋が架けられており、その一幅は観光写真としても有名だ。桜の名所でもある。

岩槻城址公園は、600本の桜が咲く県内有数の桜の名所となっている。桜祭りが開かれる春の季節には、「人形の町」岩槻らしく流し雛が行なわれ、秋には人形供養祭が行なわれている。

岩槻城址公園の北側には東武野田線に沿って、本丸一丁目から四丁目が広がっている。かつてはそのほとんどが前述した広大な沼や湿地帯だった。昭和末期から埋め立てが始まった。区画整理後、岩槻城の本丸に因んで現在の町名が付けられた。現在は戸建て住宅が建ち並ぶ街並みとなっている。

東岩槻駅北口からさいたま市コミュニティバス「慈恩寺観音行き」終点下車となる天台宗の慈恩寺（岩槻区慈恩寺139）は、岩槻藩の代々藩主が帰依した天台宗の古刹である。

慈恩寺は、平安時代初期の天長年間（824～34）創建されたと伝えられる。天正18年（1590）関東に入部した徳川家康から寺領一〇〇石を寄進され、江戸時代に入ると徳川幕府及び岩槻城主からも帰依を得た。

川越の喜多院と共に県内屈指の名刹であり、今も参拝客が後を絶たない。盛時には13万5000坪の境内と僧坊66を数える大寺だったが、数度の災厄でほとんどを失った。元禄4年（1691）建造と伝わる山門は残っている。本尊は比叡山延暦寺から招来した千住観世音菩薩。御利益は夫婦円満、家内安全、子宝云々。坂東三十三ヶ所観音霊場の十二番札所でもある。

慈恩寺

時代が下がって支那事変（日中戦争）当時の昭和17年12月に日本軍が南京で発見した玄奘三蔵法師の遺骨の一部が戦後、慈恩寺に奉安されることとなり、昭和28年に十三重の花崗岩の石組みによる霊骨塔「玄奘塔」が落慶。昭和30年に日台友好のため、台湾に分骨され、現在は台湾の日月

岩槻駅～東岩槻駅～綾瀬川周辺（1914年）

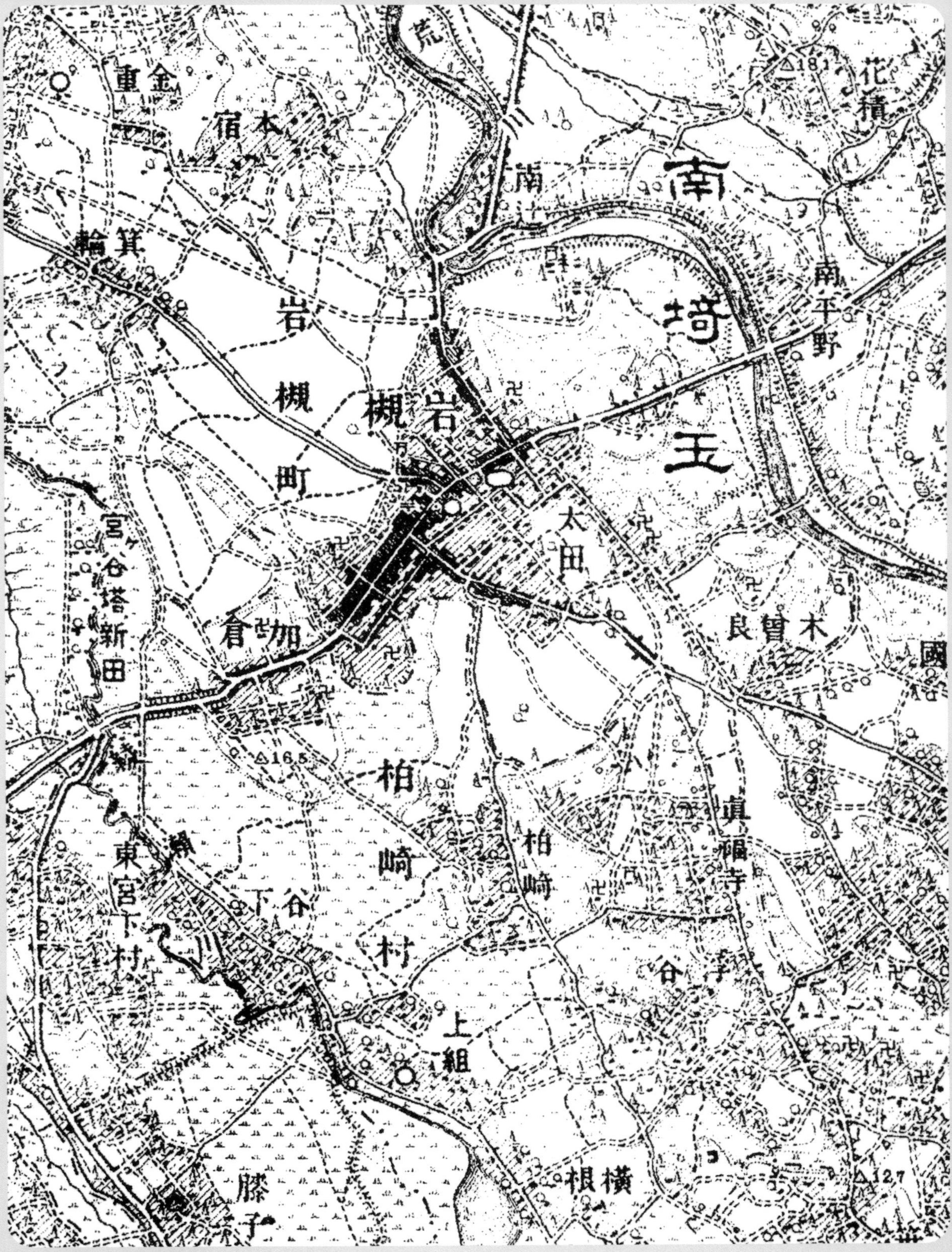

帝国陸軍参謀本部陸地測量部発行「1/50000地形図」

潭の玄奘寺に奉安されている。昭和56年には、玄奘の属する法相宗の奈良・薬師寺にも分骨されており、現在は境内の玄奘三蔵院に奉安されている。

なお、東岩槻駅は昭和44年12月1日に開業している。戦後の高度経済成長期に開設されたこともあり、駅周辺は碁盤目状に区画整理され、戸建の住宅や団地が並ぶ。駅から北西2キロの位置に工業団地が立地し、各企業の送迎バスが当駅から発着している

太田道灌岩槻築城説に見直し

岩槻駅東口に展開している本町は、岩槻市街地の中心だが、かつては日光御成街道沿いに岩槻城下の町人地・武家地が広がっていた。岩槻城の大構をほぼ踏襲した町域となっている。

岩槻城の城下町時代(中世)から岩槻宿を経て多くの町名が残っていたが、住居表示実施の流れにより昭和40年頃から順次消滅した。現在では本町・東町・西町・仲町・府内などの町名となっている。

かつての町名には渋江町、大工町、丹過町、久保宿町、横町、新町、市宿町があるが、渋江は交差点名・バス停名、市宿は商店街名、大工町は町内会名といったように一部名を留めているものもある。近年は旧町名の持つ文化価値が見直され、住居表示などで失われてしまった町名を復活させようとする動きがあり、旧町名や通り名を記した石碑やプレートの設置が進められている。

岩槻城は長禄元年(1457)に関東管領上杉家に仕えていた太田道真・道灌父子が敵対関係にあった古河公方・足利成氏に備えて築城したのが始まりと考えられてきた。いわゆる「享徳の乱」でのことだ。

享徳の乱は、京都を中心に西日本で起きた応仁の乱より十年以上前の享徳2年(1453)に始まり、応仁の乱終結後の文明14年(1482)までの30年近く断続的に続いた内乱だった。争っていたのが室町幕府体制上の関東地方トップの鎌倉公方足利成氏と、ナンバー2の関東管領上杉家だった。

岩槻城跡の黒門

30年近くに及んだ享徳の乱のそもそもは享徳2年12月、関東管領の上杉憲忠が鎌倉公房・足利成氏に殺害されたことに端を発している。

鎌倉公方足利成氏は関東8カ国と甲斐・伊豆・陸奥・出羽を管轄し、支配体制を固めると幕府の方針に従わなくなった。足利成氏は足利一門とはいえ、庶流である。直系の将軍家に対する嫉妬や僻目もあった。一方、任命権を幕府に委ねている関東管領上杉家は幕府寄りの立場であり、次第に鎌倉公方と対立するようになる。

足利成氏と上杉家には禍根もあった。永享11年(1439)、成氏の父・足利持氏は、関東管領上杉家との権力抗争に敗れて自害に追い込まれていたのである。成氏は父親の敵を討つと同時に上杉家を排除し、幕府からの独立を画策したのが、関東管領上杉憲忠殺害の動機だった。

関東管領の当主を成氏に殺害された上杉家は直ちに幕府に連絡を取って支持を取り付ける。幕府軍の攻勢に怯えた鎌倉公方足利成氏は鎌倉を逃れて下総国古河へ落ちると、そこを拠点としたことから、足利成氏は鎌倉公方から古河公方と呼ばれることになる。

上杉家の重臣だった太田氏は、古河公方となった足利成氏との抗争の先陣に立ち、その際に岩槻城を築城したというのが従来の見方だった。しかし、近年の研究では、古河公方陣営の成田氏築城説が有力になっているらしい。

成田氏は関東管領上杉氏の支配下にあったが、享徳の乱において途中から古河公方足利成氏に寝返って上杉陣営と戦闘。その結果、成田氏は太田道灌軍に敗れたことから、岩槻城は太田道灌の支配下に置かれたという。その太田道灌も主家の上杉家に謀殺され、やがて小田原北条氏が関東に覇権を築く戦国時代となっていく。この時代、さいたま市域のほぼ全域が小田原北条岩槻領に編成されている。

岩槻区の西端を南北に縦断する国道122号線は、その昔は奥州街道の道筋だ。岩槻は小田原北条氏の本拠である相模国小田原城に次ぐ重要拠点の一つと位置付けられ、岩槻城は小田原北条氏の支城となる。

やがて徳川家康が天下を平定すると、岩槻にも平穏の時代が到来。元和3年(1617)徳川将軍家の日光社参が始められると、岩槻城が将軍の泊城になるとともに、日光御成道が整備されると岩槻は宿場となって繁栄していったのが、大雑把な明治以前の岩槻小史となる。

岩槻電気軌道の電灯電力事業

岩槻に電灯が灯ったのは大正3年

岩槻駅～東岩槻駅～綾瀬川周辺（1955年）

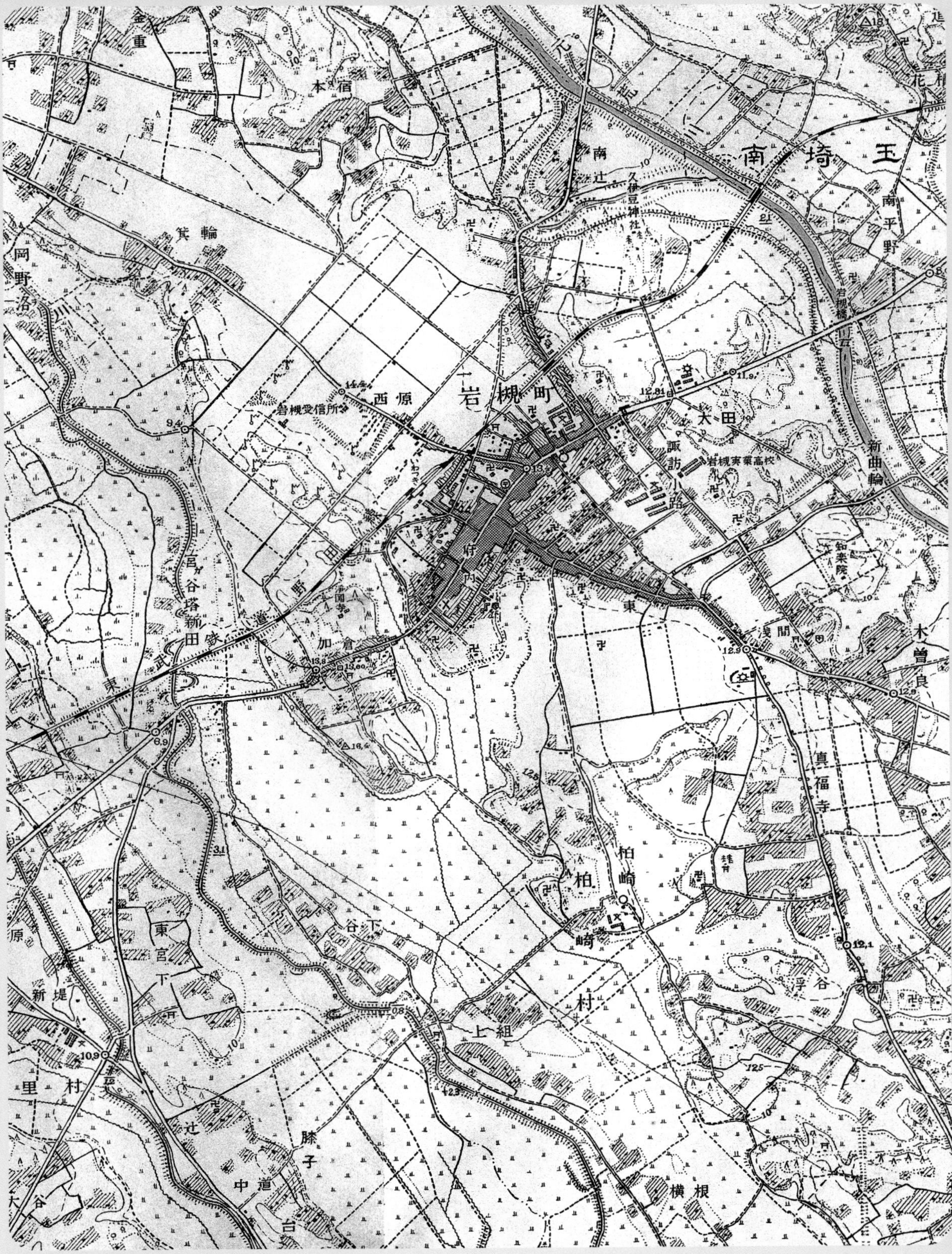

建設省地理調査所発行「1/25000地形図」

(1914)のことだ。岩槻電気軌道が設立されたことによる。

岩槻は大宮と春日部の間に位置するが、明治24年(1891)には大宮~岩槻~粕壁(粕壁)間で乗合馬車が運行を始めているように、岩槻と大宮、岩槻と春日部との往来は江戸時代からのものだ。『大宮市史』によれば、乗合馬車を始めたのは「栄盛舎」という馬車会社とある。

このような需要を見越して、大宮と粕壁を結び東武伊勢崎線と接続する目的で、明治44年(1911)に岩槻電気軌道が設立された。東京で王子電気軌道を興して成功した才賀電機商会の才賀藤吉を参謀役に迎え、岩槻町の斎藤善八ら74名の発起人により、大宮~岩槻~粕壁に電気軌道敷設免許の許可願が内務省に提出され、翌年には免許が下りた。

岩槻電気軌道は粕壁から大宮を経て川越まで通す構想も温めており、免許交付後に、路面電車の川越電気鉄道に軌道事業の業務提携を申し入れた。

大正元年(1912)12月、内務省に軌道特許の猶予を申請。現在の東武野田線と同じような路線で免許を申請した。しかし、用地買収が難航するうち資金繰り問題も浮上。鉄道開業の目途がつかないまま大正7年6月、軌道免許が取り消されて電気鉄道計画は白紙になってしまった。

一方、鉄道開業に先駆けて自前の火力発電所による電灯電力供給事業は、既にフィラメント電灯が開発されていたこともあり順調だった。当時の電鉄会社は、電灯電力供給事業はセットになっており、岩崎電気軌道も「南埼玉郡岩槻町、粕壁町、北葛飾郡杉戸町および北葛飾郡幸松村(現・春日部市)を供給区域とする電灯電力の供給事業、およびそれに付随する機械、器具の販売・貸付」を経営指針に挙げていた。

大正3年、電灯線敷設を終えた岩槻地区からスタートした電灯電力事業はその後、粕壁地区、南埼玉郡宮代町、北葛飾郡杉戸町地区に拡大。自前の火力発電所では対応しきれず、電力卸の利根発電からの電力供給に切り替えている。

鉄道事業の免許失効後、岩槻電気軌道は同時に岩槻電気に社名変更。大正8年(1919)4月、浦和電灯を前身とする埼玉電灯に合併した。

岩槻電気軌道が申請した粕壁~大宮間の敷設予備免許は、昭和に入ると、北総鉄道(現在の北総鉄道とは別)に下り、その後東武野田線となっている。

舟運の綾瀬川

岩槻の西端部を南北に流れる綾瀬川は、現在は利根川水系中川の支流と位置付けられている。その昔、戦国時代の頃は利根川と荒川の本流であった。当時の利根川・荒川は、現在の綾瀬川源流の近く、桶川市と久喜市の境まで元荒川の流路をたどり、そこから現在の綾瀬川の流路に入った。

綾瀬川の川筋は、武蔵国内の足立郡と埼玉郡の境界とされていた。

江戸時代初めまで、綾瀬川中下流は低湿地で通行が困難であった。また大雨が降るたびに川筋が変わり、一定しないことから「あやし川」と呼ばれ、後に「綾瀬川」と変わっていったと伝えられる。

江戸時代初期、関東郡代伊奈忠次は利根川東遷事業を行う中で、綾瀬川の流路も変えた。堤が整備され、流量を調整するために武蔵国足立郡内匠新田(現・足立区南花畑の内匠橋付近)~葛飾郡小菅間に平行して新綾瀬川が開削された。

綾瀬川の流れ

現在の綾瀬川はこの新しい流路を指す。流路定まらず、中下流の流域を湿地帯にしていた綾瀬川は、埼玉平野を穀倉地帯に変えた。流末は隅田川に合流していたことから、農産物を江戸に送る物流ルートともなった。

中川・綾瀬川流域は江戸川と共に、内陸水運が盛んな地域だった。ただし、この水運は広域的な動脈機能を持ったものというよりは、穀倉地帯である埼玉平野の物資を主に江戸・東京へ運び、帰路には都市の下肥を農村部へ送るための地域的なものだった。岩槻もその地域の一つであった。

江戸時代の中期からは、武蔵国(埼玉)と江戸を結ぶ大切な運河として多くの船が行き交い、賑わいを見せるようになる。

将軍家では江戸城から小菅御殿へ向かう時、「小菅丸」という豪華な遊覧船を仕立て、美女を侍らせ歌舞音曲の鳴り物入りで船遊びをし隅田川から綾瀬川へ上がり、小菅御殿に向かったことが記されている。

大正9年(1920)の荒川放水路の開削によって分断され、その左岸側に沿うように新流路が開削されて中川に合流するように改められ、昭和5年(1930)に竣工。綾瀬川は利根川水系中川の支流となった。

岩槻駅～東岩槻駅～綾瀬川周辺（1985年）

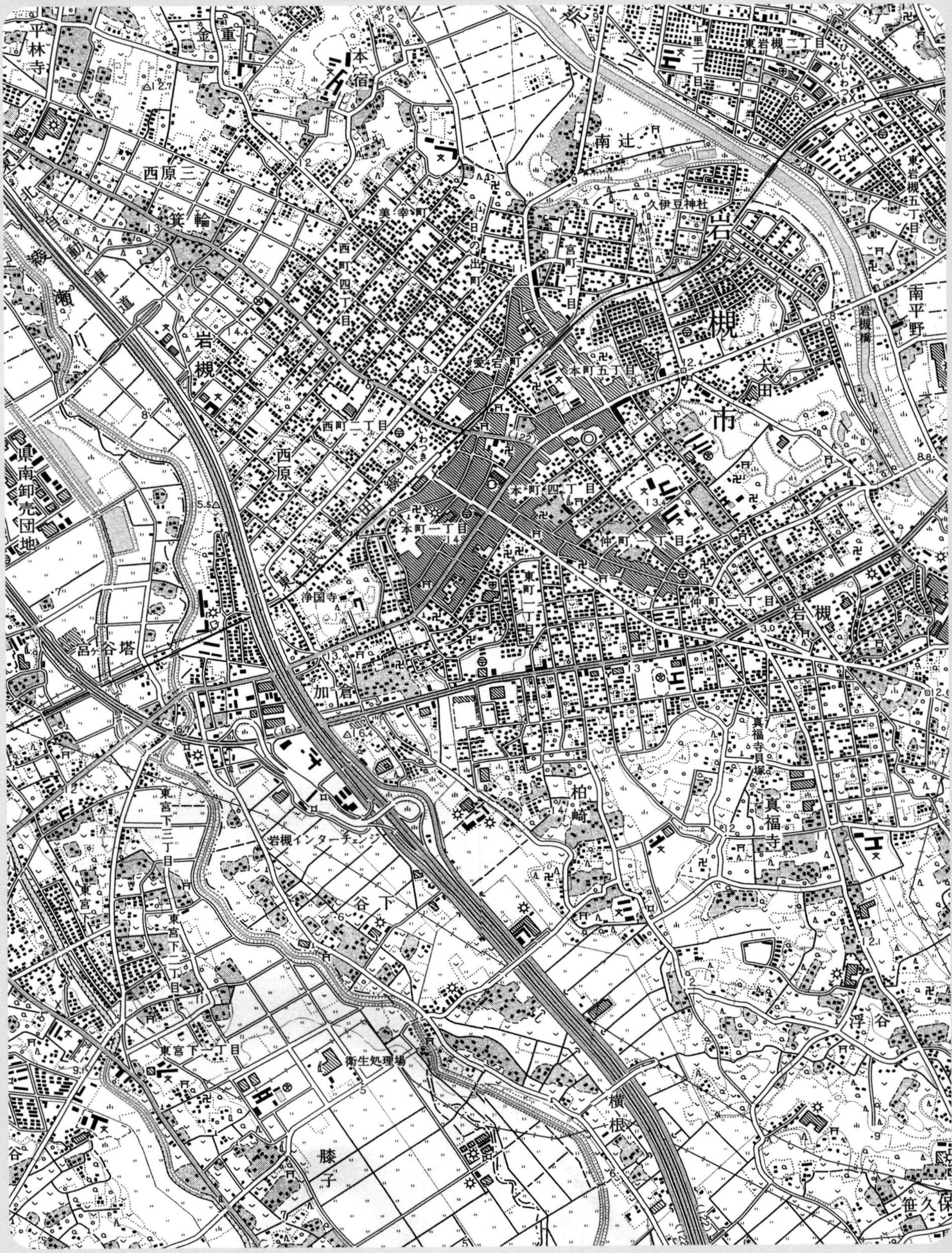

建設省国土地理院発行「1/25000地形図」

02-4

荒川流域の変転

〜荒川改修と明治43年の関東大水害〜

初代上江橋は木造冠水橋

川越線の北側になる荒川と入間川の合流点にさいたま市西区と川越市を結ぶ上江橋が架かっている。昭和38年に二級国道から一級国道となった国道16号が内回り（川越方面行）と外回り（春日部方面行）の2車線に分かれて通っており、内回りは1997年、外回りは1977年の竣工となっている。

「かみごうばし」と読む上江橋は一般国道で河川に架かる橋梁としては、日本最長で全長1610メートル（内回り車線であり、それまでは日本最長だった富士川に架かる新富士川橋1523メートルより90メートル以上長い日本最長の橋である。

上江橋が初めて架橋されたのは入間川も荒川も現在の流路とは異なっていた時代の明治27年（1894）。日清戦争が起きた年の12月だった。

大宮と川越を結ぶ「川越新道」が整備された際に、地元住民の請願により木造冠水橋として架設されたのが上江橋の初代となる。

入間川、荒川ともに現在とは異なる流路だった時代であり、架橋された場所は現在の川越市古谷上に所在する川越市立古谷小学校付近に架設された。橋長62間、幅員2間。4メートルに満たない橋幅で長さは100メートル以上もあった木造橋が、初代の上江橋だった。橋の名は、所在地である大字古谷上の異名である「上郷」から取り「上江橋」と命名された。

冠水橋だった木造上江橋は洪水時の際に流水抵抗を軽減すべく、橋の天板を取り外しできる構造になっており、この天板を外す際の槌音が住民に洪水が近いことを告げる合図にもなっていたという。また通行料を徴収している時期もあった。現在は「江遠島上江橋」と名を変え、コンクリート橋として現存している。

利根川の東遷、荒川の西遷

入間川と荒川の流路が現在のようになったのは、大正9年（1910）から開始された荒川の河川改修による。

江戸時代前の入間川は単独で東京湾へ注いでおり、最下流は隅田川だった。荒川も江戸時代以前は現在の元荒川筋を流れ、越谷付近で当時の利根川（古利根川）と合流し、江戸湊に流れ込んでいた。

徳川家康は江戸入府後、江戸の発展に欠かせない関東平野の開発は、氾濫・乱流を繰り返す川を治め、いかに川の水を利用するかにかかっていることを痛感する。

徳川家康は、江戸湊に流れ込んでいた利根川を付け替える「利根川の東遷」で、銚子に流れ込むように流路を変えた。この利根川東遷事業で徳川幕府は東北の産物を江戸まで安全に運ぶための内陸航路——銚子〜旧常陸川（現在の利根川下流域）〜関宿〜江戸川〜新川〜小名木川〜日本橋川〜道三濠ルートを確保した。それまで東北地方から江戸への船の入り方は房総半島を迂回する航路で、九十九里浜沖では難破する船も多い危険な航路だったことが、家康が利根川の付け替え工事を命じた理由だった。

この利根川東遷事業は、家康の三河時代からの股肱の臣である伊奈忠治によって文禄3年（1594）から始まり、完成までに60年余を要した大土木事業だった。

利根川の流路を変える事業が進んでいた三代家光治世の寛永年間、関東郡代となっていた伊奈忠治は、荒川を利根川から分離する荒川の付け替え事業に着手する。

「荒川の西遷」と呼ばれるこの付け替え事業は、久下村地先（現在の熊谷市）において元荒川（現在の中川上流）の河道を締め切り、堤防を築くと

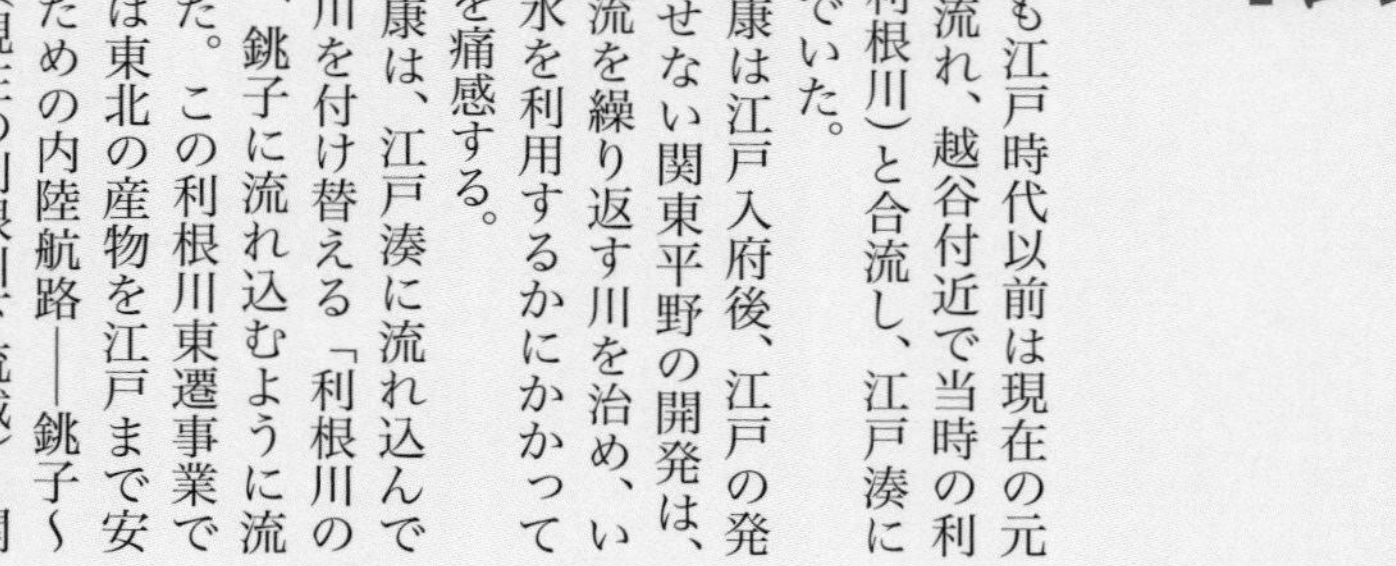

広大な荒川河川敷

荒川流域（1929年）

帝国陸軍参謀本部陸地測量部発行「1/20000地形図」

同時に新川を開削し、荒川の本流を、当時入間川の支流だった和田吉野川の流路と合わせ、荒川下流部（隅田川）を経て江戸湊に注ぐ流路に変えた。

利根川水系と荒川水系を切り離すこの大規模な河川改修事業により、埼玉東部低湿地は穀倉地帯に生まれ変わり、舟運による物資の大量輸送は大都市・江戸の繁栄を支え、江戸の発展は後背地の村々も拓いていった。

もっとも流路を変えても、激しく蛇行しながら流れる荒川は江戸〜明治期に大きな洪水を幾度となく起こしている。

明治43年の関東大水害

「8月1日以来晴雨定まらず、連日降雨で8日に至り漸次烈しくなり、10日には暴風雨となり、荒川筋は未曾有の大洪水となり…」云々と、往時の新聞記事は記す。

埼玉市域西部を流れる荒川は、明治40年（1907）8月と明治43年8月に水害を起こし、特に明治43年の水害は関東大水害として知られる。引用した新聞記事は明治43年の大水害を報じるものだ。山間部では山崩れを発生させ、家屋や田畑、橋や道路などの埋没・流失を招き、そして川へ大量に流れ込んだ土砂や流木は、濁流とともに堤防を決壊させた。

明治以降、荒川最大の出水となるこの洪水は、利根川の洪水と合わせて埼玉県内の平野部全域を浸水させ、東京下町にも甚大な被害をもたらした。

記録に残る埼玉県内の被害は、破堤945箇所、死者・行方不明者347人、住宅の全半壊・破損・流失1万8147戸、床上浸水5万9306棟、床下浸水2万5232棟といった数字が残されている。

埼玉県内では、県西部や北部に人的被害が多く、床上浸水被害が県南や東部低地に多かったのがこの水害の特徴になっている。交通や通信網も遮断され、鉄道は7〜10日間不通。東京では泥海と化したところを舟で行き来し、ようやく水が引いて地面が見えるようになったのは師走を迎える頃だった。

かつてない大洪水に、明治政府は「臨時治水調査会」を設け、抜本的な治水計画に乗り出す。

荒川は、国が直轄事業として改修すべき河川に採択され、「荒川改修計画」が立てられた。荒川下流部では、岩淵水門から下流に、隅田川（荒川下流域）と分派する約21キロの放水路を新たに開削することが決定し、大正2年から昭和5年まで17年の歳月をかけて工事が行われた。

荒川中流部の改修工事は、大正9年に工事を開始し、37年の歳月をかけて昭和29年に完工を迎えた。荒川の治水を考える際のポイントとなる、横堤や広大な河川敷は、この時の改修工事によって生まれた。

また、この大洪水で東京でも被災者150万人の大きな被害が発生し、それまで利根川の治水費の負担をしていなかった東京府も、他の流域の県と同様に治水費の地方負担を受け持つようになった。荒川については大規模な改修計画が策定され、翌年より岩淵から中川河口まで、幅500メートル、全長22キロにもおよぶ放水路を開削する荒川放水路事業が着手されることとなった。事業は途中、第一次世界大戦に伴う不況や関東大震災などで困難を極めたが、蒸気掘削機や浚渫船を活用しながら延べ310万人の人員が動員され昭和5年に完成した。

荒川の大規模河川改修が行われる以前の荒川の流路は、現在の荒川河川敷の東側、西区の西遊馬地区を流れていた。大宮武蔵野高グラウンド〜埼玉栄高グラウンドに面して緩やかなカーブを描きながら南下していく旧流路がおぼろげに残されている。

有料橋だった旧上江橋

明治43年（1910）の大洪水によって開始された大規模な荒川改修工事によって昭和初期に荒川と入間川が現在の位置を通るようになり、東西に直線的だった川越新道は堤防と背割堤が設けられたことによりカーブが連続する取り付け道路となった。

冠水橋は出水時に最長1か月近く交通が途絶えるなど支障を来たしたことから、大宮と川越という主要都市を結ぶ最短ルートとして永久橋への架け代えが埼玉県を中心として進み、昭和11年に県が3年計画で着工した。しかし、戦時色濃くなったことで物資が欠乏するうち太平洋戦争に突入。工事は中断されたまま戦後を迎えることになった。

昭和26年（1951）、川越市長を会長、大宮市長を副会長として周辺自治体による「上江橋建設促進期成同盟」を結成して県と共に政府に陳情を重ねていく。昭和31年、日本道路公団が設立されると工事が再開され、昭和32年3月5日に旧上江橋は完成した。橋長866メートル、全幅員7メートル弱だった。

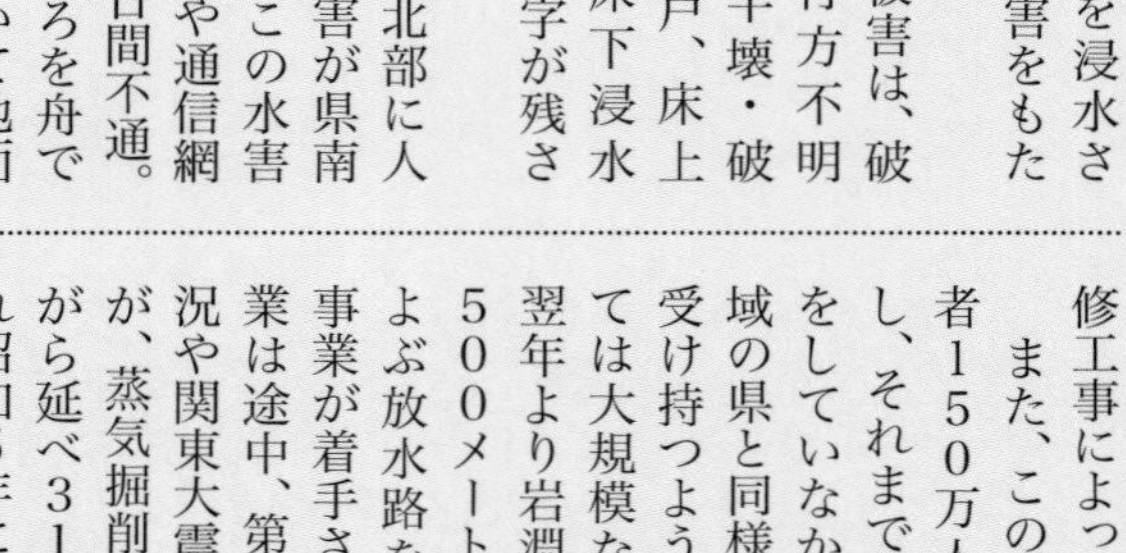

上江橋（所蔵:さいたま市アーカイブズセンター）

荒川流域（1955年）

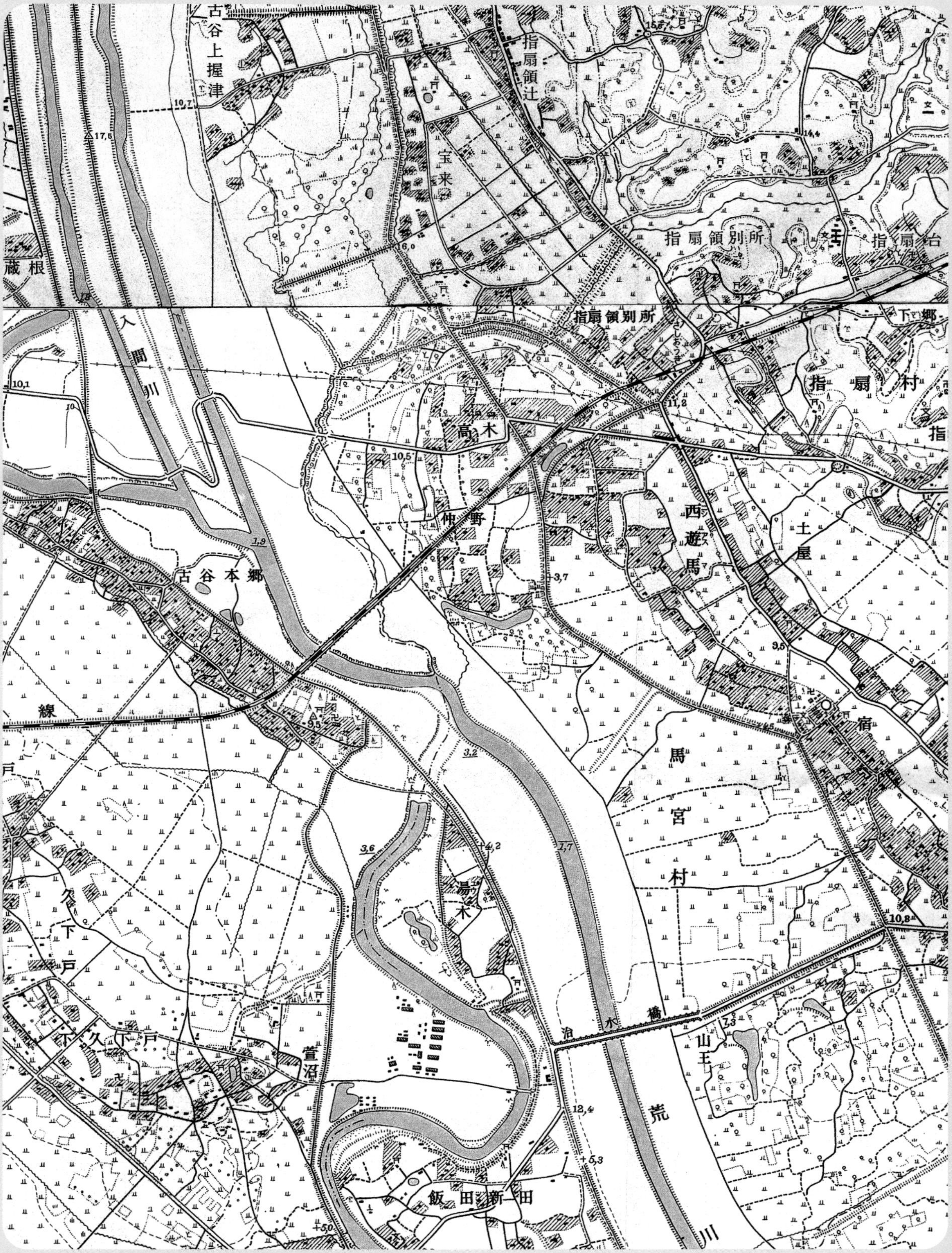

建設省地理調査所発行「1/25000地形図」

上江橋料金所（所蔵:さいたま市アーカイブズセンター）

旧上江橋は有料橋で、料金所は大宮市側の橋詰（現在の西区西遊馬地区）に設けられた。通行料は、バイクは10円、軽自動車は20円、小型自動車は60円、普通乗用車は100円、トラック（普通貨物自動車）は120円、路線バス170円（その他のバスは200円）、特殊自動車は200円。歩道は設けられていなかったが歩行者や自転車、リヤカー、牛・馬車などの軽車両は無料である。参考までに郵便はがきは5円の時代だった。

開通当時は交通量少なく1日平均200台程度。日曜日などは10分に1台程度しかなかった。しかし、高度経済成長が本格化した昭和40年前後から交通量は激増。償還時期は当初は昭和47年頃を予定していたが、予定より早く償還完了見込みとなって昭和43年に橋は無料化された。

冠水橋は、荒川の方は昭和32年に永久橋が開通した際に、入間川の方も昭和39年から昭和44年にかけての間に撤去されている。取り付け道路はゴルフ場となった区間を除き両岸とも河川敷に降りる道路として現存している。

旧上江橋完成20年後となる昭和52年、建設省関東地方建設局（現・国土交通省関東地方整備局）が事業主体となり、新上江橋として100メートル上流側の現在地に暫定2車線で完成した。

新上江橋は、4車線化した場合の外回り（春日部方面行き）車線として架橋され、開通後は春日部方面への一方通行路として使用し、新橋が完成しても旧橋の使用は継続された。また、同時期にアプローチ区間として長さ310メートル弱の古谷高架橋（外回り）も架設された。

昭和57年に旧橋の調査が行われたところ、床板や橋桁の損傷が判明。このため旧橋を川越方面への一方通行とした上で重量制限を行う一方で、昭和62年から川越方面行架橋工事を着工。平成9年（1997）8月、西大宮バイパス建設に併せて新上江橋の下流側に内回り（川越方面行き）車線が架橋され4車線化が竣工。合わせて右岸側のアプローチ区間として長さ210メートルの古谷高架橋（内回り）が架橋された。現在はこの新上江橋を上江橋と呼ぶ。

荒川河川敷に広がるゴルフ場

荒川と入間川の合流点に架かる上江橋周辺は荒川の改修工事によって生まれた広大な河川敷となり、今では川越グリーンクロス、大宮国際カントリークラブなどが広がっている。

馬宮の渡しに架橋された治水橋

上江橋下流に架かる治水橋は昭和9年に架設されている。橋名は「ちすい」ではなく「じすい」と読む。荒川流域の北足立郡馬宮村（現・西区馬宮）の出身で、幼いころから荒川水害を経験していたことから治水事業を政治課題とし、架橋に尽力した県会議員斎藤祐美（ゆうび）の号から採ったものという。

荒川の大改修で、それまで湾曲して流れていた荒川は流路も変わり、現在のように直線化された。川幅も広くなり、河川敷も広がった。大宮〜川越間の往来のために渡船場が置かれ、有料の渡し船が始まったが、昭和2年に県営化された。渡船場は、所在地となった馬宮村の名から「馬宮の渡し」と呼ばれ、治水橋が架橋されるまで運営されていた。

昭和初期に発生した金融恐慌の不況風が大宮にも吹いていた時期である。馬宮の渡しが県営化された年の県議会で、渡し場に架橋することを可決。架橋工事は埼玉県が事業主体となり、失業救済事業も兼ねて着工されたのが治水橋だ。作業員は延べ5万人に及んだというから、失対事業としても大きな効果があっただろう。

昭和9年に治水橋は竣工。7月、開通式会場となった河川敷では関係市町村の代表者が主催する祝宴が盛大に開催され、花火が打ち上げられ山車が練り歩き、屋台が出店するなどの余興が催されるなど夜まで大変な賑いだったという。

西区は荒川右岸で川越市や富士見市と接しているが、その境界となっている「びん沼川」は、改修前の荒川の旧流路である。曲がりくねったその流路が、往時の荒川の流れであった。

荒川流域（1985年）

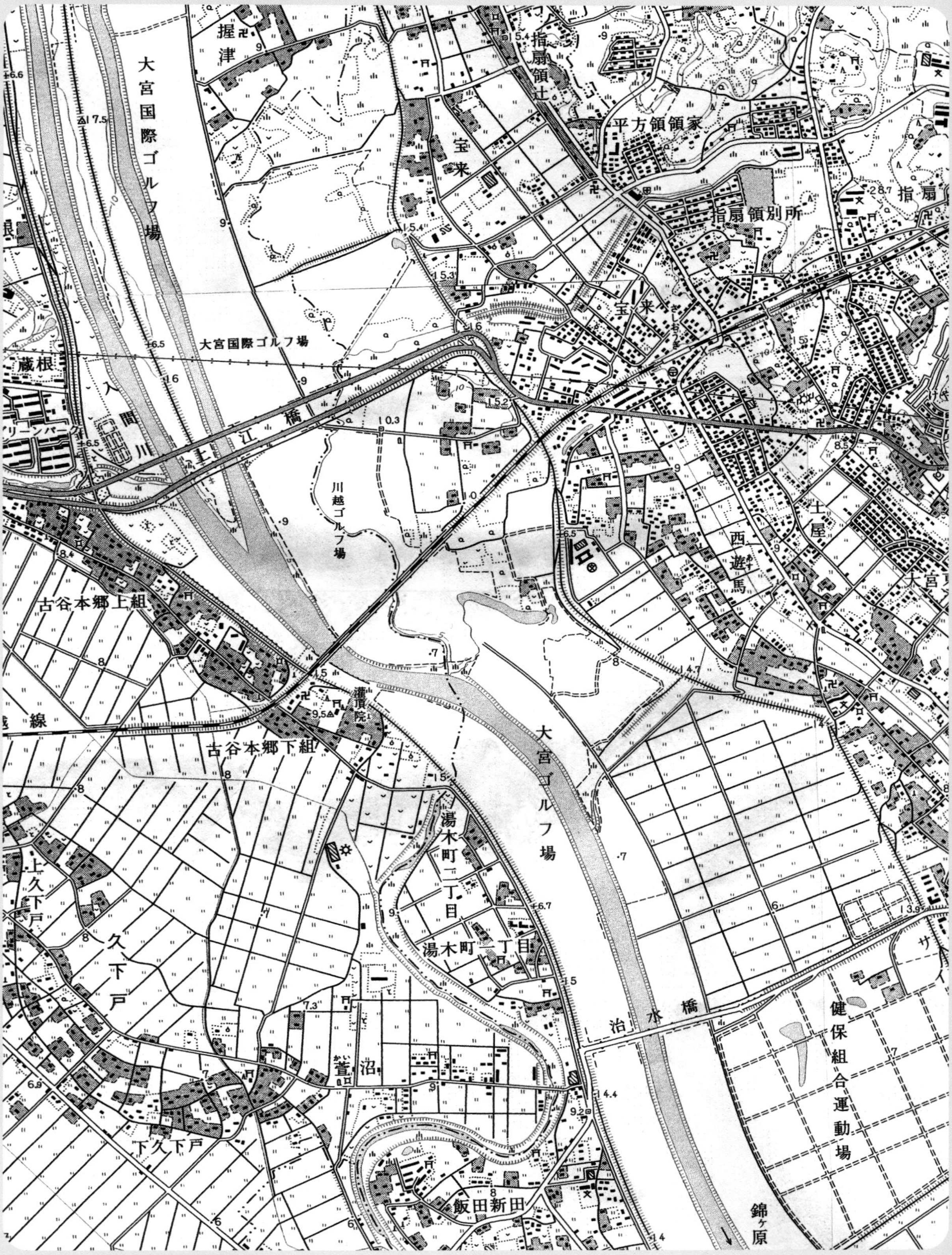

建設省国土地理院発行「1/25000地形図」

02-5

川越線～自衛隊駐屯地～桜木町

～川越線複線化はできるのだろうか～

埼玉県が羽田空港アクセス線西山手ルート早期着工を要望

埼玉県は令和5年6月、国への令和6年度の要望に「羽田空港アクセス線西山手ルートの早期着工に向けた支援」を盛り込んだ。これにより「埼京線を通じて川越線との直通運転が実現することにより、川越線をはじめとした県内路線の利用人員の増加とそれに伴う沿線地域への経済効果」を期待したものだ。

JR東日本はその2か月前の4月4日、新橋駅から分岐して羽田空港へ結ぶ新路線「羽田空港アクセス線東山手ルート」の工事に本格着手することを発表した。開通すれば東京駅から空港へダイレクトアクセスとなるほか、宇都宮線・高崎線・常磐線方面から羽田空港への直通運転が実現。片道1時間あたり4本、1日あたり72本の運行が計画されている。開業予定は8年後の令和13年となっている。

「東山手ルート」は羽田空港から海底トンネルで品川区八潮の東京貨物ターミナル駅に到達。首都高湾岸線の大井PAの東側に隣接し、東海道新幹線の車両基地も併設されている。そこからは既存の貨物線の設備を活用し、新橋駅へ接続する。

東京駅から羽田空港までの交通アクセスで考えた場合、現在は浜松町駅や品川駅からの乗り換えが発生することもあり、通常は30分前後の所要時間となる。しかし、新橋駅から停車なしの東山手ルートを利用すれば、東京駅から羽田空港まで約18分と所要時間の10分以上は短縮される想定されている。

高崎線、宇都宮線を動脈としているさいたま市にとって、東山手ルートは新たな利便性と経済効果をもたらしてくれることになる。

羽田空港アクセス線計画には東山手ルートの他に埼京線を利用する西山手ルートと、りんかい線を利用する臨海部ルートもある。

埼玉県が国に早期着工を要望した西山手ルートは、東京貨物ターミナルから「東品川短絡線」を建設し、りんかい線と品川シーサイド駅・大井町駅間で合流。そのまま大崎駅からは埼京線に乗り入れるというものだ。浜松町駅や品川駅まで遠回りせずに行ける路線となり、東山手ルート以上の所要時間短縮ができる。

川越線の運転系統は埼京線と直通運転をする大宮～川越区間と、ローカル輸送のみを行う川越～高麗川区間に分かれる。埼京線との直通運転区間にさいたま市域の駅は、日進・西大宮・指扇の3駅がある。埼京線に加えて西山手ルートが開通したら沿線地域に刺激を与えることから、今回の要望になったのだろう。

川越線は今も単線

西山手ルートの実現には、川越線がその誕生から80年以上経った今も単線鉄道であるという難問がある。複線化されているのは大宮駅～日進駅間だけであり、日進駅以遠は全線単線なのである。これは川越線がもともと国鉄の計画による鉄道ではなかった出自も影響している。軍部の要求に国鉄側はしかたなく単線鉄道でその要望に応えたものだからだ。

時は大正期に遡る。大正11年(1922)改正鉄道敷設法の制定・施行に伴っての新路線建設予定線に、川越線に相当する路線は含まれていなかった。しかし、戦時色が強くなった昭和9年(1934)、軍部の要望で、東北本線と八高線を短絡して中央本線のバイパスとする「埼玉県大宮ヨリ川越ヲ経テ飯能附近ニ至ル鉄道」が計画された。東海道本線と東北本線を、東京を経由せずに結ぶのは「帝都防衛の観点から必要である」とした陸軍の要求に国鉄も動かざる

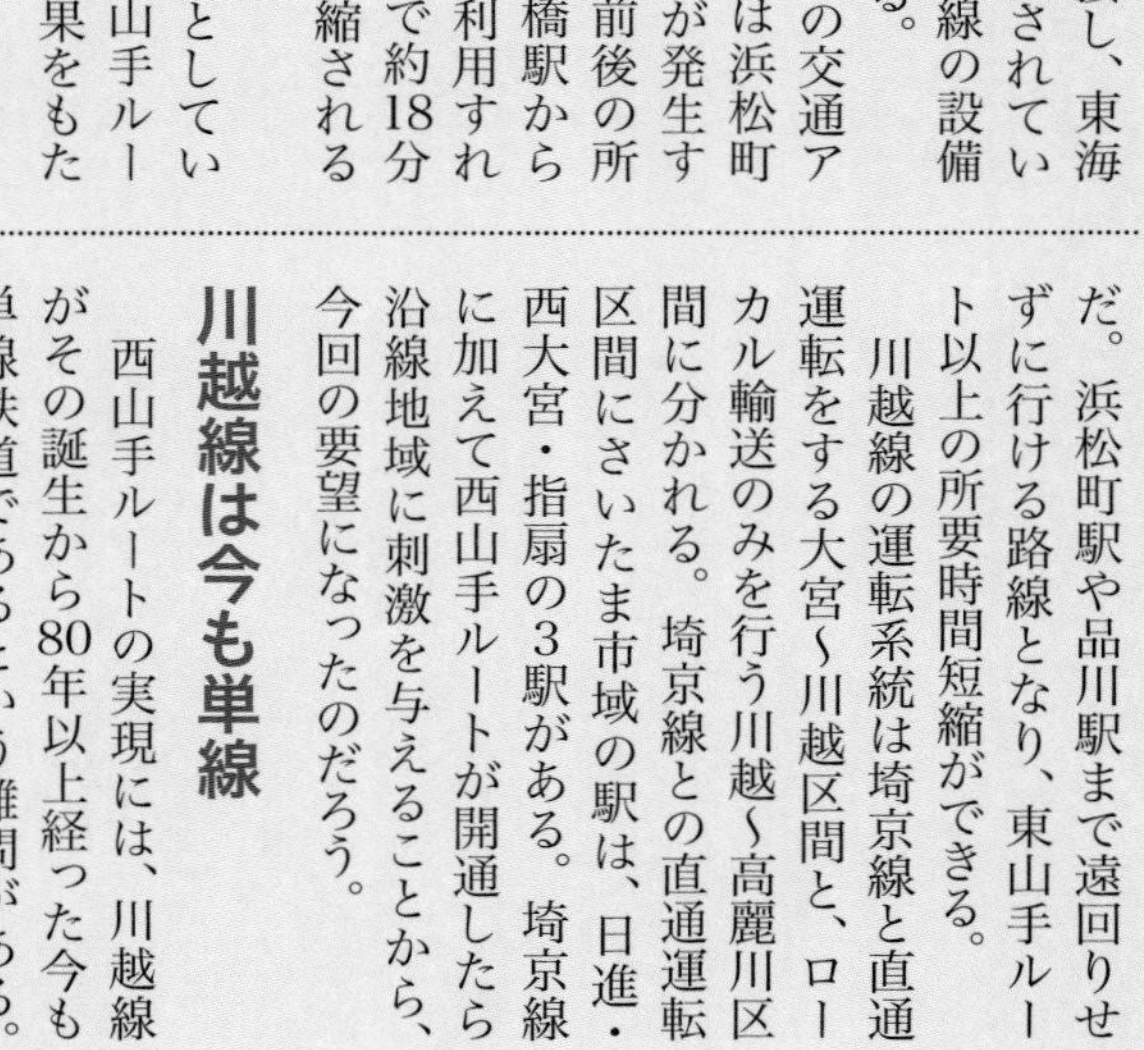

川越線の単線風景

川越線～自衛隊駐屯地～桜木町周辺（1929年）

帝国陸軍参謀本部陸地測量部発行「1/20000地形図」

大宮駅西口川越電車発着所（所蔵:さいたま市アーカイブズセンター）

を得なくなった。

その頃、大宮〜川越間には明治39年開業の川越電気鉄道をルーツとする路面電車の西武大宮線が走っていた。大正11年に市制に移行した川越は明治中期から市域を南北に流れる新河岸川の舟運で東京を市場としており、大宮方面への交通需要は路面電車で十分だった。一方、大宮はまだ大宮町の時代であり、川越〜大宮間の沿線人口は少ない。鉄道を敷設しても採算割れは目に見えていた。

国鉄はそこで、将来的な複線化を考慮しない蒸気機関車による単線鉄道として川越線を建設した。単線鉄道なら用地買収も楽である。軍の後押しもある。荒っぽく言えば、線路と駅さえつくれば完成したも同然だ。川越線は異例のスピードで建設が進められ、昭和15年に大宮〜高麗川間全線が一度に開業した。この川越線開通のあおりで、ほぼ並行して走っていた路面電車西武大宮線は利用者が激減。川越線が開通した年の12月に運休し、翌年に廃線となった。

川越線は高度成長期の昭和44年まで、いかにもローカル鉄道といった風情の蒸気機関車の単線鉄道であり、その後も電化ではなく気動車（ディーゼル機関車）だった。

川越線は昭和40年代以降、沿線人口の増加に伴い、利用客も増えた。しかし、国鉄は単線・非電化のままで、運行本数も日中は1時間に1本か2本、ラッシュ時でも3本という運行形態だった。さすがに昭和55年5月には、沿線市町が立ち上がり、「国鉄川越線複線電化促進協議会」を結成したほどだ。だが、当時の国鉄は民営化に直結した赤字地獄に陥っており、巨額の用地買収費を要する複線化はもとより電化移行にも応えられるわけもなかった。

西山手ルート早期着工は現実的

川越線全線が電化したのは昭和60年であった。その頃、大宮駅は新幹線が四六時中発着していた時代のことである。

電化の契機となったのは、埼京線の開業だった。昭和60年9月30日の埼京線開業に伴い、埼京線と川越線の大宮駅〜川越駅間との直通運転が開始された。埼京線と川越線との直通運転は、埼京線の車両基地を、川越線の南古谷駅（川越市）付近に新設したことに伴ったものだ。同時に、川越駅以西も含む全線が電化された。

平成14年（２００２）には埼京線を介して東京臨海高速鉄道りんかい線との直通運転を開始し、相鉄線直通列車として令和元年には埼京線・相鉄新横浜線を介して相模鉄道本線と相互直通運転を開始した。

一方、川越線は、都市近郊の通勤路線としての性格が強いにもかかわらず、大宮駅〜日進駅の1駅間を除くほぼ全線が依然として単線である。

電化以後の大きな路線改良は、埼京線の大宮始発電車を考慮した大宮〜日進間の複線化と西大宮駅を平成21年に開業したのみである。

川越〜大宮間は現在、新宿方面は通勤時間帯となる朝7時台は6本、日中は1時間3本が運行されている。直近のダイヤ改正前は7時台8本、日中時間帯は1時間4本だったから、減便されたことになる。しかし、大宮駅からの新宿方面行は朝5時台8本、6時台11本、7時台13本、8時台10本、9時台8本となる。日中時間帯も10分間隔で運行されている。これは大宮始発電車がいかに多いかを物語っている。同時にJR東日本は、川越線は単線で十分と見ていることを教えている。

また、現状の単線でも川越〜大宮間に増便する余裕があることを考えると、埼玉県が国に要望した西山手ルート早期着工は無理なお願いではないということになる。

西大宮駅の開業

西区役所の最寄り駅である西大宮駅は川越線において、後年に新設された唯一の駅となっている。

日進駅と指扇駅の間は4キロと長く、地元住民は昭和40年代から大宮市に新駅設置の要望を出していた。当時、地域には埼玉栄高校が開校し、生徒の多くが直線距離で１５００メートルある指扇駅から徒歩で通学しており、踏切と県道をわたって住宅地の狭い道を通るため、学校職員による立番指導が行われていた。

住宅・都市整備公団（当時）は、埼玉栄高を含む川越線北側の国道16号「西大宮バイパス」周辺地域で、平成10年（１９９８）に「大宮西部特定土地区画整理事業」を着手した。浦和市・大宮市・与野市の合併協議および政令指定都市移行計画が難航しながらも進められていた時期であり、地元は区役所設置の予定地ともなった区画整理地区付近への新駅開業を望んだ。

やがてさいたま市が誕生し、平成15年（２００３）4月1日の政令指定都市に移行、西区役所開設後新駅計画は具体化し、現在地に開設された。

川越線～自衛隊駐屯地～桜木町周辺（1955年）

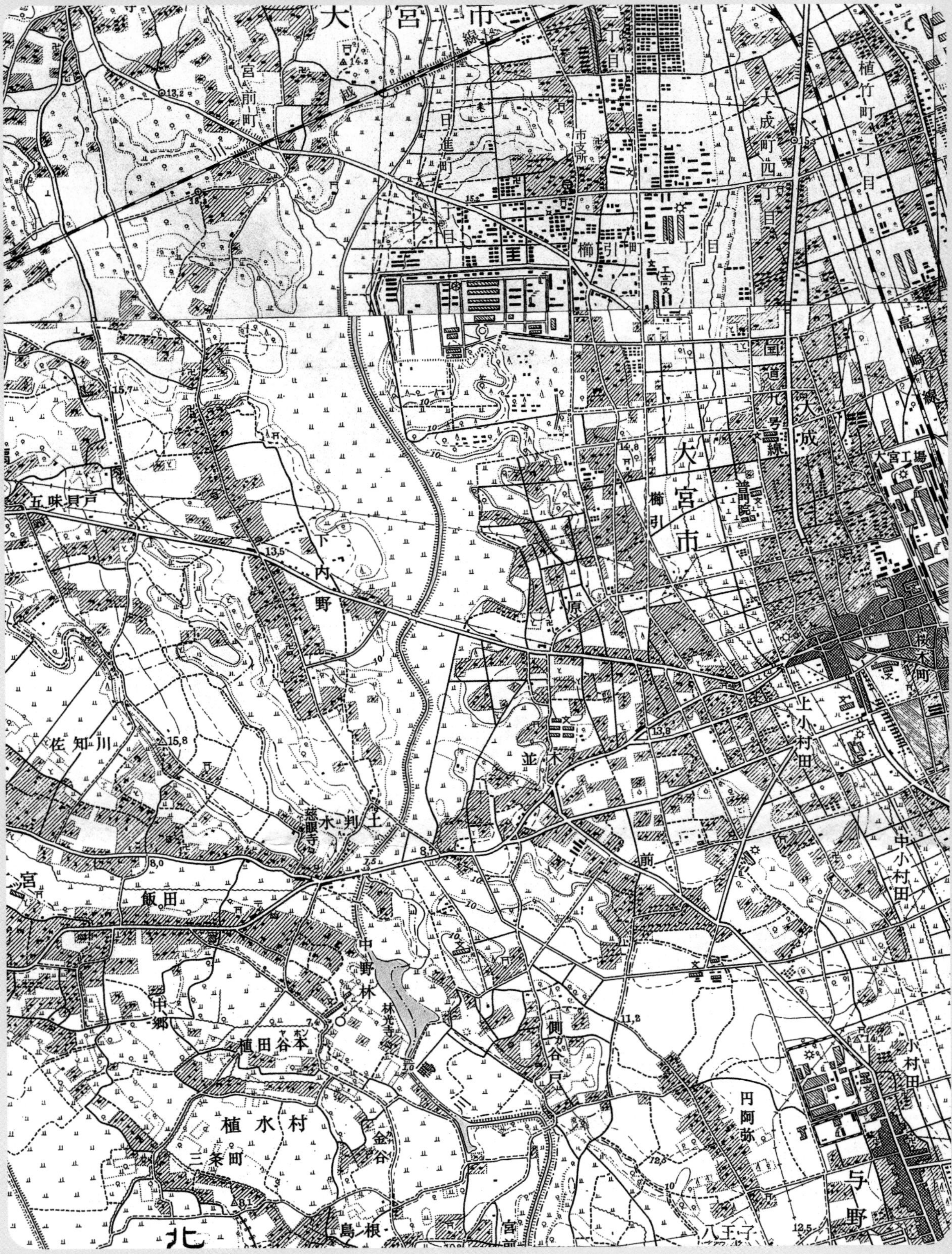

建設省地理調査所発行「1/25000地形図」

当初は平成19年度の開業を目指していたが、周辺での土地買収が遅れたため、平成21年3月14日の開業となった。

西大宮駅開業後、駅北側は区画整理の進捗により平成29年に町名地番変更が行われ、駅名と同じ「西大宮」となった。駅所在地も「指扇」から「西大宮」となった。

駅南側では平成17年からさいたま市による「指扇土地区画整理事業」が着手されており、現在も進行中である。

陸上自衛隊大宮駐屯地

川越線の南側で、国道17号に面して展開している陸上自衛隊大宮駐屯地は、戦前は陸軍の造兵廠――東京第一陸軍造兵廠大宮製造所が置かれていたところだ。

昭和8年（1933）、東京・小石川にあった東京第一陸軍造兵廠の製造部門が十条に移転。陸軍は昭和14年、この陸軍造兵廠を拡張するため光学レンズの製造、組立などを行う光学工場を大宮に移転することを決定。昭和16年4月、一部の施設が完成し操業を開始。その年の12月8日、太平洋戦争が始まり、昭和18年4月に陸軍東京造兵廠大宮製造所が完成。本格的な稼働を開始している。

陸上自衛隊大宮駐屯地の入口（所蔵:さいたま市アーカイブズセンター）

大宮製造所工場は光学レンズの製造、組立を行う第一工場、機械、レンズの製造、組立を行う第二工場、算定具、測遠器を製造する第三工場、生産に必要な工具を製造する第四工場と次々に建設された。出来上がった光学レンズの用途については、主に機関銃や狙撃銃用の光学照準器などに組み込まれた。

敗戦後は米軍キャンプが置かれていたが、昭和32年（1957）から陸上自衛隊が駐留し、現在に至っている。

国鉄の城下町だった桜木町

大宮区桜木町は大宮駅西口一帯の地域であり、一丁目から四丁目で構成され、大宮駅前が一丁目、北へ二丁目・三丁目が続き、国道17号の西が四丁目となる

かつてはのどかな場所であり桜木町という町名はなく、東の大宮町、西の三橋村、南の与野町、北の日進村の境が集中する地区であった。

明治27年（1894）、日本鉄道（現在はJR）大宮工場（現・JR東日本大宮総合車両センターなど）が大宮駅北側に隣接して開業したことから、工場正門に面する線路西側、現在の桜木町には工員や関係者、鉄道職員が暮らすようになった。

駅に近い現在の桜木町一丁目大宮工場にほど近い桜木町三丁目から鉄道博物館のある大成町にかけては職員官舎（社宅に該当）、独身寮、大宮鉄道病院（昭和55年に廃止）などの厚生施設を建設し、明治期から昭和戦前にかけて国鉄の企業城下町だったのが桜木町だ。

桜木町三丁目地区の大半は低層の住宅街であるが、マンションタイプに集約されたJR東日本の社宅や独身寮もあるのは、往時の名残だ。

昭和15年に大宮町・三橋村・日進村が合併し大宮市となった。地区の一体化が進んだことから、かつて地区にあった公園に植栽された桜の木にあやかって新町名「桜木町」となった。

なお、大成町は大成建設とは無縁で、応永33年（1426）曹洞宗の仏教寺院「普門院」（大成町二丁目）を開いた僧侶である金子大成（おおなり）からとられたものという。

1987年に開店したそごう大宮店

川越線～自衛隊駐屯地～桜木町周辺（1985年）

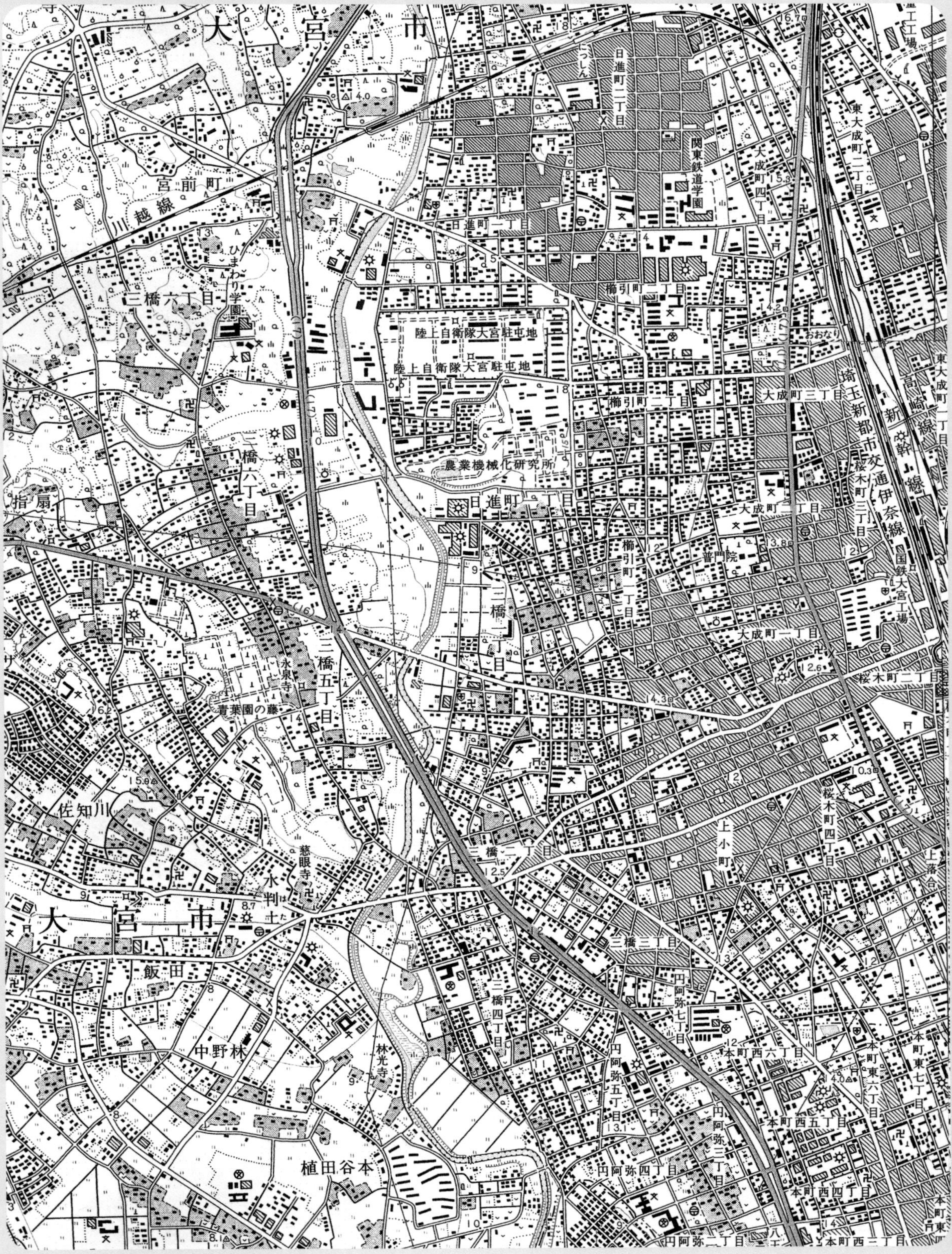

建設省国土地理院発行「1/25000地形図」

02-6

氷川神社～大宮駅～さいたま新都心

～「鉄道の街」の象徴だった大宮貨物駅～

画期的だった盆栽村の街づくり

北区の南部には、日本屈指の盆栽郷として世界的に知られている盆栽村があり、隣接地には平成22年3月、大宮盆栽美術館が開館。盆栽文化の紹介などを通して、ひろく内外に向けて情報を発信し、盆栽文化の振興を図っている。近くには、日本の近代漫画を確立した北沢楽天の作品を展示する漫画会館。豊かな自然が広がる市民の森から大宮盆栽美術館、盆栽村、漫画会館、大宮公園、氷川参道へと続く緑の回廊は、大都市では全国にも貴重な緑地エリアとなっている。

東武野田線大宮公園駅北側にあるのが盆栽村だ。今は村から町となっており、正しくは盆栽町だが、やはり「盆栽村」と表記する方が馴染む。

盆栽村が形成されたのは大正末期から昭和初期にかけてだが、戦後の激しい再開発の波に呑まれることなく100年近く経った今も残っているのは、盆栽業者たちが行政の手を借りることなく自分たちの手で今に通じる先進的な街づくりを行ったからだ。

大正12年（1923）の関東大震災で被災した東京・小石川周辺の盆栽業者たちは東京の壊滅を機に、煤煙などで汚染された都心を離れて、盆栽栽培に適した広く、清涼な水・空気のある土地に移ることにした。目をつけたのが関東ローム層の良質な赤土に恵まれた、草深い武蔵野の山林地帯であった北足立郡大宮町・大砂土村の町村境付近の「源太郎山」と通称されていた現在地だった。土地一帯を購入して、当時としては画期的な街づくりをはじめた。

近い将来、自動車が普及することを考えて、当時の住宅地としては過剰に広い区画道路を碁盤の目に整備した。道の両側には桜、紅葉、楓、欅などの木々が植えられた。また業者と愛好家のための街づくりを趣旨として、移住者に対して、平屋に限る、生垣にする、門戸は開け放つなどの条件をつけた。また、盆栽10鉢以上保有をたてまえとした。何もない場所に民間人が一から街を作り上げた点で、非常に珍しい存在であった。

田園調布を誕生させた渋沢栄一の田園都市構想に通じるものがある。

大正末期、東京から初めの数軒が移り住んで盆栽育成に努力すると、地元の業者や愛好者も刺激されて移り住むようになり、昭和3年（1928）には盆栽村組合が結成され、当初の約束事を以下のような住民協約とした。

・ここに居住する人は、盆栽を10鉢以上をもつこと
・門戸を開放し、いつでも、誰でも見られるようにしておくこと
・他人を見下ろし、日陰を作るような二階家は作らないこと
・ブロック塀を作らず、家の囲いはすべて生け垣にすること

昭和4年、東武野田線の前身となる総武鉄道開業で大宮公園駅至近となり、開村後20年足らずで盆栽村と周辺あわせて30軒もの盆栽園が開かれるに至った。

昭和16年12月8日、太平洋戦争が始まると、戦時統制の下、盆栽は贅沢品とされて軍や周辺町村から嫌われて圧力がかかり、また村内の若い業者や愛好家の兵役・徴集によって廃業が相次いだ。時代の逆風に耐えながら、住民は細々と盆栽園の営業を続け、終戦を迎えた。

戦後も、沿道の樹木が燃料として伐採されるなど冷遇されたが、GHQの爆撃調査団が大宮を訪れた際に村に立ち寄り、盆栽の芸術性を高く評価してアメリカに紹介すると、海外から注目されて外国人が訪れるようになった。

昭和32年（1957）、大宮市はそれまで大宮・土手宿・土呂・西本郷にまたがっていた盆栽村一帯をこれらの地域から分離して、全国的にも例がない「盆栽町」とし、正式な行政町名とした。

戦後復興とともに盆栽愛好家が再び増加し、経済成長によって観光客の来訪も増え、活気を取り戻した。また国際行事の際には日本文化・日本芸術としての盆栽を展示または寄贈する習慣もできあがり、盆栽は世界的知名度を得るに至った。

平成20年には「大宮の盆栽」がさいたま市の伝統産業に指定された。

氷川神社〜大宮駅〜さいたま新都心周辺（1929年）

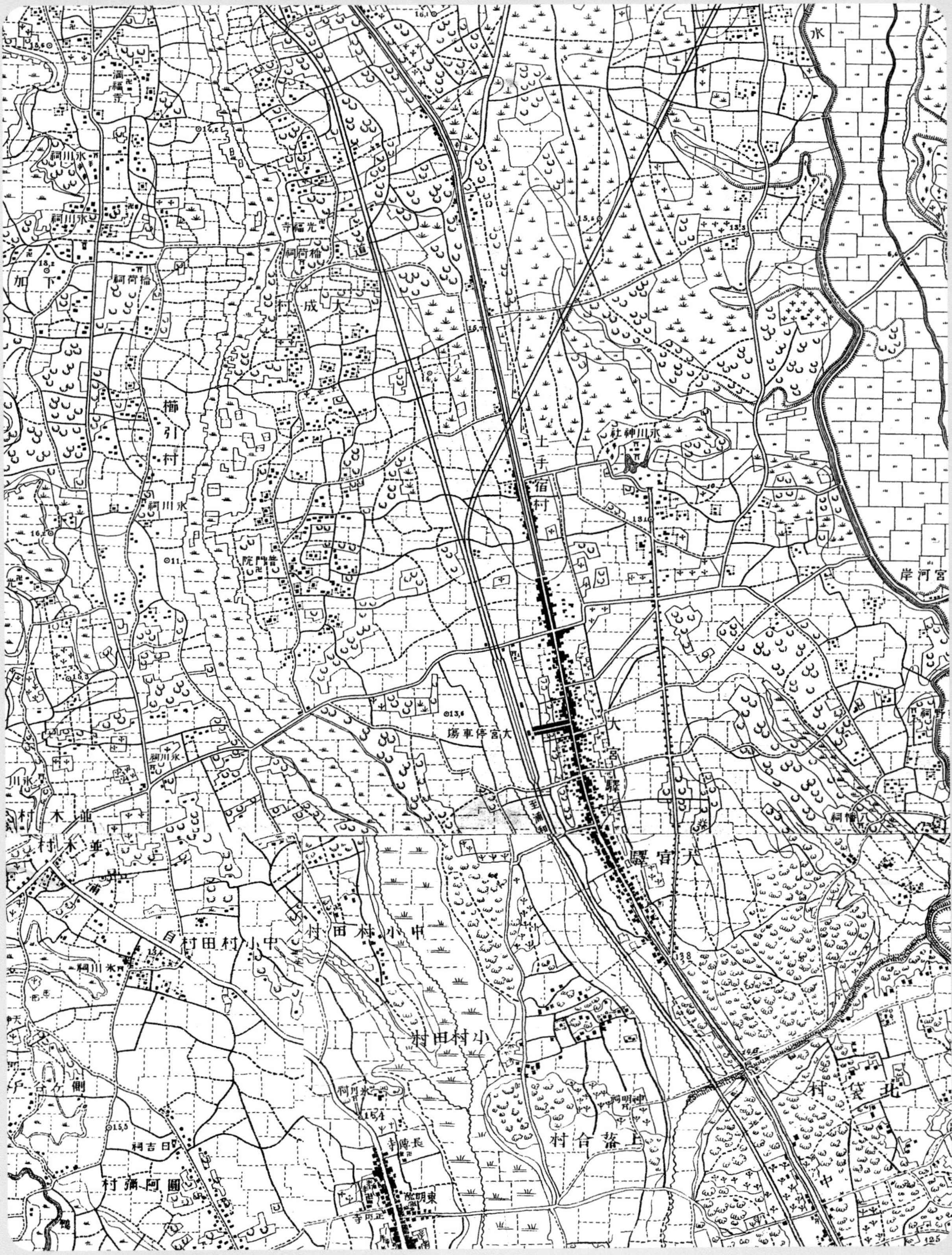

帝国陸軍参謀本部陸地測量部発行「1/20000地形図」

しかし、盆栽町は地価高騰や相続税問題などが原因で廃業する盆栽園が続出し、最盛期には35軒ほどあった盆栽園も現在は数軒を数えるのみとなった。

　大宮公園駅の北側一帯が盆栽村であるが、南側にしか改札がないので、駅西側の踏切を渡る。

大宮公園の変遷

　大宮は、江戸時代に中山道の宿場町として発展したが、それ以前に町は出来ていた。武蔵国一之宮の氷川神社の門前町だ。

　第五代天皇である孝昭天皇時代の創建と伝わる氷川神社の門前町がいつの頃から形成されたかは不明だが、門前町は近隣の百姓家が寺社に代

氷川神社

わって、参道沿いに参拝客の足を休める茶屋を出すことから始まる。茶屋はやがて湯茶や団子、餅、干し菓子そして酒肴などの軽食を提供。その後同じような商売店が数を増やしていくのが、門前町の成り立ちだ。勿論、寺社側は境内でのことだから、いくばくかの利用料をいただく。

　氷川神社の参道はおよそ2キロにわたるほど長い。大宮宿が出来てからは氷川神社の門前町は賑わいを増す一方であったろうし、明治時代に入って大宮公園ができ、やがて大宮駅が開設されると、大宮は上野から1時間で行ける東京近郊の行楽地となった。

　大宮公園駅南側に広がる大宮公園は大宮区及び見沼区にまたがる広さ

大宮公園のボート池

を有する。その昔、かつて大宮公園にあたる敷地は見沼の入江があり、湿地帯が広がっていた。その名残がボート池や白鳥池に残る。

　維新成って、江戸時代に認められていた寺院と神社の領地(寺社領)が明治4年(1871)と明治8年の2回の上知令により没収された。この背景には廃藩置県に伴い、寺社領を与える主体であった領主権力が消滅したために寺社領の法的根拠も失われたこと、また、旧大名の所領(藩有地)を国有地としたこととの均衡上、寺社領も国有地化してしかるべき状態になったこと、さらに地租改正によって全ての土地に地租を賦課する原則を打ち立てるため、寺社領を含めた全ての土地に対する免税特権を破棄することを目的としていた。

　明治政府は、第1回目の上知令布告の2年後の明治6年1月15日、太政官布告第16号で、各府県に対して寺社の境内地等名所・旧跡地に公園をつくるため、その候補地を選定する旨を公告した。往時の社寺境内では、江戸時代から見世物小屋や射的、茶屋などが出店して賑わいをみせていた。

　この布告によって開設されたのが、東京でいえば上野公園、浅草公園、芝公園等であり、埼玉県では浦和公園偕楽園が明治7年に開園している。

　氷川神社の接収地にできた大宮公園は、民間からの歎願に依っている。明治17年3月、大宮宿及び周辺10ヶ村の代表ら43名は県令吉田清英に対して「公園及ビ維持方法ノ儀ニ付願上ゲ奉リ候」という嘆願書を提出した。氷川神社が上知された官有地に「人民の散歩、運動、健康保全のため人民偕楽園の地とされたいこと、維持費としては有志の者が金千円を拠出、銀行に預金し利息をそれに当てまた花，樹木等寄付を募る」云々。地元有志の歎願が実って、大宮公園は明治18年9月に開園となった。

　しかし、大宮公園の3分の2強の区画は旅館料亭・茶店・園芸業者等に貸し付けられ、萬松楼・八重垣・石州楼・三橋亭の四軒の料理店兼旅館が公園同盟料理組合を設けていた。このうち萬松楼は正岡子規が連泊している。

　明治24年(1891)秋、東京帝国大学国文科の学生であった正岡子規は、萬松楼に10日ほど滞在した。松林に囲まれた静かで涼しい大宮公園の環境を気に入った正岡は、四国の松山にいた親友・夏目漱石を呼び寄せた。滞在中は、松林を散策したり句作を行なったりしたという。正岡子規著の『墨汁一滴』には、試験の勉強は少しもできなかったが、頭の保養に非常によかったとの記述がある。漱石はのちに大宮滞在の様子を雑誌『ホトトギス』の子規追悼集で回想している。

　大宮公園が現在のようになったのは、明治神宮外苑や隅田公園などを

氷川神社～大宮駅～さいたま新都心周辺（1955年）

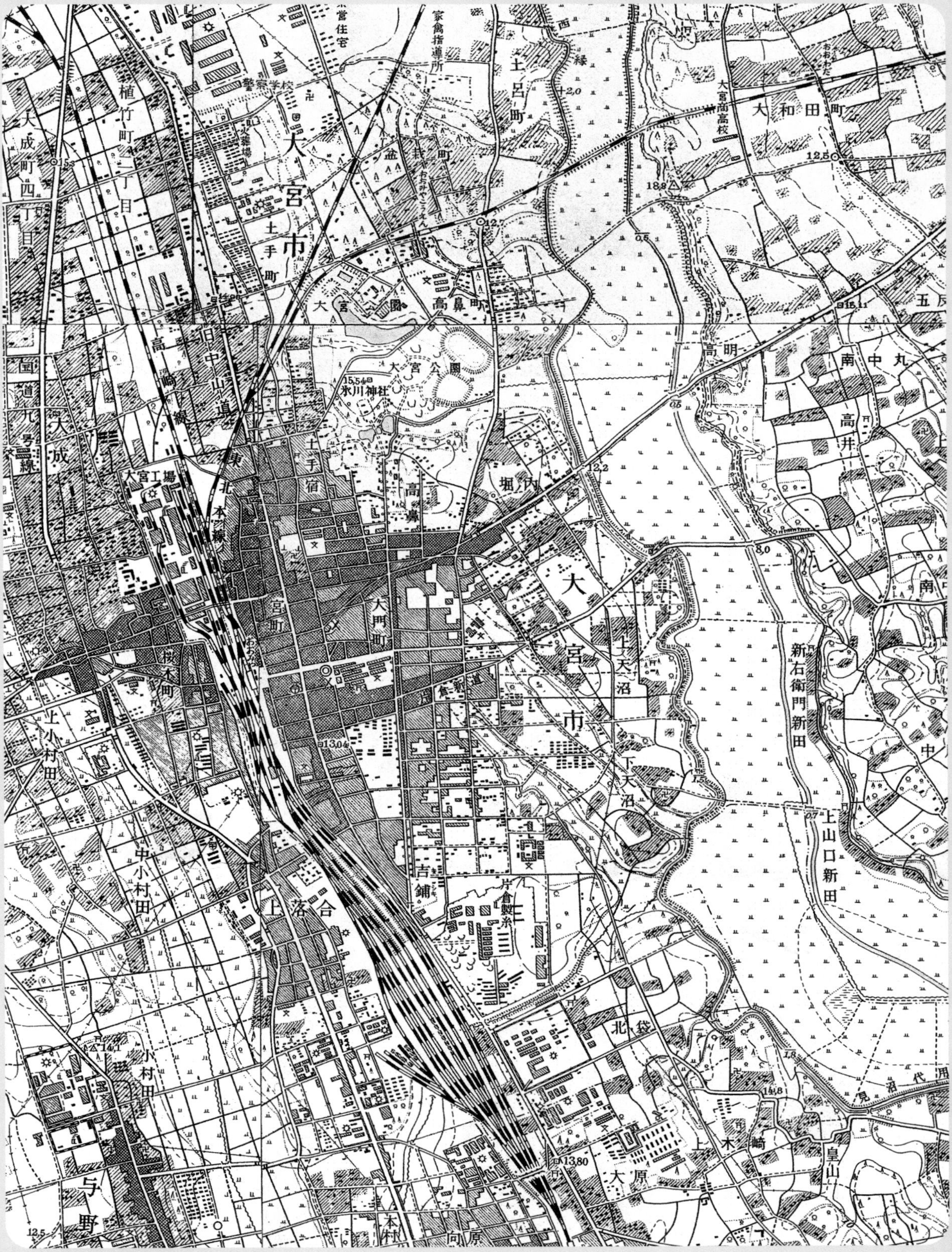

建設省地理調査所発行「1/25000地形図」

手掛け「都市公園の父」と称される東京帝国大学林学博士本多静六が大正10年（1921）、埼玉県に提出した「氷川公園改良計画」による。

「現在の公園地は主要部の大半を数件の料理店が独占し、公衆の使用を妨げている」としたのだ。埼玉県は本多静六の改良計画に沿って、公園内で営業をしている料亭等の立退き移転費なども予算化。園内料亭の移転も促進されるようになった。

やがて計画に沿って大規模な公園整備・拡張が進められ、桜の植樹と埼玉県営大宮公園野球場などが整備された。昭和37年に都市計画公園として決定され、昭和55年に「第二公園」が大宮公園東側の見沼に、平成13年（2001）は「第三公園」が第二公園南側の見沼に開設されて、現在に至る。

大宮貨物駅から大宮操車場へ

大宮駅は市内最大のターミナル駅であり、乗り入れ路線数16路線は東京駅に次いで全国第2位。埼玉県内はおろか東京圏でも有数の賑わいを見せる。

掲載した地図には、その大宮駅の南側に「大宮貨物駅」が記されている。しかし、平成初頭には国鉄的にはすでに「大宮操車場」だった。

大宮貨物駅は鉄道貨物が黄金時代を迎えていた昭和2年（1927）に大宮駅の付属設備として開設された大規模施設だった。蒸気機関車に牽引されて長編成の貨物列車が入れ替わり発ち代わりしていく光景は「鉄道の街・大宮」を象徴するようになった。

1927年に開設された大宮操車場

戦後、車社会が到来した昭和36年（1961）に大宮駅の客貨分離が行われ、貨物取扱業務と操車場業務を担う貨物駅として大宮操駅が設置された。3面6線の貨物ホームを有し、陸上輸送が鉄道からトラックに傾斜していく時代とあってもコンテナ貨物も取り扱う大規模な駅であった。その機能から大宮貨物駅とも呼ばれ、駅舎の看板もそのように書かれていた。大宮市における鉄道貨物輸送の拠点であった。

その後、鉄道貨物輸送が衰退したため、昭和49年（1974）10月1日、チッキ取扱が開始された。「チッキ」とは、旅客列車に併結しての輸送（旅客局扱）を指す。旅客が鉄道に託送手荷物を預けるときには、手荷物符票（チッキ）が発行されることから、その通称が付いた。

昭和53年10月には小荷物取扱も終了。昭和59年2月1日ダイヤ改正により当駅の操車場機能とコンテナ貨物の取扱が廃止。そして昭和61年11月、車扱貨物の取扱を終了。貨物駅機能を廃止したことから、大宮貨物駅は大宮操車場となった。国鉄的には降格扱いであり、敷地も大幅に縮小された。

縮小により生じた広大な土地は、さいたま市成立を睨んで平成初頭から「さいたま新都心」として整備された。その一時期、大宮操車場は新都心建設に伴う残土輸送の発送駅として、臨時駅扱いで再開業したのが、最後の御勤めとなった。

大宮駅は、日本鉄道高崎線開業時には素通りされたが、東北本線との分岐点として大宮駅が開業。大宮のその後にとっては、分岐駅となったことが大きかった。大宮貨物駅が設けられたのも重要幹線の分岐駅であったためであり、駅北側には日本鉄道大宮工場（現・JR東日本大宮総合車両センター）や大宮鉄道病院、そして南側には大宮貨物駅などが立地。駅開業では浦和駅に後れを取った大宮だが、一転「鉄道の街」として労働者が集中し、居住人口が増加。住む人が増加すれば、その消費活動に応える商業も発達する。商業が発展すれば、街の経済規模も拡大。その後の繁華につながり、さいたま市成立の際には「経済の中心地」と位置付けられることになった。

大宮総合車両センターでのイベント風景

氷川神社～大宮駅～さいたま新都心周辺（1985年）

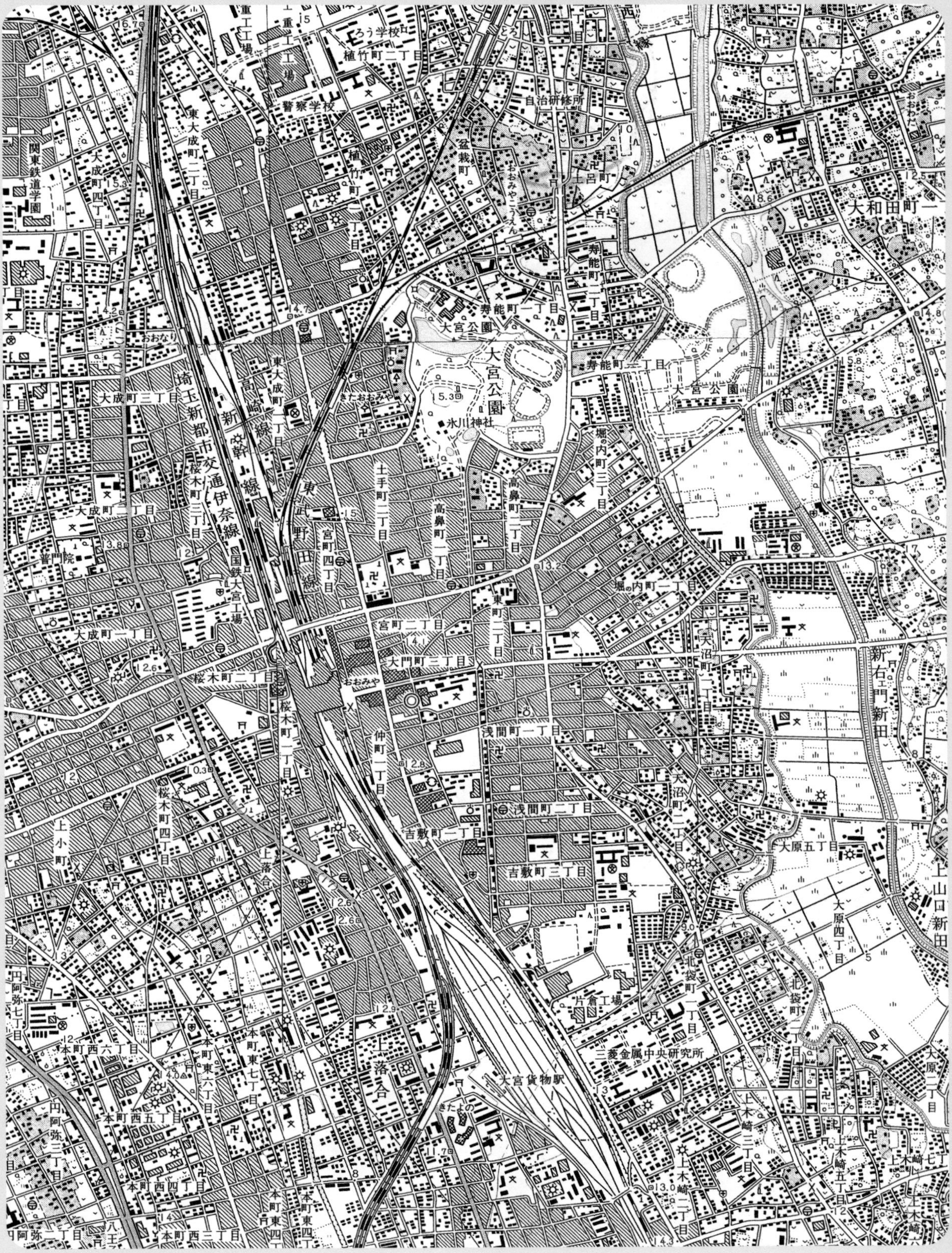

建設省国土地理院発行「1/25000地形図」

02-7

芝川中流域周辺

～享保の改革と見沼干拓～

見沼が1728年（享保13年）に干拓されて見沼田圃になると、排水路として見沼田圃の最も低いところが開削されて、現在の芝川の河道がつくられた

見沼区の大字として残る干拓新田

掲載した地図は流域に見沼田んぼが広がる芝川中流域のエリアである。見沼区、浦和区、緑区が接している芝川中流域には、山口橋、新大道橋、北宿橋、新宿橋、宮後橋、見沼大橋などいくつもの橋が架かっているが、地元の写真愛好家によると、それらの橋から見沼田んぼの朝靄、夕焼けなどは撮影心をくすぐるそうだ。

芝川は、荒川水系の左岸流域に位置し、埼玉県桶川市周辺の大宮台地を水源とし、上尾市、さいたま市、川口市、鳩ヶ谷市、東京都足立区などの市街地を流下し芝川水門を経て荒川に合流する流路延長26キロの一級河川である。

流域の中流部には見沼代用水東縁及び西縁に囲まれた見沼田んぼなど東京圏では大規模な自然が残る地域となっている。

芝川の歴史は、八代将軍吉宗治世の享保の改革から始まる。

その昔、芝川流域は見沼等の沼沢地の境もあいまいだった。見沼から流れ出た複数の小川は、低地で合流して一筋の流れとなり、遅くとも江戸時代前期にはその流れを芝川と呼んでいたと考えられているそうだ。

三代家光治世の寛永年間、関東郡代の伊奈忠治によって溜井（溜め池）に改修されていた見沼が、吉宗の時代に干拓されて見沼田んぼになると、排水路として見沼田んぼの最も低いところが開削されて、農業排水路として現在の芝川の河道がつくられたという。

見沼干拓と並行して、芝川と見沼代用水及び閘門式運河見沼通船堀が作られ、見沼沿岸の村々と江戸が内陸水運により結ばれた。舟運は昭和戦後まもないころまで続いていた。

見沼田んぼには、享保の改革で干拓された往時の新田が見沼区の大字として残されているのもある。新右衛門新田、山口新田、西山村新田、西山新田だ。

大宮区に接して見沼区西端部の新右衛門新田は、大宮宿の内倉新右衛門が開発し、新田となったことからこの地名が残っている。その南側の上山口新田は、鯉屋鯉屋山口藤左衛門に因んでいる。吉宗は新田開発に商人資本を積極的に導入したが、鯉屋もその一人で江戸・日本橋小田原町の魚問屋だったと思われる。

芝川の北側で緑区と接している西山新田は干拓者の名ではなく、地名の西山村からついた。もともとは西山新田の北で飛地のようになってい

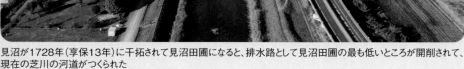

荒川中流域周辺（1929年）

帝国陸軍参謀本部陸地測量部発行「1/25000地形図」

見沼田んぼでの稲作は江戸時代中期に始められている。現在では水田が減少しているものの、加田屋・見山・上山口新田などでは広大な水田が広がっている

る西山村新田から分離したものという。西山村新田は後年、耕地整理された際の面積によって、現在のような狭い区域になったらしい。

　享保の改革で開発された新田は、町人資本で開かれたものでも幕府領となっている。

吉宗の増税政策

　「享保の改革」は、破綻に瀕していた幕府財政立て直しに吉宗が採った財政再建であり、そのために吉宗はまず増税策を採っている。

　徳川家康は「年貢は百姓を生かさぬよう、殺さぬよう、ぎりぎり一杯まで取るのが理想である」と言ったと伝えられるが、年貢率で言えば収穫高の七割を取り立てた。つまり七公三民の税率を課して、城下町建設、道路建設、治水工事といった首都・江戸の街のインフラ整備に着手している。

　天下普請と謳われた江戸城の規模が定まったのは三代家光時代の寛永年間で、家康江戸入府の天正18年（1590）から浅草橋御門、筋違橋御門、小石川御門、牛込御門、市ヶ谷御門、四谷御門などなどの外郭門が完成するまで50年近い年月を必要としたほど、その規模は壮大で、範囲も現在の千代田区のほぼ全域と中央区の一部を含む広大なものとなっている。

　家康が定めた七公三民という過酷な年貢率は、四代家綱治世の寛文年間から低下し始める。50年を要した江戸城もあらかた完成し、都市のインフラ投資がほぼ終わったからだ。

　下がり始めた年貢率は、新井白石が実権を握った六代家綱治世の宝永・正徳年間には三公七民に逆転した。七公三民の年貢率が三公七民になったということは、江戸時代初頭には年貢を納めた後は何も残っていなかった農民の手元に、年貢を納めたあとになお「四」という可処分所得が残るようになったため、流通経済も活性化、庶民の生活は著しく豊かになったのである。

　四代家綱治世の半ばから五代綱吉の元禄時代にかけて起こった庶民生活の向上、すなわち元禄の繁栄は税率の低減からおこったのだ。

　元禄の繁栄のもとで財政難に悩んだのが武家階級だ。諸大名・旗本はもちろんのこと、一番豊かであった徳川将軍家も、元禄時代には財政の維持に苦しむようになっている。

　吉宗が八代将軍になった頃には、幕臣である旗本への禄米支給も滞りがちになる始末で、吉宗の政治課題はなんとしてでも幕府財政の再建だった。

　吉宗はまず、年貢を思い切って上げる増税策を打ち出す。吉宗は将軍に就いてすぐの享保3年（1718）、租税法をそれまでの検見法に代わって、定免法を定めている。この定免法が、年貢増徴策だった。

　検見法は幕府草創期に行われた検地によって定められた田圃の等級、

荒川中流域周辺（1955年）

建設省地理調査所発行「1/25000地形図」

一反当りの収穫量を基準とし、凶作の年には減免措置も取られた。一方、吉宗が始めた定免法は過去数年間の平均収量を基準にして一定期間の貢租を豊凶にかかわらず定額にした。

　検見法は、農民にとって旨味があった。検地が行われてから100年以上も経過している。その間、田圃面積も広がった場合もある。生産性の向上もあった。しかし、幕府は家康時代の基準で貢租していたから、綱吉以降の減税政策と相俟って農民にもゆとりが生まれていた。

　そこに、定免法だ。新たな租税方法で、実際の年貢率は五公五民～六公四民近くの増税となった。

　豊作・凶作に関わらずの増税の反動は、その後の吉宗時代に現れている。

　江戸時代には3000件ほどの農民一揆があったが、それは各年に平均しているのではなく、集中して起きている時期がある。その最初の一揆の季節が吉宗治世の享保年間であり、以下、天変地異が相次いだ天明期、水野忠邦が幕政改革に取り組んだ天保期、そして幕末期となっている。

新田開発で年貢対象を拡大

　吉宗は増税に加えて、新たに耕地を開発して年貢課税対象を広げる新田開発にも傾注したが、推進するために過激な手段を取り入れた。

　幕府は江戸時代初期の大規模新田開発の時代が終わると、本田畑中心主義に移行し、町人請負新田を原則として禁止した。今風に言えば民間資本導入による開発を廃し、すでに開発済みの田圃の生産性向上を促していた。

　吉宗はしかし、こうした従来の方針を撤回し、さらに新田開発町人の受け取る小作料を投下資本の1割5分まで正当と認めた上に、農民の身代限り(破産)に追い込んでも取り立てを保証した。吉宗の時代に一揆が頻発した背景には、こうした新田開発も一因となっている。

　吉宗は幕府の財政立て直しに従来の検見法に代えての定免法による年貢増徴策を取り、町人資本を導入しての新田開発推進策を取ったが、これらは一朝一夕に効果が表れるものではない。

　吉宗は倹約令を発し、徹底した緊縮財政を採ったが、幕府財政はいよいよ窮地に陥り、幕臣旗本の禄米遅配というところまで追い込まれた。吉宗は享保7年(1722)、ついに「上げ米令」を実施するに至った。震電改はによる財政再建策が実効を挙げるまでの臨時措置として、諸大名の参勤交代による在府期間を半年間短縮する代わりに、高一万石につき一〇〇石を幕府に献米するというものだ。

　『徳川実紀』によれば、吉宗自らが殿中大広間まで出座し、登城した在府の大名全員の前で幕府財政の窮状

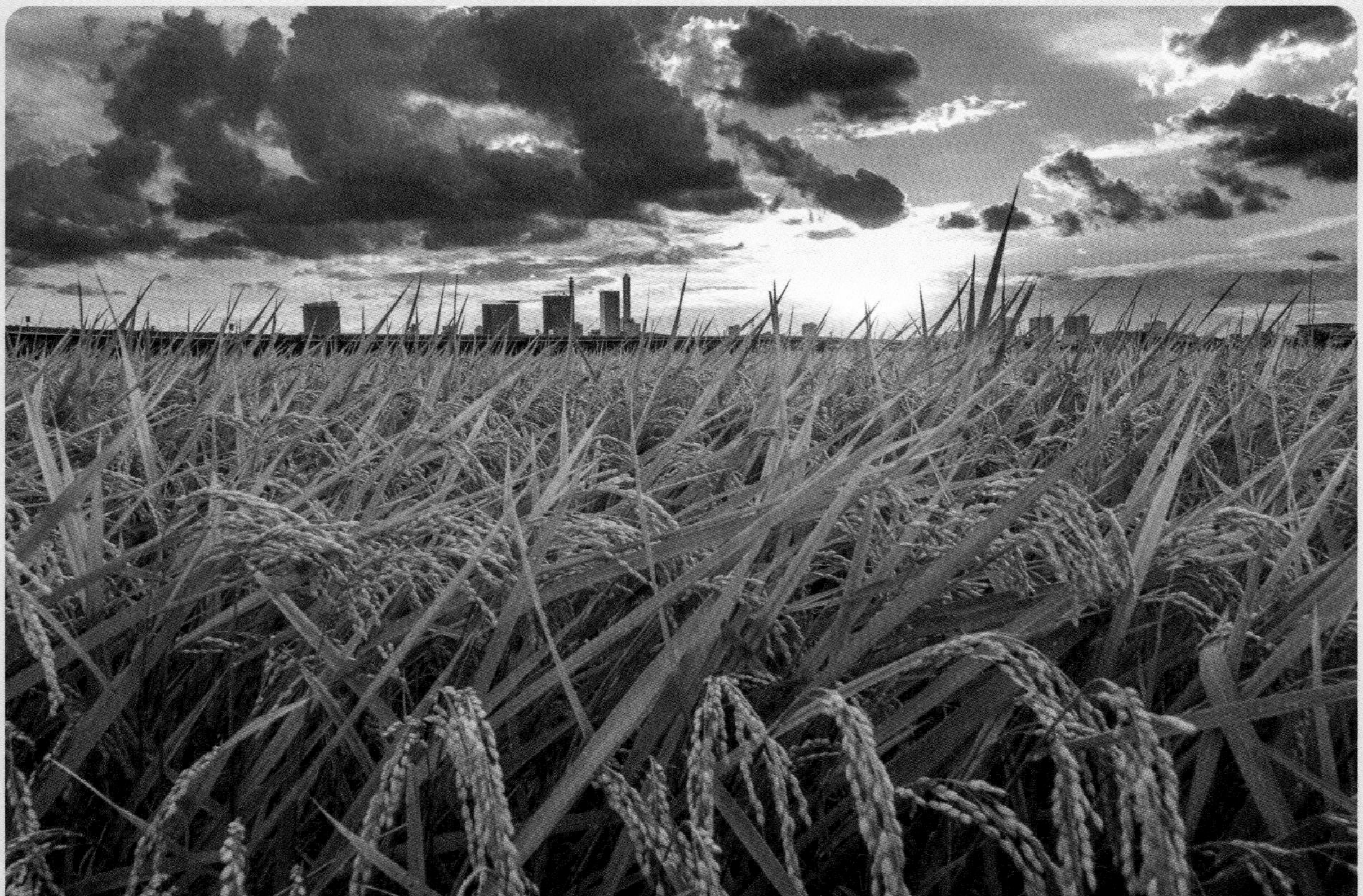

荒川中流域周辺（1985年）

建設省国土地理院発行「1/25000地形図」

崇神天皇の時代に出雲大社から勧請して創建されたと伝える氷川女体神社

氷川女体神社巫女人形（願い事が叶った後願主が手作りの着物を作って着せ氷川女体神社に奉納する風習）

と立て直しの対策を説明し、「御恥辱をかえりみられず」頼み込んだとある。

増税及び新田開発の効果は、遅くはあったが徐々に出始めた。享保7年に諸大名に頼み込んだ「上げ米」は享保15年には停止するに至っている。

以降の吉宗時代は大幅な黒字財政に転換している。しかし、その背景には幕府直轄の天領では、増税に耐えかねた農民による激しい一揆が頻発していたことになる。

氷川女体神社と見沼周辺氷川三社

芝川の南側、緑区宮本二丁目に鎮座する氷川女体神社。享保の改革による見沼干拓で芝川が流れ始めたことから、その立地状況がぼやけてしまったが、氷川女体神社は見沼地区の最南端に位置していた。

女体神社とは何とも艶めかしい名だが、紀元前の崇神天皇の時代に出雲大社から勧請して創建されたと伝える。祭神が須佐之男命(すさのおのみこと)の妻とされる奇稲田姫命(くしなだひめ)で、須佐之男命を祭神とする大宮氷川神社を「男体社」とし、それに対照して「女体社」としたものらしい。

そもそも、大宮氷川神社と氷川女体神社及び見沼区中川に鎮座する中山神社の位置関係は南北方面に直線で結ばれていることから、3社が一体となって武蔵一宮を形成していたという説もある。

太陽は夏至に西北西の氷川神社に沈み、冬至には東南東の氷川女体神社から昇るという、稲作で重要な暦を正確に把握するための意図的な配置となっているともいう。

中山神社は、徳川家康から社領十五石の御朱印を賜った格式のある神社

氷川女体神社と同じ崇神天皇時代と伝えられ、祭神は大己貴命(おおくにのぬしのみこと)。『古事記』や『日本書紀』では須佐之男命と奇稲田姫命の孫にあたると語られている神様である。

中山神社は、別称として中氷川神社とも呼ばれていた。「中氷川」の由来は、氷川神社と氷川女体神社の中間に位置することから付けられたという。

明治40年(1907)周辺の神社を神社合祀し、鎮座地の中川の「中」と、享保年間の新田開発以来、氏子付き合いを深めてきた上山口新田の「山」を合わせて、中氷川神社から中山神社へ改称した。

律令時代に仏教が伝来してから創建され始めた寺院と違い、神道を伝える神社は、古社となると創建年代も伝承の世界となる。大宮氷川神社、中山神社、氷川女体神社の見沼氷川3社はその好例のようである。

緑区の交通環境

——明治22年、町村制の施行で谷田、尾間木、三室、野田、大門の5つの村ができた。浦和越谷間乗合馬車、武州鉄道ができたり、乗合自動車が通ったりした。この地は、次々と浦和町、浦和市に合併、大浦和の一翼を担っていた。

武蔵野線の開業、区画整理、大牧三室線、国道463号線の整備など都市の姿が整い、また公園、福祉、文化、スポーツ、環境の施設も次々に整備され風格ある都市となってきた。(中略)東北自動車浦和インターがあり、東北の玄関となっている。地下鉄埼玉高速鉄道線が引かれ、その先に埼玉スタジアム2002がある。

今、緑豊かな落ち着いた住宅地となっているが、江戸時代から続いている植木、苗木、花卉産業も盛んである——。

緑区のHPに掲載されている「緑区の歴史、沿革」の一部を抜粋して要約引用したものである。

緑区内には、埼玉高速鉄道線浦和美園駅、JR武蔵野線東浦和駅があるが、それぞれが東端、西端に位置しており、緑区内の大部分は、鉄道交通に恵まれていない。必然的に自動車交通が主役となる。

掲載した地図下方に、東西に走る道路が記されているが、国道463号線である。この道筋は埼玉県主要地方道1号浦和越谷線・16号浦和所沢線・7号入間所沢線だったもので、国道463号に指定されたのは平成5年(1993)のことだ。その年の5月には、一般県道柳崎大宮線が川口大宮線として主要地方道に指定され、翌年に主要県道1号川口大宮線と改称された。現在は国道463号のバイパスも整備されている。

緑区大字中尾に立地する緑区役所は、国道463号、県道1号が交差する南側に位置する。区役所へは浦和駅あるいは東浦和駅からバスを利用することになる。

02-8

見沼代用水東縁~浦和美園~東浦和

~日本三大農業水と称される見沼代用水~

見沼干拓と井沢弥惣兵衛

緑区の周辺では、綾瀬川や芝川、加田屋川といった中小の河川に沿って谷底平野が形成され、これによって大宮台地(北足立台地)が複数の支台に区切られている。このうち緑区の西半は、浦和大宮支台の東端部に位置する。その東側の区中央部には芝川が流れ芝川低地(見沼)を形成しており、さらにその東側は鳩ヶ谷支台となっている。区の北東境には綾瀬川が流れており、岩槻区との境界をなしている。

中央部に広がる見沼田んぼを中心に緑地が広がり、芝川や綾瀬川、見沼代用水、天久保用水などが流れ、綾瀬川は区の東限に当たる。

掲載した地図には、綾瀬川の西側に見沼代用水東縁が流れている。

見沼代用水は名前の通り、灌漑用溜池であった見沼溜井の代替用水路であった。現在の埼玉県行田市付近の利根川から取水され、東縁代用水路は東京都足立区、西縁見沼代用水路は埼玉県川口市に至る。

埼玉~東京にまたがる葛西用水路、愛知県の明治用水とならび、日本三大農業用水と称されている。疏水百選にも選定され、灌漑施設遺産に登録されている。

見沼溜井の干拓で新田を拓き、そのための代用水路を開削したのは、享保の改革の一環として新田開発を進めていた八代吉宗の命を受けた井沢弥惣兵衛である。

井沢弥惣兵衛は、吉宗が紀州藩主時代からの家臣で、紀州藩で勘定方を務めており、吉宗の命を受けて紀の川流域の新田開発を行っている。吉宗は将軍襲職後、幕府財政の一環として手掛けた享保の改革で井沢弥惣兵衛に命じたのが見沼の干拓だった。

江戸時代初期、関東郡代伊奈忠次が手掛けた見沼溜井の八丁堤を切り開いて見沼溜井を干拓して新田(見沼田んぼ)とし、それにかわる水源として利根川から見沼代用水(現さいたま市域は見沼代用水東縁と見沼代用水西縁に分流)を開削させた。

見沼通船堀(国の史跡)

見沼代用水は、今の行田市で利根川から取水し、八丁堤まで60キロに及ぶ長い水路だが、井沢弥惣兵衛は、この長い見沼代用水を引く工事を、わずか5ヶ月で完成させている。

井沢弥惣兵衛がわざわざ60キロも離れた利根川から水を引いたのは、その水量が多いことから田に水が必要な時期の取水に心配がないことだったが、工事を短期間で終わらせるための工夫がある。その一つは、見沼代用水の水を星川に合流させて、その川を水路の一部として使ったことだ。これにより工事を早く進めることができた。また、他の大きな川と合流するところでは、元荒川の下を潜る「伏せ越し」や綾瀬川の上に樋を渡して流す「架け樋」を設けている。見沼田んぼに水が入りやすくするため、見沼代用水を東縁と西縁の2つの用水に分けて台地の縁を流したのも土木官僚としての井沢弥惣兵衛の知恵である。そして、見沼田んぼの中央を流れる芝川を排水路として使い、田んぼの排水を流した。

見沼代用水東縁～浦和美園～東浦和周辺（1929年）

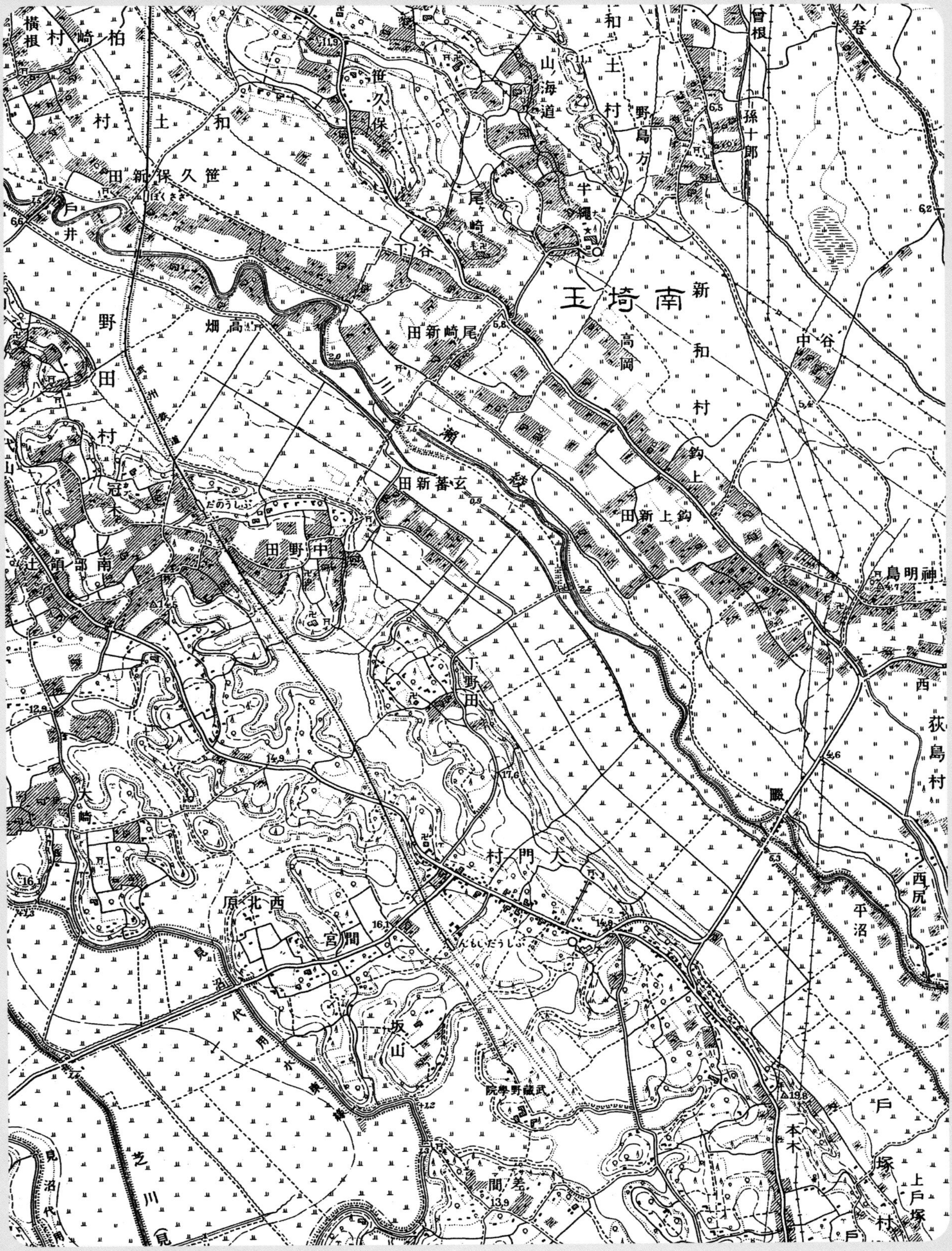

帝国陸軍参謀本部陸地測量部発行「1/25000地形図」

井沢弥惣兵衛はまた、享保16年（1731）には、もとの八丁堤があった付近に見沼通船堀を開削。見沼代用水東縁・見沼代用水西縁と芝川をつなぐ内陸水運路とした。

井沢弥惣兵衛は見沼干拓、見沼代用水開削事業の他にも鴻沼の干拓、多摩川改修、下総国の手賀沼の新田開発、小合溜井（埼玉県三郷市～東京・葛飾区）、木曽三川の改修計画に携わっている。幕臣旗本としても享保16年（1731）に勘定吟味役、享保20年に美濃郡代に就任している。

日光東照宮の仕掛け人

緑区の大門地区は、日光御成街道の宿場である大門宿があったところだ。

江戸時代後期の天保年間の『日光御成道宿村大概帳』によると、〈大門宿は高一二三七石、街並七丁二三間、本陣一軒・脇本陣一軒、旅籠六軒、問屋場一ヶ所、戸数一八〇軒、人口八九六人〉。一丁はおよそ109メートル。宿場としては小規模だが、もともと日光御成道は五街道に較べると人馬の往来は少ない。

将軍家の日光社参は、往路では岩淵・川口宿で昼休を採り、最初の泊りは岩槻城のある岩槻宿だった。通過点にあたる鳩ケ谷宿や大門宿の主役は、街道筋の手配や行列警護に当たる先乗り、後詰めだ。そもそも社参行列自体、三代家光以降は数百人規模だったともいわれる。本陣や脇本陣は代参を命じられた大名が使うくらいだ。

大門宿は、江戸時代に整備された日光御成道の宿場町

家康は死後、三河の久能山に祀られ、東照宮が造営された。それが日光に祀られることになったのは、東叡山寛永寺を興した天台宗の天海大僧正が深くかかわっている。

家康・秀忠・家光の徳川三代の知恵袋として暗躍したことから「黒衣の宰相」ともいわれ、徳川家の歴史に唐突にかかわってくる天海大僧正は、107歳まで生きたという長寿もさりながら、明智光秀説も取り沙汰されるなど、その前半生は謎に包まれている。巷説では天文5年（1536）会津生まれ。11歳で出家、14歳で天台宗の総本山比叡山に入山。後に茨城、埼玉に居を移しながら、家康の知遇を得たのは関ヶ原以降云々。

男体山を主峰とする日光連山は古くから山岳信仰の宗教地であり、時の権力者の庇護を受けてきた。奈良時代の創建と伝えられる日光山輪王寺は天台宗の門跡寺院であり、比叡山延暦寺に次ぐ寺格を有していた。しかし、戦国時代末期、日光は小田原北条氏に与したことで、覇者となった豊臣秀吉に寺領を没収され、没落の窮地に立ち至った。

天台宗の危機を救ったのが天海大僧正だ。家康の知遇を得た天海は、日光山輪王寺の寺領を復活させると、家康の死後、その政治力をさらに発揮する。

家康は元和2年（1616）6月1日、駿府（現在の静岡市）で死去した。遺命によって駿河国の久能山に葬られることになったが、天海は徳川家の安定統治のために、二代秀忠に家康を「東照大権現」として神格化することを建言。秀忠は久能山に東照宮を建立して家康を祀ると、天海に命じて日光でも東照宮を造営。翌元和3年に日光山に日光東照宮が建立すると は家康は日光山に改葬された。天海は家康を日光に迎えることに成功して、東国における天台宗日光山の地位を揺るぎないものとした。

秀忠はさらに、伊勢国（現・三重県）津藩の藤堂高虎に命じて上野にも東照宮の造営にあたらせた。

藤堂高虎が自身の屋敷に建立したのが東照宮は、秀忠の代では完成せず、三代家光の代になった寛永4年（1626）に竣工している。名称は東照社だった。どの程度のものだったのか、実父の秀忠が手掛けた東照社に、家光は不満を持ち続けていたのだろう。家光は晩年の慶安年間（1648～51）に建て直した。東照社の名称も東照宮と改め、現在の金色の上野東照宮が完成している。

家光は終生、秀忠を憎悪している。発端は、秀忠が実母お江と一緒になって実弟忠長を可愛がり、長男の家光を嫌った。さらに三代将軍の後継を巡った抗争もあった。長子相続の決まり事からいえば三代将軍は家光なのだが、秀忠とお江は三男の忠長を推した。家光と乳母の春日の局、秀忠とお江の方の二派に分かれた三代後継争いは幕閣も巻き込んだ結果、大御所家康の裁定で家光に決着した経緯もあった。

家光は、秀忠が没すると間もなく、駿河台納言であった忠長を自刃に追い込んでいるほどである。

見沼代用水東縁～浦和美園～東浦和周辺（1955年）

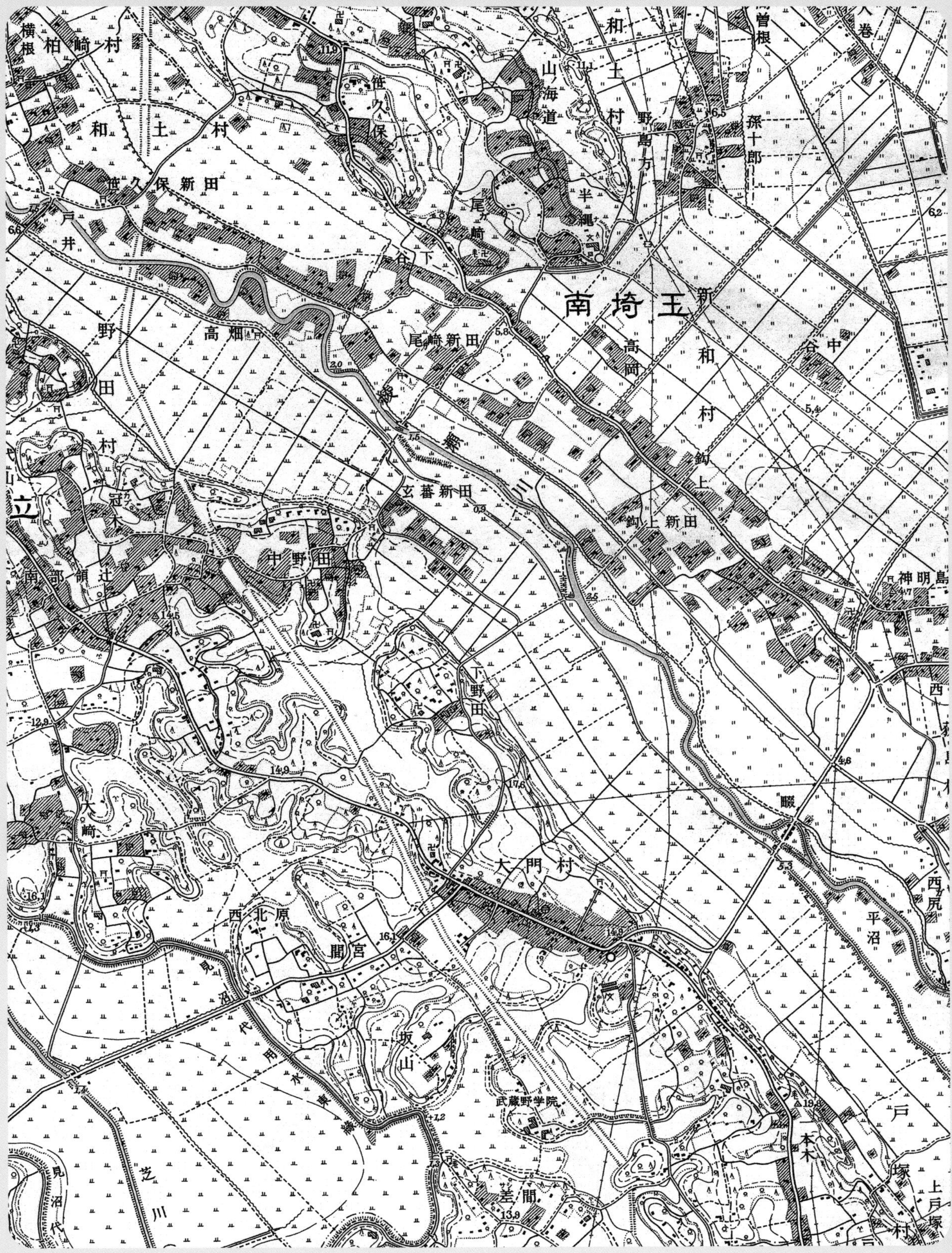

建設省地理調査所発行「1/25000地形図」

将軍家による日光社参は二代秀忠を最初として合計19回実施された。そのうち、16回が四代家綱までに集中しており、祖父家康及び天海大僧正を敬愛して止まなかった三代家光の10回は歴代将軍の中で最多となっている。また、家光自身、徳川家の菩提寺は芝増上寺という秀忠以降の約束事を破棄して、遺言で死後は祖父家康が眠る日光に祀ることを命じた。その一部が国宝・重要文化財となっている日光山大猷院は家光の廟所である。

家光が開基となった東叡山寛永寺

天海の最終目的は、徳川政権の本拠地である江戸に、関東における天台宗の一大拠点を築き、天台宗はもとより宗教界全体の支配だった伝わる。

天海は「江戸城の鬼門の方角（北東）に当たる上野の山に徳川家の祈祷寺を」と二代秀忠の末期に建言。天海の建言を三代家光も引き継いだ。

上野台地は、戦国時代には忍岡と呼ばれており、元々江戸においては人口の少ない地域であった。慶長8年（１６０３）に江戸幕府が開かれた頃、忍岡には伊勢津藩藤堂高虎、弘前藩津軽信枚、越後村上藩堀直寄の3大名の下屋敷が置かれていたが、家光は3大名の下屋敷地を上地して幕府領とすると、寛永寺の寺地としている。

寛永寺

徳川将軍家の祈祷寺という位置づけで寛永2年（１６２５）東叡山寛永寺は開山、創建された。

後に将軍家の菩提寺ともなった天台宗東叡山寛永寺の寺地は、最盛期には現在の上野公園を中心に日暮里周辺から御徒町あたりまで30万坪に及び、さらにその他に大名並みの一万二千石の寺領を有した。

家光が三代将軍となって2年目の寛永2年、東叡山寛永寺はまず本坊を建立して創建。続いて清水観音堂、五重塔が建立されている。維新期の上野戦争で焼失した本坊の跡地に建つのが、東京国立博物館だ。

家光は、祖父家康の相談相手となった天海を敬愛していたことを物語るのが、寛永寺の開山は天海だが、家光が開基となって創建していることだ。

寛永寺には清水観音堂、不忍池辯天堂、五重塔、開山堂、大仏殿などの伽藍も競い立ち、子院も各大名の寄進により三十六坊を数えた。歴代将軍の霊廟も造営され、格式、規模において我国最大級の寺院としてその偉容を誇った。

寛永寺の山号である「東叡山」は「東の比叡山」との意味だ。京の鬼門封じの役割を担った比叡山延暦寺に対したものだ。現在の下谷は当時、坂本と名付けられたが、これは比叡山の麓の坂本と同じ。さらに不忍池は、琵琶湖に見立て、琵琶湖に浮かぶ竹生島から弁才天を勧請し、不忍池辯天堂を建立。清水観音堂も、京の清水寺を強く意識して造営されている。

宿場を辿る埼玉高速鉄道

大門宿のエリアは明治の大合併により大門村となり、昭和の大合併では周辺と合併し美園村になった。その後浦和市に編入され、平成の大合併を経てさいたま市緑区に属するようになった。さいたま市の副都心として浦和美園地区の区画整理や拠点整備が進み（みそのウイングシティ）、町の中心は大門エリアから徐々に埼玉高速鉄道浦和美園駅周辺に移りつつある。

埼玉高速鉄道は、さいたま市が成立した平成13年（２００１）3月28日に開業している。東京都北区赤羽にある赤羽岩淵駅からさいたま市緑区にある浦和美園間を結ぶ鉄道で、赤羽岩淵駅から東京メトロ南北線に直通運転している。当初は平成18年の開業予定だったが、建設中だった「埼玉スタジアム２００２」が「２００２ FIFAワールドカップ」の開催会場の一つに選ばれたため、着工を早めての開業だった。

浦和美園以外の各駅は川口市に入る埼玉高速鉄道は東京都内を走る路線のうち、初乗り運賃がもっとも高い路線の一つとしても知られるが、国道１２２号（日光街道）や日光御成街道沿線の川口市東部・北部及びさいたま市東部と都心を結ぶ路線としての役割を担っている。特に通勤時間帯は東京都心部の地下鉄並みに混む。

浦和美園駅から岩槻駅を経て蓮田駅に至る路線延伸が検討されているが、実現すれば赤羽岩淵（岩淵・川口宿）〜鳩ケ谷（鳩ケ谷宿）〜浦和美園（大門宿）そして岩槻宿の岩槻と、かつての日光御成道宿場のルートを辿ることになる。

埼玉高速鉄道は東川口駅で武蔵野線と連絡するが、武蔵野線開業時は東浦和駅が乗換駅になる計画だった。しかし、昭和60年の運輸政策審議会答申で鳩ケ谷市（現・川口市）中央以北での同路線のルートが変更されたため、乗換駅は隣の東川口駅となった。

見沼代用水東縁～浦和美園～東浦和周辺（1985年）

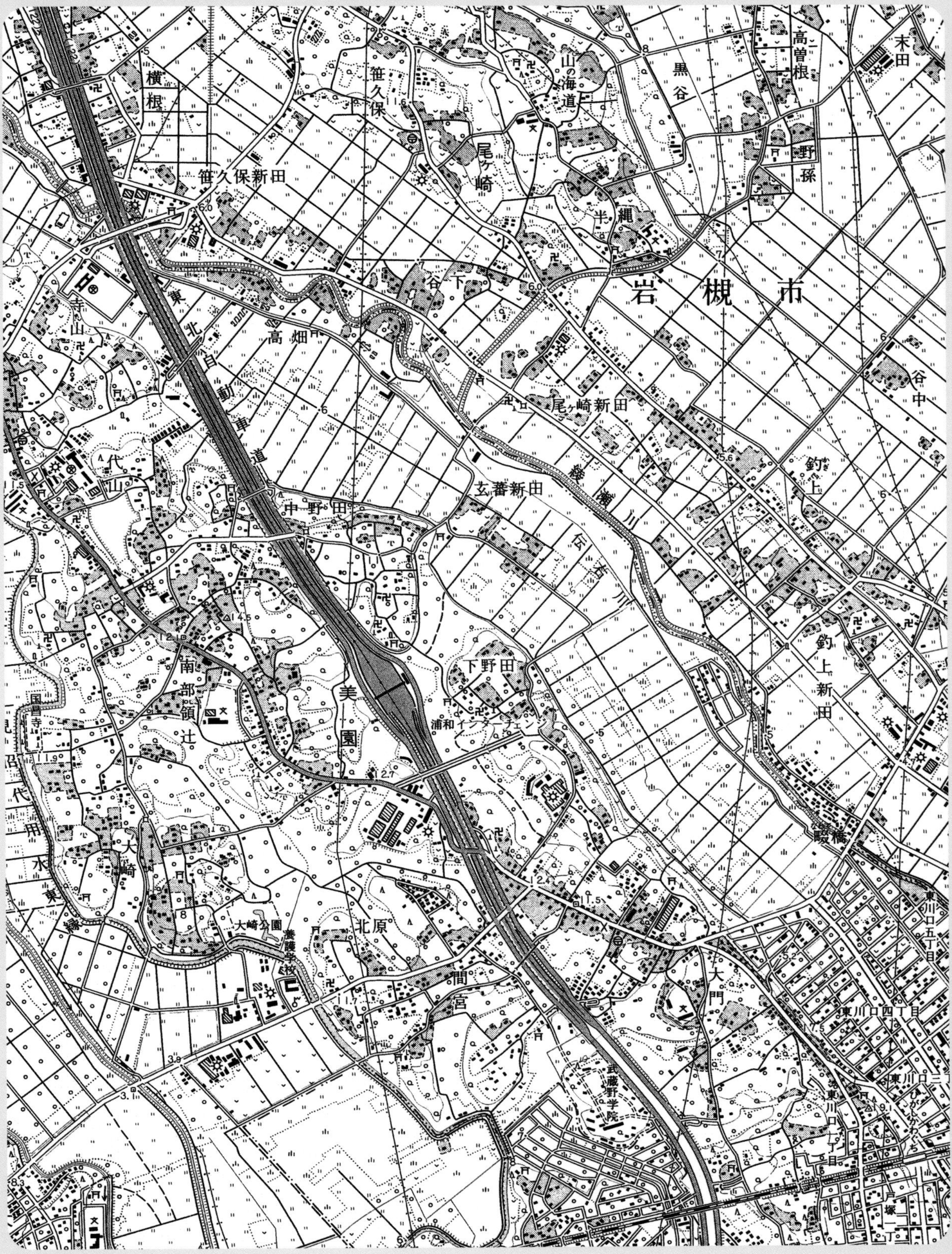

建設省国土地理院発行「1/25000地形図」

02-9

桜区役所周辺～羽根倉橋

～昭和の時代まで田園地帯だった～

桜区に残る村時代の地名

　桜区は旧浦和市西部にあたり、昭和60年代まで浦和の農村地帯だった。区の西端には荒川が流れ、富士見市、志木市および朝霞市との境界となっている。

　区域のほぼ中央部を鴨川が南北に流れ、桜区には荒川、鴨川二つの川を含む広大な河川敷が広がっていて、秋ヶ瀬公園、桜草公園、荒川総合運動公園といった公園や、農地などとして利用されている。首都高速埼玉大宮線より東側は主として宅地となっているほか、西側でも宅地開発が進んでおり、近年では８１２戸を数える大規模マンションが建設されている。

　桶川市から流れてくる鴨川は荒川水系の一級河川だが、江戸時代初期の「荒川の西遷」による旧入間川の流れという。朝霞市の上内間木で荒川と合流する。

　桜区役所は、荒川の河川敷を含めた区域のほぼ中央部を南北に流れている鴨川沿いに立地している。

　桜区の骨格は明治22年の市町村制施行で成立した大久保村と土合村からなっている。大久保村は周辺9カ村が、土合村は11カ村が合併したものだが、桜区には往時の村の名が今も町名として残されている。

　桜区の所在地は道場町だが、「道場」は土合村をつくった11カ村のうちの村の一つの名である。

　「道場」は「どうじょう」と読む。道場三丁目の真言宗智山派金剛寺が地名の起こりという。

　鎌倉時代初期の武将で、いわゆる「鎌倉殿の十三人」の一人である畠山重忠が保元の乱で罹災した大伽藍の跡地から掘り出した観音像を安置する道場を設けた。建久年間（１１９０～99）のことという。観音の教えを学ぶ道場は、集落の名となり、江戸時代初期の慶長年間（１５９６～１６１５）、道場に安置されていた観音像が現在地に遷座したおり、草創されたのが金剛寺という。

　現行行政地名は道場一丁目から五丁目が荒川左岸に展開し、区役所は四丁目に立地する。荒川右岸の農地に大字道場がある。

　二丁目には平成20年（２００８）東日本鉄工埼玉工場跡地に８１２世帯が暮らす大規模マンション「サクラディア」が建設されている。当地区は鉄道駅から遠いこともあり、サクラディアでは住民専用のシャトルバスが武蔵浦和駅まで運行されている。

　道場地区の南側、鴨川と鴻沼川に挟まれた「新開」の地名も、道場村と同様に土合村成立に合併した「新開村」から来ている。

　「新開」は「しびらき」と読む難読地名となっている。行政地名は新開一丁目から新開四丁目および大字新開。住宅地のほか鴨川堤防に近い地域では墓地や桜環境センターが立地する。鴨川の旧堤防から東は田んぼが広がり、大雨になると川の水が氾濫し、昭和までは水害の常襲区域であった。現在でも鴨川の旧堤防から西側は田園地帯となっている。地区内では旧堤防沿いに桜並木が多く見られる。大字新開は荒川堤外地（河川敷）に存在し、主にゴルフ場として利用されている。

　「新開」の地名の由来は豊臣時代に遡る。天正18年（１５９０）、豊臣秀吉の小田原征伐により小田原北条方の岩槻城が落城。城から落ち延びた武士がこの地に土着し一村を開いた。村は「新開村」（新たに開かれた村）と呼ばれ、地名の由来となった。

　なお、道場村、新開村も土合村成立時に土合村の大字となっている。

享保の新田開発で開削された鴻沼川

　鴻沼川は荒川水系鴨川の支流で、今は頼りない流れだが河川法では一級河川に分類されている。源流はＪＲ川越線大宮駅～日進駅間付近で、源流からほぼＪＲ埼京線に沿って南へ流れ、中浦和駅で南西に向きを変え、桜区新開で鴨川に合流する。

　呼び方は、地域によって異なっている。北区では霧敷川、大宮区では霧敷川・切敷川・切引川、中央区では北部で霧敷川、南部に下って旧鴻沼の下流になると鴻沼川や鴻沼排水路に変わり、南区・桜区では、鴻沼川・鴻沼排水路・高沼排水路などと呼ばれている。

　江戸初期まで与野と浦和西部には鴻沼が広がっており、溜池として利

桜区役所～羽根倉橋周辺（1929年）

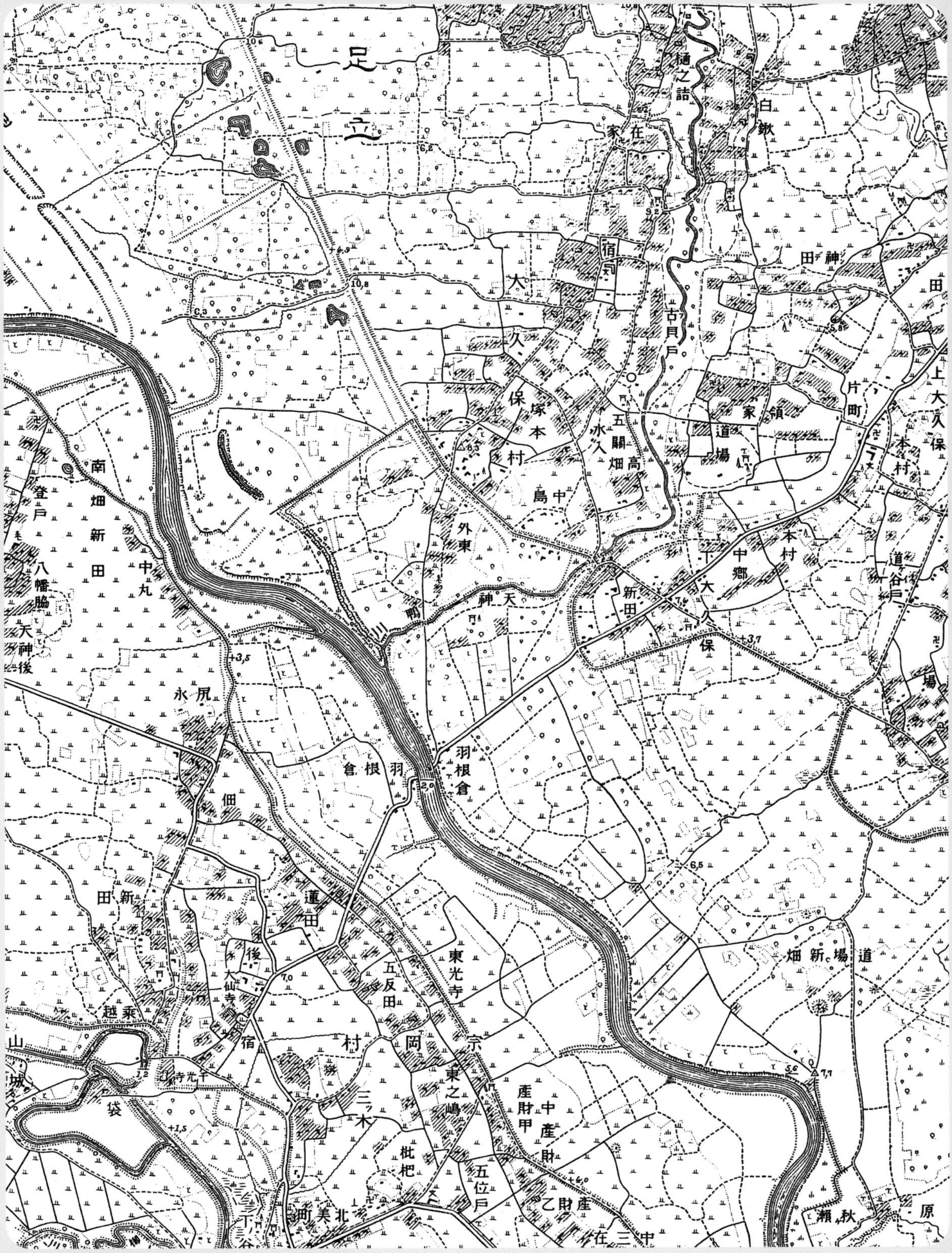

帝国陸軍参謀本部陸地測量部発行「1/25000地形図」

用されていた。享保年間の新田開発の際にこの溜池の水を抜くために作られた排水路が鴻沼川である。鴻沼の両端には見沼代用水から引いた高沼用水路として東西両縁を開削し、鴻沼川は鴻沼跡の中央を流れる水路となった。

鴻沼より上流の霧敷川は、干拓以前から鴻沼に流入する河川だったが、西縁用水路と合流し、昭和の時代まで農業用水としても利用されていた。

昭和40年（１９６５）に鴻沼排水路と接続し、一つの河川となった。今でも下流では鴻沼川、上流では霧敷川と呼ばれている。これにより、西縁用水路は排水路と合流せず対岸に流れるようになった。近年では田園がほとんど消滅したため、さいたま市の河川課の管轄となった。

埼玉大学はサッカー県埼玉の原点

桜区役所の北隣に立地するのが国立埼玉大学のキャンパスだ。埼玉大学は埼玉師範学校（明治7年創立）、官立浦和高等学校（大正10年創立）、埼玉青年師範学校（大正11年創立）の3校を統合して、昭和24年（１９５９）に新制国立大学として設立されている。校舎は常盤六丁目、浦和区役所庁舎が建つ地に設けられていた。昭和41年、現在の大久保地区に移って来ている。

明治5年（１８７２）学制公布の翌年、浦和宿本陣内に小学校の教員を養成するための学校改正局が設置されると、明治7年に岸村（現・岸町七丁目）に移転し、埼玉師範学校として開校。県下の教育の中心となった。

明治11年、現在の埼玉会館の場所に校舎を新築し移転した。この校舎は、同年の明治天皇行幸の際、三条実美により「鳳翔閣」と命名された。明治33年、現在のさいたま市役所の場所に校舎新築し移転した。

なお、20世紀最初の年明治34年には鳳翔閣に婦女子の教育推進に埼玉女子師範学校が開校している。大正13年に六辻村別所（現・南区別所）へ移転。戦時中の昭和18年（１９４３）に「埼玉師範学校女子部」に改組・改称され、昭和24年埼玉大学に包括された。

埼玉大学

大正10年（１９２１）に設立された旧制浦和高等学校は、東京の旧制第一高等学校（東京大学教養学部などの前身）と並ぶ名門校としてその名を馳せた。

昭和24年、埼玉師範学校および埼玉青年師範学校とともに新制埼玉大学へと包括され文理学部となった。昭和44年に大久保地区へ移転が完了するとその跡地が整備され、昭和49年に北浦和公園が開園している。

埼玉大学の母体となった3校のうち、埼玉師範学校は「サッカー県埼玉」の源流となっている。

埼玉のサッカーの歴史は明治41年（１９０８）、埼玉師範学校（現・埼玉大学教育学部）の教師・細木志朗が蹴球部を創設したことに始まる。師範学校は教員の養成を目的に設置された学校であり、卒業生が浦和を中心に教師として赴任し指導にあたったことで、サッカーの普及・発展につながったと言われている。

浦和のサッカーの源流を語るうえで旧制浦和中学校サッカー部の存在は欠かせない。明治後期から昭和前期にかけて埼玉師範学校と隣接しており、両校は試合などを通じて切磋琢磨しながら交流。戦中は一時活動を中断するも、終戦後間もなく再開。昭和23年、新学制により浦和中学校改め県立浦和高等学校となった翌年には、国体で優勝し初の全国制覇。その後１９５０年代から70年代にかけて県立浦和西高等学校や浦和市立高等学校（現・さいたま市立浦和高等学校）なども含む浦和勢が全国大会において多く優勝を飾っている。

平成5年（１９９３）に開幕したＪリーグも浦和レッズの活躍で浦和を「サッカーの街」して全国に広める要因となった。また、埼玉スタジアム２００２の完成と「２００２ＦＩＦＡワールドカップの開催も大きかった。

さいたま市役所は「埼玉師範学校」の跡地に建てられており、「埼玉サッカー発祥の地」の記念碑が建立されている。

埼玉スタジアム2002

桜区役所～羽根倉橋周辺（1955年）

建設省地理調査所発行「1/25000地形図」

羽根倉河岸と荒川の舟運

埼玉大の正門はキャンパス北側を走る国道463号に面している。目の前の「埼大前」信号で県道215号が分岐し、こちらは与野方面に向かうが、国道463号を西に向かうと荒川に架かる羽根倉橋に出る。

羽根倉橋は、荒川対岸の志木市と結んでいるが、羽根倉橋が架橋されたのは昭和13年（1938）。それまでは江戸期から長いこと渡し船が唯一の渡河手段だった。

国道463号線の荒川に架かる羽根倉橋は、昭和13年に橋が架けられるまでは対岸との交通は渡船を用いていた。また、荒川を利用した舟運の要地として河岸場も設けられていた。羽根倉橋の上流に渡船場が、下流に河岸場があったという。

羽根倉橋

架橋される以前の時代は寛文2年（1662）頃設立の河岸場（羽根倉河岸）があり、船1艘を有する私営の渡船場（羽根倉の渡し）が併設されていて物資の集散地や河川交通の要として大変賑わっていた。また、荒川を渡る手段が舟を使うしかなかったことを考えれば、「渡し」は江戸時代以前からあったものだろう。

荒川を挟んで桜区対岸の志木市は、江戸時代は市内を流れる新河岸川の舟運により商業地として発展していた。

新河岸川は明治43年（1910）以降の荒川本流の直線化工事により、その南側の湾曲部は本流から分離され、現在は岩淵水門の先で隅田川（荒川下流）へ合流する流路となったが、明治期までは羽根倉の渡し付近で荒川に合流していたと思われ、羽根倉の河岸は志木市側、浦和市側にとっても物流の拠点となっていた。

また、国道463号は越谷市から入間市に至る埼玉県の東西を結ぶ一般国道で、埼玉県内のみで完結する国道としては唯一であるが、その道筋は入間市から先は八王子街道とつながり、生糸など甲州街道からの物産ルートともなっていた。

桜草自生地の草焼き

羽根倉橋下流の荒川河川敷には100ヘクタールもの面積を持つ秋ヶ瀬公園が広がる。昭和46年6月に開園した秋ヶ瀬公園は、桜区大字栄和、大字大久保領家、大字山久保、大字神田、大字下大久保、大字上大久保、大字町谷、大字西堀、大字道場ほか飛地の荒川左岸と鴨川右岸に挟まれた場所に位置する県営都市公園で、荒川が増水した際の遊水地、貯水池として機能する。

園内は野球場、サッカー場、ラグビー場、テニスコート等々のスポーツ施設ゾーン、西洋庭園やバーベキューエリアなどの利用緑地ゾーン、野鳥園や野鳥の森などのある自然保護緑地ゾーンに分かれている。

田島ヶ原サクラソウ自生地（国の特別天然記念物）

秋ヶ瀬公園の南側には桜草公園があり、桜区の区名由来となった桜草の自生地がある。

自生地は大正9年（1920）に国の特別天然記念物に指定されており、広さは4ヘクタール。近年は都市化などの影響で桜草の株数が減り、現在は最盛期の4分の1に当たる60万株まで減少しているという。そのため、毎年1月には桜草の芽吹きを助ける草焼きが行われている。ヨシやオギなどの枯れ草を焼くことで太陽光が地面に届くようになり、桜草の発芽力を高めるのが草焼きの趣旨という。

秋ヶ瀬公園

桜区役所～羽根倉橋周辺（1985年）

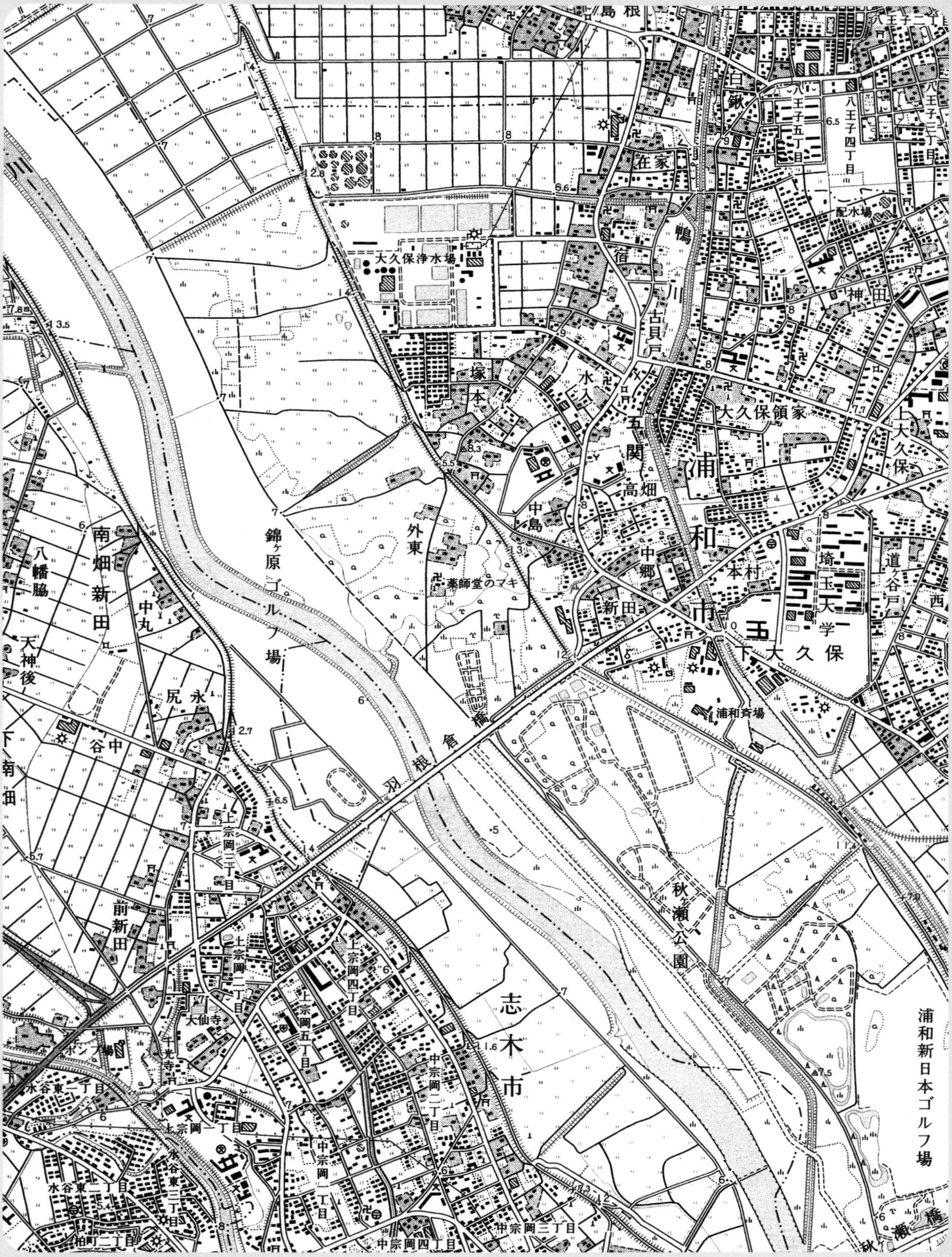

建設省国土地理院発行「1/25000地形図」

02-10

旧与野市中心街

〜埼京線開業で初めて与野市に駅ができた〜

与野町と羽根倉道

浦和・大宮・与野3市の合併でさいたま市が誕生し、浦和・大宮の2市は行政区名に浦和区、大宮区を残した。一方、与野市は江戸時代からの歴史を上書きするように中央区となって与野市域を継承した。

3市の合併直前の人口は、浦和市が49万人、大宮市46万人、与野市8万人(数字は概数)。さいたま市は3市の対等合併で成ったが、力関係は歴然として存在した。市域も狭く、人口も浦和・大宮の2市より圧倒的に少なかった与野市は、主導権争いで何かと対立する浦和、大宮の2市の間で苦労したことは別項「さいたま市の誕生」で触れた。

しかし、時を遡れば与野市は浦和、大宮を圧倒していた時代もあったのだ。

与野の街は江戸時代の三代家光治世の寛永年間末期頃に町立てが行われ「与野町」となっていた。

与野は、室町時代には「市が立つ村」になっていた。地区を羽根倉道が通っていたことによる。

この羽根倉という名前は古く奈良・平安からあるようで、一説には、その昔この付近を領有していた関根兵庫という土豪の矢羽根倉のあったところから生じた名であるともいう。

羽根倉道は、前項で触れた羽根倉橋から続いて来る国道４６３号線が埼大前信号の地点で分岐する県道２１５号がその道筋の名残となっている。

埼大前から上大久保〜上峰〜本町へと通る県道２１５号は埼京線与野本町駅手前の県道１６５号までで終わっている。その先の往時の羽根倉道の道筋は今となっては伝承の道路になってしまったが、与野から先は大宮台地沿いに北上し、利根地域の加須へ向かう奥州街道の脇往還を形成していたといわれる。与野より東側の道筋が辿れなくなったのは、拓けていくにつれて農地となり、集落が出来ていったからだろう。

下野国足利荘(現・栃木県足利市)から出た足利尊氏が室町幕府を開府すると、下野国から南下して羽根倉で荒川を渡り所沢で鎌倉街道上道とつながり、八王子方面への道筋となる羽根倉道は、物流ルートとなる往還ともなった。与野に市が立つようになったのは、下落合地区で羽根倉道と中山道が交差しているからだ。

中山道は、江戸時代以前は律令時代に整備された東山道の一つだった。東山道は近江国から東へ向かい、本州内陸部を貫いて陸奥国・出羽国に至る幹線道路だが、江戸時代七代将軍家継治世下で江戸を起点として西側の中山道と東北側の奥州街道などに再編された。中山道と命名したのは朱子学者の新井白石と伝わる。

その頃は既に五街道制度が整っており、中山道は六十九次となり、さいたま市域には浦和宿と大宮宿が出来た。さらに荒川沿いには羽根倉河岸も起こった。江戸期には市の立つ日も定まり、現在の本町通り沿いに毎月4と9の日に開かれる六斎市となった。

羽根倉道が中山道と交わる与野町は、江戸時代には甲州街道日野宿と中山道、奥州街道とを結ぶ脇往還の人馬継立場として、羽根倉河岸など荒川の舟運、中山道浦和宿と川越を結ぶ川越浦和道の経由地として江戸や周辺地域からの商品物資集散地として、浦和宿、大宮宿以上の賑わいを呈するようになった。川越は小田原北条時代には城下町を形成しており、江戸時代に入ると江戸の物資の供給源として栄えた街だった。

参勤交代の大名は東海道の１４６家に対し中山道は30家と少なかったが、東海道より往来が少なく、大井川のように河川の増水に伴う足止めも少なかったため二条城番や大阪城番、日光例幣使などは、行き帰りどちらかは必ず中山道を使っていた。

幕末期の文化・文政期(１８０４〜30)与野は、大宮宿・浦和宿よりも家数が多かった。そのころ編纂された官編地誌『新編武蔵風土記稿』は「道の左右軒を連ねたること、あたかも都下に似たり」と記され、当時の賑わいを窺わせる。同書には与野の戸数を３０４軒、浦和を２０８軒、大宮を２００余軒と載せている

また明治20年(１８８７)作成と推定される記録でも浦和町の人口３５２４人、大宮町の人口２８６０人に対し、与野町の人口は３８７７人と、浦和・大宮2町を上回る人口

旧与野市中心街周辺（1929年）

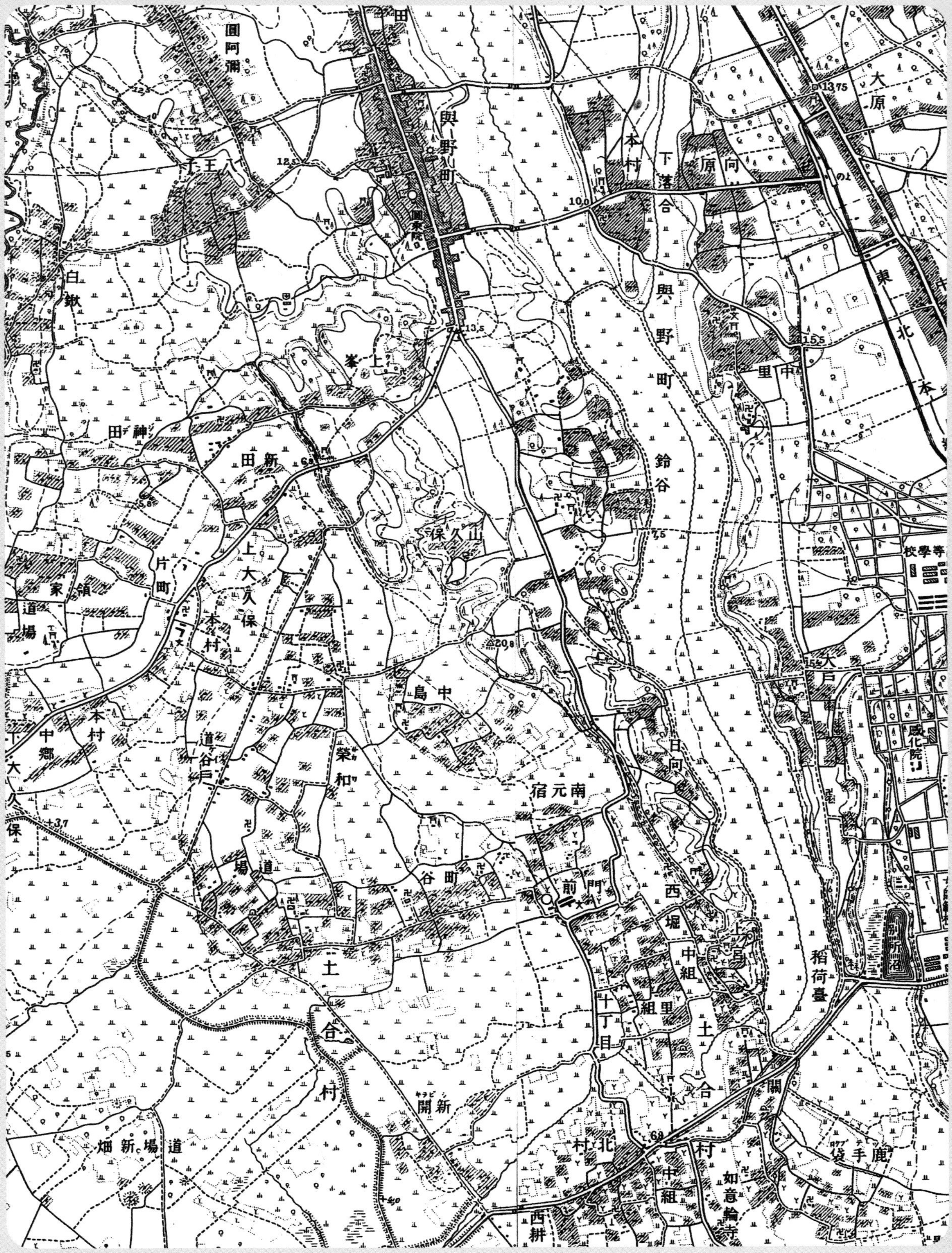

帝国陸軍参謀本部陸地測量部発行「1/25000地形図」

を有する数字が残されている。

与野の明治・大正・昭和

大日本帝国憲法が発布された年の明治22年（1889）4月1日、町村制施行に伴い、北足立郡与野町・小村田村・下落合村・上落合村・中里村・大戸村・鈴谷村・上峰村・八王子村・円阿弥村が合併し、新たな与野町となる。合併各村および旧与野町域は大字となった。

明治期前半は浦和、大宮を抑えて順調に発展していった与野だが、鉄道が開通し物資の流通形態が変化していくと、3町の力関係は変化していく。浦和、大宮は鉄道駅が出来てから徐々に人口も増えていった。県庁も置かれて埼玉県の行政中心地となっていた浦和には、明治7年（1874）には埼玉師範学校、明治34年（1901）には女子教育の普及を図るために埼玉次子師範学校も開校。文教都市ともなった。

大宮も高崎線と東北本線の分岐駅となり、日本鉄道の車両工場も設けられるなど「鉄道の街」として人口も増やしていった。

一方、与野には鉄道駅は開設されないままだった。「与野にも鉄道駅を」と、明治30年代から始められた政府への駅開業請願運動が実ったのは明治も末期の明治44年だった。この年の第27帝国議会にて大原信号所を拡張して駅を設置する旨が可決されたのである。大原信号所は明治39年、東北本線浦和駅～大宮駅間に開設された日本鉄道の信号所だった。

大正元年（1912）11月1日、東北本線与野駅が開業。この際、与野町民への便宜を図るという開設目的により、与野町に面する西側のみに改札口を設けた。

当時、駅は木崎村と与野町との境界付近の木崎村側にあったこともあり、また与野町の請願によって開設された駅であることから、与野町は駅名「与野駅」を望んだ。しかし、木崎村が浦和町（当時）であったことから浦和側は「木崎駅」を主張し、鉄道院は信号所名の「大原駅」の駅名を提示。三者間で紛糾したが、最終的には「与野駅」に落ち着いた。

しかし、与野駅の所在地は浦和市であり、与野市の中心市街地である本町通りからは1.5キロも離れていたものの、与野市は漸く近隣に幹線鉄道の駅が出来たのだ。

与野駅西口

その後、昭和7年に省線電車（現・京浜東北線）が開通し、昭和9年（1934）には町域を南北に貫く9号国道（現・国道17号）が開通すると、商業・工業活動の中心は、本町通り周辺から上落合、下落合など東部地区に移っていった。

9号国道沿いには新たにトラックボディ工場を始め、自動車の部品・修理工場、また販売店など自動車関連産業が進出するようになった。戦後になって車社会が到来した昭和30年代には「自動車の街・与野」と呼ばれるようになった。

昭和33年（1958）7月15日、与野町は市制を施行し、県下20番目の「与野市」となった。経済企画庁が戦後初の経済白書で「もはや戦後ではない」と高らかに謳いあげた2年後のことだった。浦和は周辺町村を吸収合併し、町域を拡大していた昭和9年に、同じく大宮も町域を広げながら昭和15年に市制を布いていた。浦和は、川越、熊谷、川口に次いで県下4番目の市であり、大宮は4番目であった。

北与野駅前　「自動車の街」モニュメント

与野は周辺町村と合併することもなく、単独での市制移行であった。また、与野駅東口もこの年になって漸く開設された。

高度成長期には新大宮バイパスができ、東北・上信越地方と東京・京浜を結ぶ産業経済の大動脈としての各割を果たし、1980年代には、ピストンリングなどエンジン部品、パーラー、ウインドワイパーは国内市場占有率50％を超えた。この当時、与野市内産業の面でも自動車関連産業は、市内全製品出荷額の42％に及んでいた。

埼京線の開通で市内に鉄道駅が誕生

昭和57年（1982）10月1日、住居表示実施で大字与野、大字八王子、大字円阿弥の各一部から、本町西一丁目から六丁目が成立。昭和59年2月1日、住居表示実施により、大字与野の一部から本町東一丁目から七丁目が成立。与野市の中心市街地となった本町一帯は与野本町と通称された。

昭和60年（1985）9月、埼京線が開通。与野市は埼京線の開業で初

旧与野市中心街周辺（1955年）

建設省地理調査所発行「1/25000地形図」

めて市域に鉄道駅を有することになり、それも北与野駅、与野本町駅、南与野駅の3駅が新設された。以下は3駅のプロフィールである。

・北与野駅（中央区上落合二丁目）

「さいたま新都心」西側の最寄り駅となる北与野駅では、駅周辺開発事業による駅前広場の整備、ビル群が建設された。

旧与野市の北部に位置しており、駅所在地の上落合地区は一丁目〜九丁目に分かれており、最も南が一丁目、北が九丁目である。このほか、新都心の東側の鉄道用地内（一部はさいたま新都心駅にかかる）に、飛地状に大字上落合がある。

北与野駅北口

南側は区役所のある下落合、東側には大宮区吉敷町・錦町、西側は本町東、北側は大宮区桜木町に接しており、一部はJR東日本大宮駅の徒歩圏内である。また、南東の一部は浦和区上木崎に接している。また、上落合一丁目〜九丁目と大字上落合の間に、新都心がある。

地区の中央を国道17号が南北に貫き、地下に首都高速道路も通る。

・与野本町駅（中央区本町東二丁目）

さいたま市中央区役所をはじめとして、多くの行政・公共サービス機関が当駅周辺（特に北側）に置かれている。駅高架下に平屋建ての駅ビルや店舗を擁するほかには、駅周辺に商店は少ない。東口は住宅地が広がっている。当駅の東を鴻沼川が流れ、さらに徒歩20分ほど離れて与野駅がある。近年、旧与野市の商業の中心地区は、新しく開発されたさいたま新都心および北与野駅周辺へ移りつつあり、当駅周辺は主に住宅街となっている。

与野本町駅西口

与野本町駅の西側地区では埼玉県芸術文化の殿堂「彩の国さいたま芸術劇場」が建設され、これまでの市の様相を大きく変えるに至った。

・南与野駅（中央区鈴谷二丁目）

国立埼玉大学の最寄り駅となっている。埼京線が建設されるまで、駅西側一面は農耕地であった。平成初頭には、小規模な工場や駐車場・休耕地に変わっていったが、与野本町駅と異なり駅前から住宅地が広がる地域ではなかった。駅周辺は東口側の線路に沿う市道を除いて、生活道路と鉄道建設時に敷かれた狭道ばかりで、大型車の駅前への乗り入れは困難であった。

南与野駅東口

さいたま市成立2年後の平成15年（2003）、さいたま市により17ヘクタールに上る「南与野駅西口土地区画整理事業」が着手された。坂道など高低差がある部分には盛り土によって地盤が底上げのうえ整地され、平成19年に鈴谷西公園と連接させる形で駅西口に交通ロータリーの設置と、国道463号を結ぶ2車線道路の敷設が完了し、路線バスの駅前乗り入れが実現した。平成18年（2006）には東口隣接の高架下に埼京線の駅としては初となる「南与野駅医療モール」が開業している。

再開発地区の区画では、マンションやアパート、商業施設が立地。かつては台地と低地の狭間にあるため水が溜まることもあったが、嵩上げによって水害は発生していない。東口の鈴谷東公園地下にも貯水槽が整備されている。

与野市が市域に3駅が設置された埼京線開通後、国が「埼玉中枢都市圏域業務核都市基本構想」を発表。さいたま市設立に向けた動きが本格化していくのは平成に入ってからであった。

旧与野市中心街周辺（1985年）

建設省国土地理院発行「1/25000地形図」

02-11

旧浦和市中心街

～京浜東北線浦和駅周辺～

調神社

町場の起こりは調神社と玉蔵院の門前町

浦和駅周辺の街は、中山道浦和宿が設けられてから発展。かつての浦和市中心街を形成したが、浦和には江戸時代以前に既に町場はできていた。大宮に、氷川大宮神社の門前町が出来ていたように、浦和には調神社や玉蔵院の門前町があった。

岸町三丁目に鎮座する調(つき)神社は、社伝では由緒を神代とし、少なくとも平安時代以前の創建と見られる古社である。第十代崇神天皇の勅命により創建されたといわれている。

浦和宿調神社

「調」とは租庸調の「調」であり、「年貢」を意味する。東山道時代の武蔵国の調はここに集荷されてから、朝廷に届けられた。調物の搬出入の妨げになるとして鳥居が設けられなかったため「鳥居のない神社」ともいわれる。

「調(つき)」は音韻によって「月(つき)」と結びつき、月待信仰(月待供養)の地となってゆく。それゆえ兎を神使とし、この社にあって境内入り口を守護しているのは狛犬ならぬ兎である。拝殿の彫刻や手水舎、絵馬など、ところどころに兎の姿を見つけることができる。

平安時代に創建された「玉蔵院」は仲町二丁目にある。浦和駅西口から歩いて10分足らず、旧浦和市の中心部とも言える埼玉県庁や埼玉会館などがあるエリアになる。

平安時代に弘法大師によって創建されたと伝わる真言宗の古刹。戦国時代に京都・醍醐寺三宝院の直末寺となった。天正19年(1591)に徳川家康が十石の寺領を寄進。江戸時代に奈良・長谷寺の移転寺として出世。元禄時代初頭に伽藍を焼失したが、本堂は元禄14年(1701)に再建された。その後、何度か改修されたものの、骨組みや間取り、欄間彫刻などは当時のままという。戦後に境内を整備した浦和中央公園が隣接している。

調神社、玉蔵院の門前町が形成されていった時期は定かではないが、江戸時代に入って五街道制度が整い、宿場が設けられていくと、中山道浦和宿の町場は調神社、玉蔵院の門前町を呑み込むようにして広がっていった。

浦和宿は上町(現・常盤)・中町(現・仲町)・下町(現・高砂)からなり、現在の仲町公園付近に本陣が置かれていた。仲町は玉蔵院の町場だったところだ。

平安時代初期に空海により創建されたという玉蔵院のしだれ桜

旧浦和市中心街周辺（1929年）

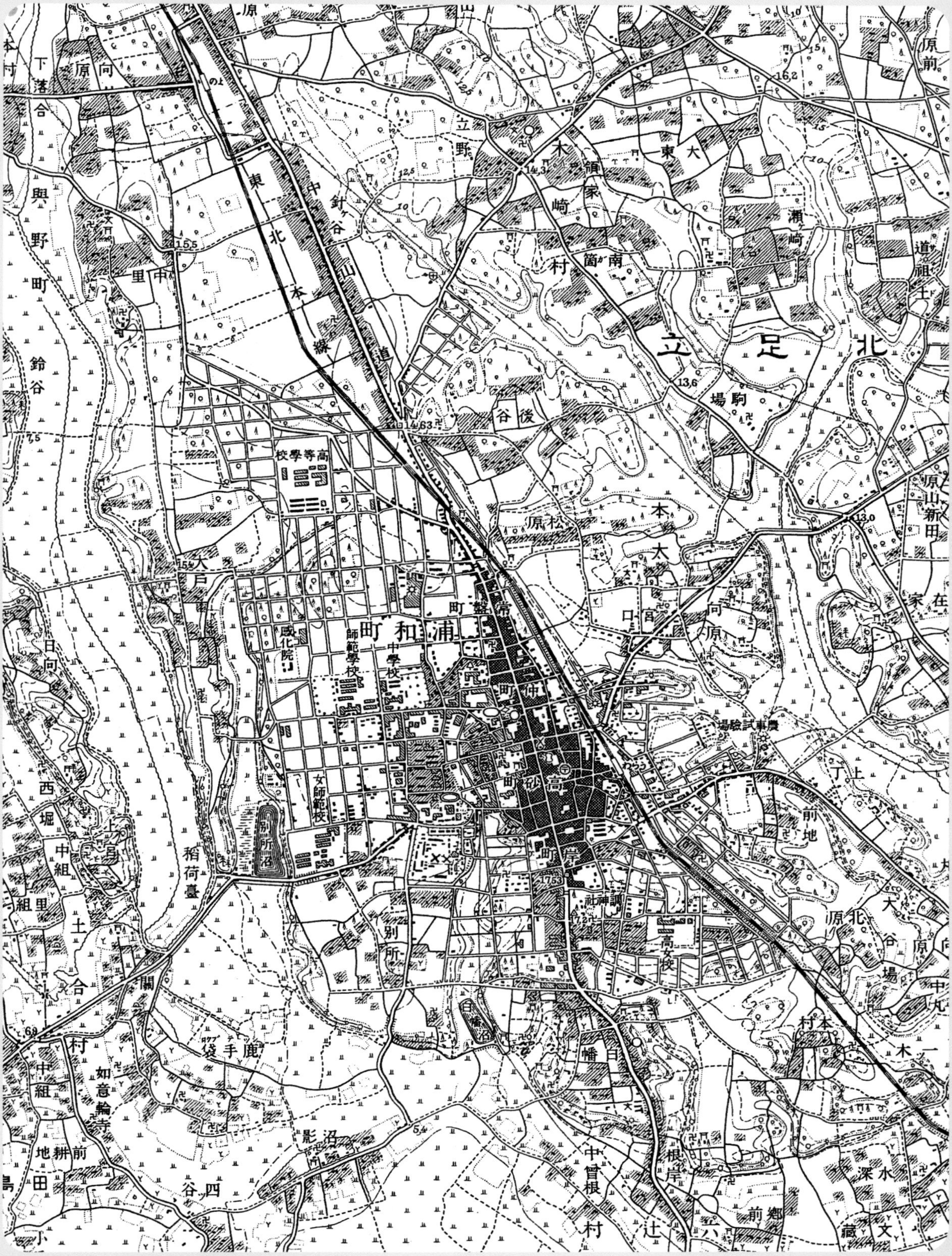

帝国陸軍参謀本部陸地測量部発行「1/25000地形図」

浦和宿は江戸から近かったため宿場町としての規模は比較的小さなものであったが、毎月二と七のつく日に市が開かれた六斎市は賑わい、宿場町また市場として大きな発展を遂げた。この市は室町時代からはじまったとされ、昭和初頭まで続いており、農具や食糧、日用品など幅広いものが売られていた。浦和宿から大宮宿に至る約6キロの街道沿いには、かつて松並木が続いていた。

玉蔵院で毎年8月23日に行われる大施餓鬼は関東三大施餓鬼に数えられる。この起源は19世紀初頭の文化・文政期と言われる。

県庁南側に浦和刑務所

宿場時代はわずか３０００人前後だった浦和を今に至るその後を決定付けたのは県庁が置かれたことに尽きる。県庁が設置されたことで行政の諸機関をはじめ裁判所、警察署、銀行なども周囲に置かれ県の中枢として整備が進められた。また商業地としても発展し、賑わいのある街を形成していくことになった。

維新成った明治2年（１８６９）1月28日、廃藩置県によって大宮県が設置されたが、建物として適当であった大名屋敷もなかったことから県庁は暫定的に東京府馬喰町四丁目に置かれた。8か月後の同年9月には浦和県に改称し、さらに岩槻県、忍県と統合してできた旧埼玉県（現在の埼玉県の東側約3分の1）の設置当初、岩槻に置かれる予定であったため、その郡名から埼玉県と名付けられた。しかし、岩槻には県庁に適した建物が無く、県庁業務は足立郡浦和宿の旧浦和県庁舎で行われた。

一方、現在の埼玉県の西側約3分の2に当たる地域は入間県となり、その後、群馬県と合併して熊谷県となるも僅か3年で熊谷県は解消され、旧入間県地域は旧埼玉県と合併して現在の埼玉県が誕生した。その際に、埼玉県の名称のまま県庁所在地も浦和宿となったため、岩槻町が実質的な県庁として機能することはなかった。

明治23年（１８９０）9月25日、勅令により正式に北足立郡浦和町が県庁所在地となった。明治19年、明治30年、明治36年の三度にわたり県庁移転問題が起きたが、その都度事態を収束し今日に至っている。

その後、県庁表門通り（現・県庁通り）、裏門通りをはじめとする東西を結ぶ大通りも整備されていく。「裏門通り」は県庁舎の裏門に通じる道であったことからその名称で親しまれ、昭和59年の道路愛称募集を経て正式に「裏門通り」と命名された。

県庁通りの南側には、さいたま地方裁判所、さいたま法務総合庁舎、さいたま少年鑑別所、さいたま拘置支所が立地している。ロケーションとして少しばかり違和感を覚えるのは、県庁の正面にあたる場所に鑑別所や拘置所があることだろう。

そもそもは明治4年12月27日、懲治場が設置されたことに遡る。明治10年、懲治場新築に伴い、埼玉県監獄署と改称。同36年に官制改革と共に浦和監獄署と改称され、司法省の管轄となった。その後、浦和監獄は前橋刑務所浦和刑務支所となった。

敗戦後の昭和21年3月、浦和刑務支所はＧＨＱ（連合国軍最高司令官総司令部）に接収され、ＧＨＱは米陸軍刑務所として使用。東京・中野にあった豊多摩刑務所の支所と看做して「豊多摩刑務所」の名を冠させていた。

昭和31年（１９５６）9月25日、接収解除され、返還。浦和の豊多摩刑務所は浦和刑務所と改称された。こうした経緯が、今も県庁の南に鑑別所や拘置所が立地する来由となっている。なお、さいたま拘置支所は法務省矯正局東京矯正管区所属川越少年刑務所管掌の刑事施設となっている。

商業振興に武州銀行の設立

明治期に入り県庁が置かれたことで埼玉県の行政の中枢となった浦和には、明治時代に埼玉師範学校、埼玉女子師範学校、旧制浦和中学（現・県立浦和高校）や浦和高等女学校（現・県立浦和第一女子高校）、大正時代に旧制浦和高校が設置され、文教都市として知られるゆえんとなった。

経済面では大正7年（１９１８）には、現在の埼玉りそな銀行のルーツとなる武州銀行が設立されている。

明治初期から県内には数多くの銀行が設立されたが、資本の小さなものが多く、大資本の有力銀行の設立を望む声が高まるなか、大正7年に「武州銀行」が設立された。当時の県知事が商業振興に設立を先導したと伝わる。地域密着を旨とした武州銀行はその後、合併を繰り返し昭和18年（１９４３）に第八十五銀行、忍商業銀行、飯能銀行と合併し、埼玉銀行が発足した。

埼玉銀行は昭和44年4月、地方銀行から都市銀行へ転換。平成3年（１９９１）4月、協和銀行に合併し解散。協和銀行は協和埼玉銀行に商号変更。協和埼玉銀行は金融再編の時代を経て、現在は埼玉りそな銀行となっている。武州銀行の本店があった場所は現在、埼玉りそな銀行浦和中央支店となっている。

「浦和画家」の誕生

浦和は大正期に入ると、住宅地としても注目されていた。大正5年（１９１６）初頭の國民新聞の紙上において、東京近郊の理想的な住宅地・別荘地を投票により選定する企画が行われた、浦和町は郊外住宅地部門では9等、別荘地部門では8等に入賞し、良好な郊外住宅地としてすでに認知されていた。東京への近さ、教育環境の充実、下水道整備率の高さなどがその理由に挙げられていた。

旧浦和市中心街周辺（1955年）

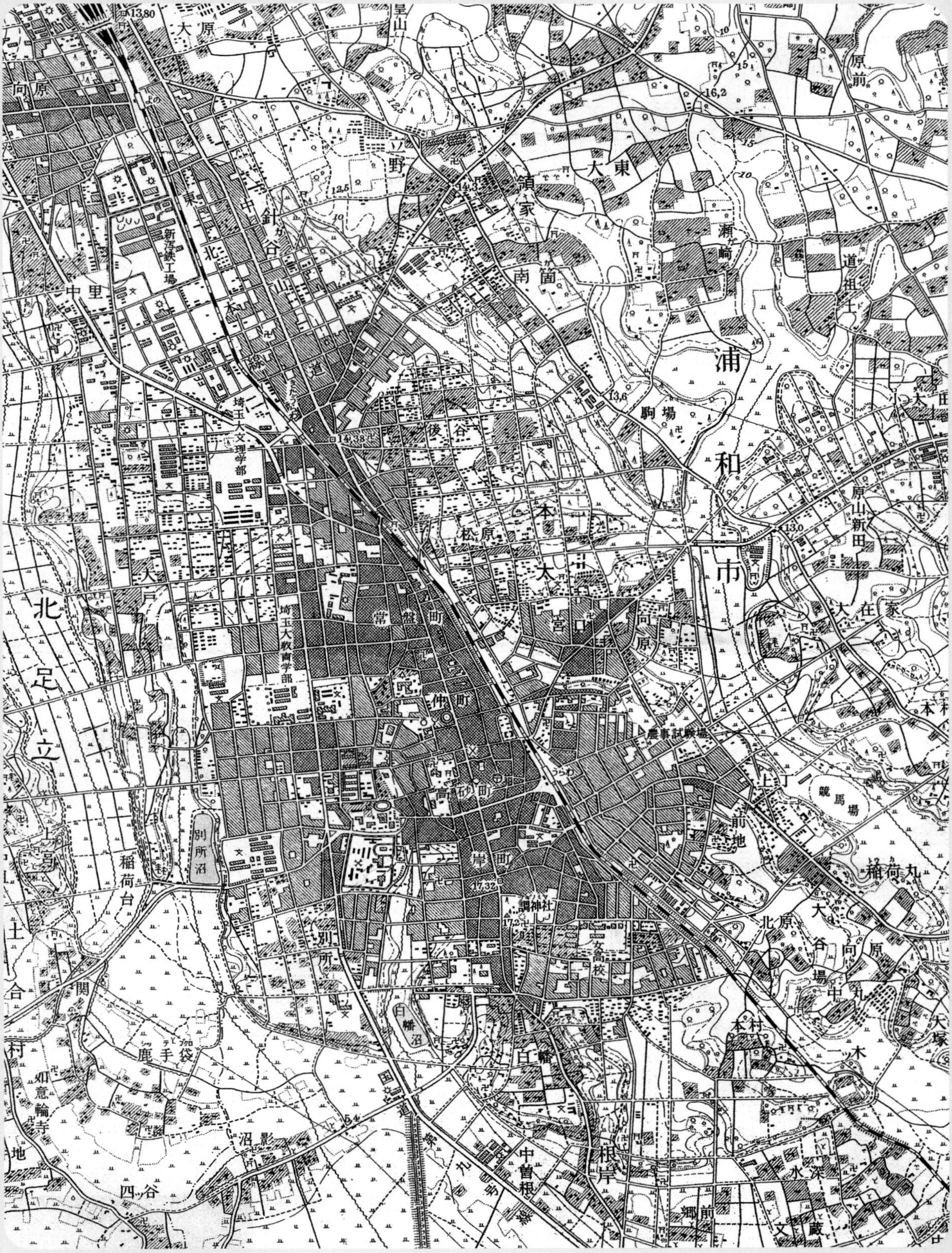

建設省地理調査所発行「1/25000地形図」

また、鹿島台(現在の別所沼周辺)の風光明媚さや災害の不安が少ないことも記され、当時はまだ畑も多く宅地開発の余地があった鹿島台が住宅地として注目されていたことが分かる。

大正10年代、埼玉県では主要都市中心部で耕地整理事業の名による区画整理が始まっていた。浦和は、住宅地・別荘地の期待や住宅不足に対応するため、早期に耕地整理事業が進み、大正12年9月1日に発生した関東大震災の時点ですでに中心部付近に整備された碁盤状の街区を設けていたことから、震災被害も軽微であった。

浦和駅前のコルソ

震災後、浦和は壊滅した東京や横浜から移住する人で一気に３０００人以上の人口増加が起こった。当時の人口は1万２０００人程度だったから、25%の増加率であった。とくに鹿島台エリアである別所沼周辺には、富裕層や官僚以外にも画家の移住や画家のアトリエが目立ったため、同じような理由で移住が増えた鎌倉の鎌倉文士という言葉と対になる「浦和画家」という言葉が生まれた。

明治期以降の浦和の街は官庁、学校等の公的機関をはじめ、病院や教会などの洋風建築が点在し、そのまわりに畑や雑木林、牧場が広がる自然豊かな都市であった。また、東京美術学校(東京芸大の前身)のある上野に近いことも、画家の移住を促した。昭和初期には40人以上の画家が集住し「さながら絵描き村である」と評された。

「浦和画家」の一人である高田誠(平成4年79歳で没)は、生まれてから亡くなるまで、浦和で生涯を過ごしており、長く地域を代表する画家として活躍した。浦和の風景を題材にした作品も多く、市内では数か所で壁画を見ることもできる。浦和駅そばのショッピングセンター「浦和コルソ」のアーチ状の大きなモザイク壁画も高田誠の作品である。

浦和の人口推移

昭和9年(１９３４)2月11日、市制施行により浦和市が発足した。県下では、川越、熊谷、川口に次ぐ4番目の市制施行だが、都道府県庁所在地として最も遅い市制施行であった。

市制施行日の人口は4万３０７８人で、大宮より少なかったが、翌年に行われた国勢調査では4万４３２８人で、大宮町を抜き県内2位の人口を数えることになった。以降、国勢調査時点での人口を見ていくと、

昭和15年5万９６７１人
昭和22年10万６１７６人(本来は昭和20年に行われるものだったが、敗戦後の混乱で中止され、この年に臨時に行われた)
昭和40年22万１３３７人
昭和50年33万１１４５人
平成2年41万８２７１人(40万人の大台に乗ったのは昭和63年9月)
平成7年45万３３００人(川口市を抜き県内1位の人口に)
平成12年48万４８４５人

翌年、浦和市は大宮市、与野市と合併し、さいたま市となった。

人口の推移をみていくと、高度成長期の昭和40年からの10年間で東京のベッドタウンとして人口が急増していることがわかる。

浦和駅周辺では整備が遅れ、交通渋滞や環境悪化が都市機能の低下をもたらすようになった。狭い駅前に毎日2千台近くの路線バスが発着するうえ、一日の駅利用客が10万人を越すにもかかわらず、道路には歩道もなかった。昭和30年代後半には都市整備の必要性が指摘されていたが、駅前は密集地で権利者が多く、広い要地を確保するには、商売を営む住民の大規模な移転が伴うため、実現は困難だった。

駅前の広い地区を一体的に開発するため、浦和市では、埼玉県で初めてとなる再開発事業に着手。まず、昭和42年から昭和末期にかけて駅前西口を再開発、平成6年からは駅東口、平成9年からは西口南第三地区、平成12年からは西口南第四地区の再開発が行われた。浦和駅周辺で最も高い31階建て「コスタ・タワー浦和」はこの時の再開発で誕生したものである。

浦和コスタワー

旧浦和市中心街周辺（1985年）

建設省国土地理院発行「1/25000地形図」

02-12

武蔵野線沿線～蕨市周辺

～清泰寺見性院墓塔がまとう「物語」～

武蔵野線沿線の宅地開発

掲載した地図は、武蔵野線南浦和駅～東浦和駅間沿線周辺に京浜東北線蕨駅周辺のエリアである。武蔵野線が全線開業したのは昭和53年（1978）。当時、沿線周辺は田畑が広がっていたが、いまではすっかり住宅地となったから、武蔵野線開業前の地図ではいささか戸惑う。京浜東北線（東北本線）及び蕨駅そして浦和競馬場から掲載した地図のエリアの判断ができる程度だろう。

武蔵野線は昭和48年（1973）4月1日に府中本町駅～新松戸駅間で開業、昭和53年10月2日には新松戸駅～西船橋駅間延伸開業して全線が開通。令和5年に開業50周年、全線開通45周年の節目の年を迎えた。

武蔵野線は東海道本線方面と東北本線方面を結ぶ山手貨物線を迂回する貨物線として計画された。開業当初は主に貨物列車が運行されていたが、沿線の宅地化による人口増加に伴い旅客営業を行う府中本町駅～西船橋駅間では旅客列車の運行が増加した。

開業当初は貨物列車の合間を縫っての住民への見返り運転であり、日中は40分間隔、ラッシュ時でも15～20分間隔での運転だった。昭和50年代後半になると、貨物列車は拠点間集中輸送へ重点が移り列車本数が削減されてダイヤに余裕が生じ、沿線の開発に伴い人口も増加し、旅客列車も増発された。

そんな経緯を持つ武蔵野線も現在は東京都多摩地区、埼玉県南部、千葉県西部など首都圏の郊外を結ぶ通勤・通学路線でもあり、東京都心部から放射状に延びるＪＲや私鉄の各路線との交点に乗換駅が設けられている動脈であり、首都圏の外環状路線だ。

武蔵野線は関東の鉄道では開業当初から自動改札機を全面的に導入した初の路線となっている。東京近郊で開業した新線としては沿線の住民数が比較的少なく、機器の故障時に発生する改札処理の遅延などの問題が発生しても影響が最小限に抑えられるため実験的導入に最適と当時の国鉄当局が判断したとのことだ。しかし、開業後は沿線開発につれて利用客が増加していくと、機器故障時の改札遅延、自動改札に未対応の他社線からの乗換客が自動改札非対応の非磁気券を投入して改札で抑止される事案などが多発。国鉄や関東の大手私鉄各社が自動改札導入に慎重になった一因ともされる。

武蔵野線は通勤通学路線となったが、貨物線としても東海道貨物線と東北貨物線を結ぶほか、短絡線を介して中央本線・東北本線・常磐線とも接続し、西船橋駅から京葉線を介して千葉貨物駅とも直結し、首都圏鉄道貨物輸送の大動脈となっている。

浦和競馬の開設

南浦和駅は、京浜東北線の駅として昭和36年7月に開業している。蕨駅と浦和駅との間に京浜東北線の車両基地である浦和電車区（現・さいたま車両センター）が建設されたのと同時に、駅間距離が長いことから車両の入出庫のために設けられた。武蔵野線の南浦和駅は昭和48年4月だ。

南浦和駅は浦和競馬場の最寄り駅となっており、東口から競馬場までの無料送迎バスが出ている。

浦和競馬の初開催は昭和23年4月19日。戦後の現行競馬法に基づいて、地方公共団体の主催として最初に開催された地方競馬である。開設当初は田畑の中の競馬場であったが、現在は住宅密集地の真っ只中という立地条件になっており、メインスタンドからフェンス越しに民家が見えるほどだ。

浦和競馬場のルーツを辿ると、〈02-1〉で取り上げた大宮競馬場に

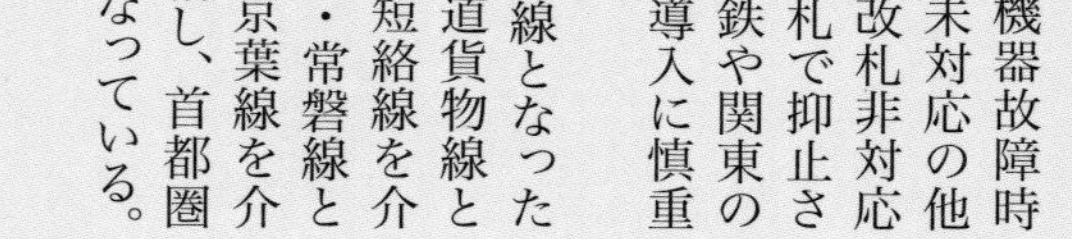

浦和競馬場は1947年に開場

武蔵野線沿線～蕨市周辺（1929年）

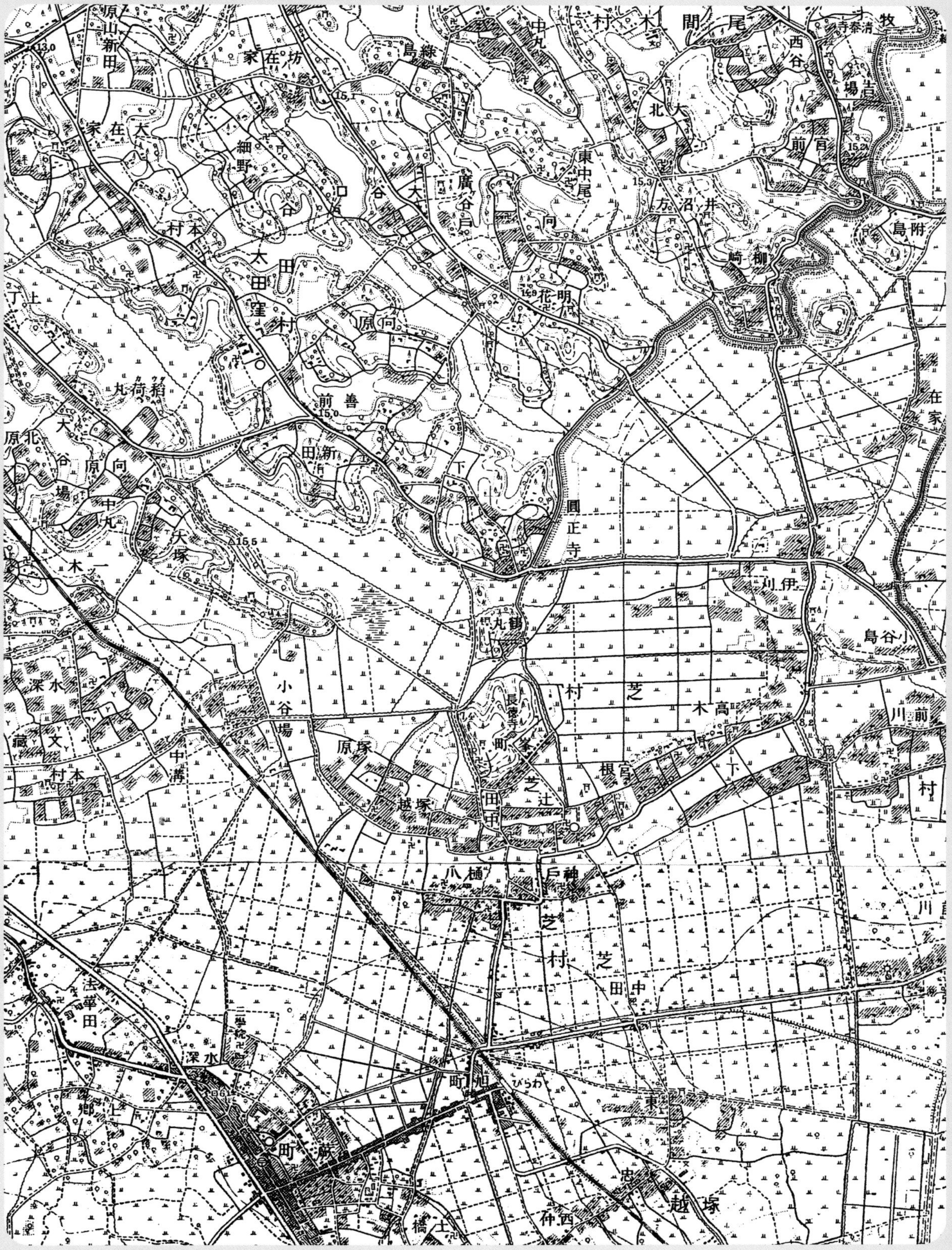

帝国陸軍参謀本部陸地測量部発行「1/25000地形図」

行きつく。戦前の競馬は、富国強兵のため軍馬資源の確保・産馬の奨励といった国策のために行われたものが主だった。昭和6年（1931）、当時の大宮町と宮原村に跨って開設された大宮競馬場も右に倣えだったが、開催を重ねるごとに入場客も増え、売り上げも増加。運営は絶好調だった。しかし、戦時色が色濃くなり、軍需産業が重視されると大宮競馬場は中島飛行機製作所の工場建設が決定。廃止された大宮競馬場を引き継いだのが現・春日部市の粕壁競馬場だった。

　粕壁競馬場は昭和15年9月から昭和22年まで、小渕の地で開催された。施設は、大宮競馬場の古材で建てた。

　粕壁競馬場は、売り上げは不振で出走頭数、入場人員も最低。昭和18年末には軍需工場に貸与され、競馬は一時中断されるに至った。昭和21年11月に地方競馬法が制定されると、粕壁改め春日部競馬で地方競馬が1回延べ6日間開催されたが売り上げは不振。そうしたところに浦和市が熱心に競馬場を誘致。春日部競馬は昭和23年に浦和競馬に移転され、春日部競馬場の歴史は幕を下ろしている。

　戦前は草競馬と蔑まれた地方競馬も、戦後の一時期は平日開催が可能でかつ開催数が多いことが追い風となり好景気を迎えたこともあった。しかし、中央競馬が巻き返すと人気は逆転。平成に入ると、地方競馬淘汰の時代を迎え、平成23年（2011）には主催団体が15にまで減少。売り上げは3300億円まで減少した。その後、平成25年に福山競馬が廃止されたものの、売り上げは徐々に回復。令和4年度の全国総売上は、史上初めて1兆円を超えた。

　風雪の時代を経てきた浦和競馬は、船橋競馬場、大井競馬場、川崎競馬場と共に南関東公営競馬を構成。首都圏の地方競馬で存在感を示している。

清泰寺見性院墓塔

　東浦和駅の利用客数（1日平均乗車人員）は、開業10年経った昭和58年度も5973人だった。しかし、宅地開発が進み、周辺がベッドタウン化するにつれて利用客数は右肩上がり。昭和62年には1万人の大台を突破し、平成4年（1992）には2万人台を突破。その後も増加傾向は止まらず、コロナ禍前の平成30年には2万9000人を数えた。その後、コロナ騒動で2万2000人台まで減少したが令和4年度は2万6000人近くと再び右肩狩りとなっている。

東浦和駅前通り

　武蔵野線の最混雑区間は東浦和から南浦和駅の区間であり、朝ラッシュ時の混雑率は150%を超えているそうだ。

　天台宗清泰寺は緑区東浦和五丁目にある。見沼台通りと富士見坂通りが交差するところに広い境内を有している。東浦和駅から歩いて10分足らずのところだ。

　平安時代の創建と伝わる古刹で、墓所には埼玉県指定旧跡となっている見性院の墓碑がある。見性院は武田信玄の次女で、武田家臣で親族衆の穴山梅雪の正室と伝わる。

清泰寺見性院墓塔

　甲斐武田家は天正10年（1582）3月7日、織田信長との天目山の戦いで敗れて滅亡したが、武田遺領を確保した徳川家康は、武田遺臣に手を差し伸べて家臣団に加えている。

　見性院も家康に保護されて江戸城北の丸に邸を与えられた。二代将軍秀忠が侍女のお静に生ませた子、後の会津藩祖保科正之を異母妹・信松尼と共に養育した。

　秀忠の正室「お江」は戦国大名浅井長政と、織田信長の妹である「お市」との間に三女として生まれた。美貌で鳴り響いた「浅井三姉妹」の一人である。文禄4年（1595）家康の嗣子である秀忠に再嫁する。22歳の時である。戦国時代末期である。秀吉の養女となっていたお江は、秀吉の政略の道具となって二度、嫁いでいる。

　秀忠は天正18年（1590）12歳の時、織田信雄の長女で秀吉の養女となっていた小姫6歳と縁組をしていたが、小姫は2年後に死去。婚礼には至っていない。

　秀忠はお江との間には慶長2年（1597）の千姫を頭に家光・忠長、など2男5女をもうけた。お江の最後の子となったのは慶長11年（1606）に生んだ忠長で、秀忠とお江は10年足らずの間に7人の子を

武蔵野線沿線～蕨市周辺(1955年)

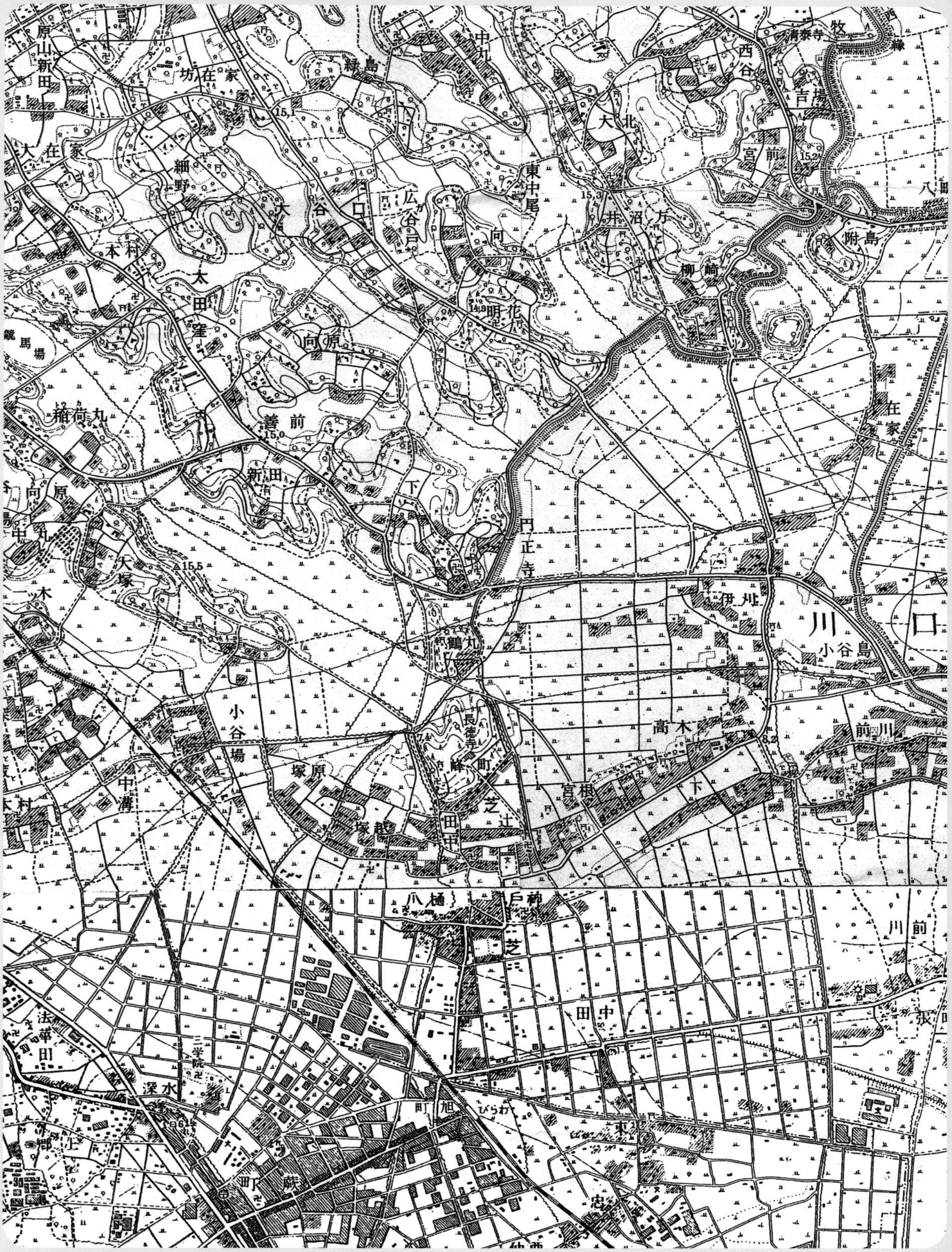

建設省地理調査所発行「1/25000地形図」

もうけた。保科正之は秀忠の唯一の庶子となっている。

秀忠が侍女お静に手を付けたのは、その後の慶長16年（1611）のことだ。お静は神田白銀町の大工の娘だった。江戸城では、庶子の場合は城内での出産は許されず、お静は神田白銀町の実家で2年間、保科正之を育てたが、その後は江戸城北の丸で、保科正之が7歳になるまで見性院が養母となった。

秀忠には恐妻説がある。秀忠が側室を持たなかったこと、正之の出生は秀忠側近の老中・土井利勝や井上正就他、数名のみしか知らぬことであり、家光さえも当初は知らなかったほど、お江の耳と目を怖れるように秘密にしているからだ。さらに、秀忠が保科正之を初めて父子の対面をするのもお江の死後の寛永6年だった等々が、秀忠恐妻説を生んでいる。

三代将軍となった家光は、異母弟の保科正之を可愛がった。見性院の縁で旧武田家臣の信濃国高遠藩主保科正光が預かりとなっていた正之に会津藩二十三万石を興させ、幕閣にも取り立てている。以降、会津藩は徳川家に忠誠を誓うことを家訓としている。

見性院は元和8年（1622）江戸城田安門内の比丘尼屋敷において病没。采地は大牧村であったことから、清泰寺に葬られた。墓標としてケヤキが植えられた。墓塔が建てられたのは、安政5年（1858）のことだ。建てたのは会津藩最後の藩主となった松平容保だった。見性院没後230年以上も経ってからの墓塔建立の理由は不明である。

浦和宿より賑やかだった蕨宿

京浜東北線蕨駅はさいたま市域から外れるが、中山道の宿場繫がりで触れておきたい。

蕨宿は4町からなる町並み10町。宿内人口2223人（男1138人、女1085人）。宿内家数430軒。うち本陣2軒、脇本陣1軒、旅籠23軒。問屋場1箇所、高札場1箇所。天保14年（1843）当時の数字だが、同時期の浦和宿は宿内人口1230人、宿内家数273軒と比較すると宿場規模はほぼ同じだが、蕨宿のほうが賑やかだった。

これは「戸田の渡し」に関係している。今日では荒川の一部となっている蕨付近の流域は、当時「戸田川」と呼ばれていて、渡し船による往来があった。戸田川は平水時、その川幅は55間（約100メートル程度）であったが、ひとたび大水が出ると1里にも広がって渡しは不可能になった。

川止め客が出ること頻繁だったことから、旅籠の数は23軒と、浦和宿の15軒より多かった。また、飯盛り女を置く飯盛旅籠も多かったことから、宿内の女の数は、浦和宿の616人よりはるかに多かった。

江戸末期には、蕨宿は綿織物の中心的生産地として名を知られるようになり、職人の作業着に用いられる武州藍染めは自然に入った浅葱色の縦縞模様から「青縞」と呼ばれる名物となった。当時、全国から織物の買い継ぎ商が集まったという。

蕨市の人口は7万5000人。日本の全市町村の中で最も人口密度が高く、面積5平方キロは全国の市の中で最も小さいことで知られる。

平成の大合併では川口市、旧鳩ヶ谷市との新設合併協議が実施され、新市庁舎の位置や合併予定期日も決定していた。しかし、川口市が合併協議会で可決された「武南市」の市名に反発し、法定合併協議会から離脱、協議会は解散。合併構想も霧散している。

蕨駅東口の駅前

蕨駅東口の賑やかなビル

武蔵野線沿線～蕨市周辺（1985年）

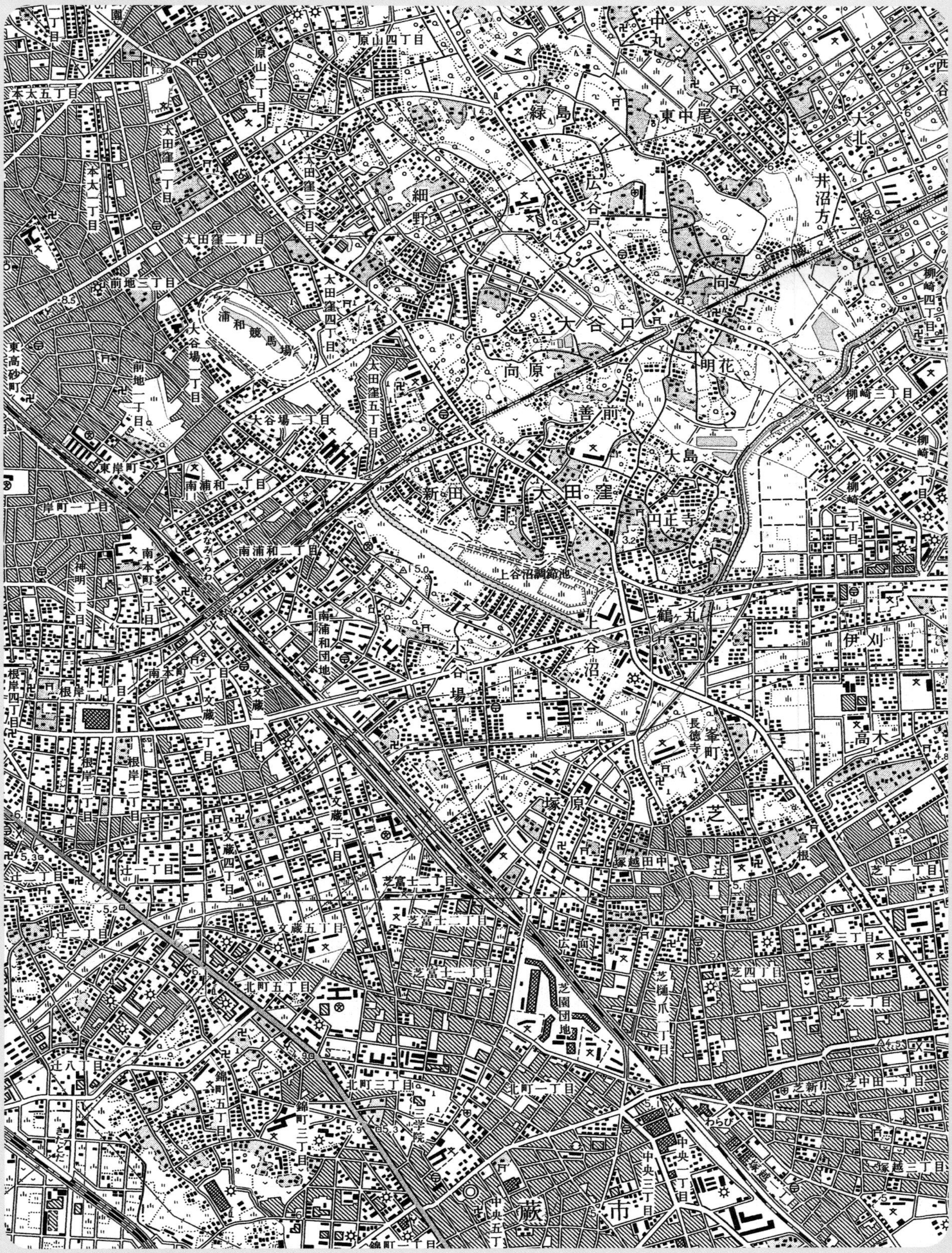

建設省国土地理院発行「1/25000地形図」

02-13

見沼通船堀周辺
～内陸舟運の拠点～

全長1キロの閘門式運河

　江戸時代は、利根川・荒川流域において、多数の河川の付け替えや沼地の干拓が行われた時代だ。まず三代家光時代の寛永6年（1629）に関東郡代伊奈忠治によって利根川東遷・荒川西遷事業が行われた。利根川、荒川の付け替えに付随して、灌漑用水の確保を目的として、現在の東浦和駅南東側付近の芝川をせきとめる八丁堤も築堤され、その上流側に見沼溜井が形成された。

　享保の改革の一環として新田開発を進めていた徳川吉宗の命を受けた勘定吟味役井沢弥惣兵衛が享保13年（1728）、八丁堤を切り開いて見沼溜井を干拓して新田（見沼田んぼ）とし、それにかわる水源として利根川から見沼代用水を2本（見沼代用水東縁と見沼代用水西縁）開削した。

　用水路は、水田等の灌漑目的であったが、利根川と荒川の間を流れており、年貢米などを江戸に運ぶ水路としても有用であった。

　しかし、用水路は江戸まで直接つながっていないため、江戸市中を流れていた隅田川に注ぐ芝川と代用水とを結ぶ必要性があった。一方、東縁、西縁2本の用水路は芝川より数1キロメートル程度しか離れていないが、標高で3メートルほど高い位置を流れており、直接運河を掘っても水流のため船を通すことが困難であった。このため、閘門式の運河が必要であった。通船堀は、見沼代用水の建設にあたった井沢弥惣兵衛が享保16年に普請を指揮。日本最古といわれる閘門式運河を完成させた。

　芝川から見沼代用水東縁と見沼代用水西縁それぞれに対して、東縁通船堀と西縁通船堀が開削された。2本とも構造的には差異はほとんどなく、東西とも2つの閘門が設置された。閘門のことを「関」と呼び、芝川に近い関を一の関、代用水側に近い関を二の関と呼称した。東縁から西縁までの堀の全長は、約1キロメートル程度である。

　閘門式運河は、運河を結ぶ2点間の水位が異なる場合、途中に水門を設けて、そこで水位を調整して船を通過させるものである。同方式のものでは太平洋と大西洋を結ぶパナマ運河が有名だが、国内では東京・江戸川区の荒川閘門、江東区の扇橋閘門が知られている。

　見沼代用水東縁・見沼代用水西縁と芝川をつなぐ内陸水運路となった。見沼通船堀の関の構造は4つともほとんど同じ構造であった。関の設置された場所の底面は、松の丸太が地中に深く打ち込まれ、その上に角材が根太として渡され、板が全面に貼り付けられていた。側面も板と杭で全面が囲まれていた。

会所と河岸場を設ける

　享保16年（1731）に始まった見沼通船では、八丁堤など要所の各所に河岸場を設けると同時に積荷の監視や通船料を徴収する「会所」を設置した。

　船の通過方法は江戸からの船が見沼通船堀を抜ける場合、芝川の通船堀近くの八丁堤の会所に船をつけた。江戸から芝川をのぼる時刻は、労力の軽減を図るため江戸湾の潮位が満ちてくる時間に合せられたので一定しなかった。

　八丁会所についた船は、岸から太い綱で引かれ、一の関へ引き入れられた。船を上流に向かわせるのは自力では困難であったため、見沼通船堀に引き入れるには人力が使われた。1隻につき20人程度の労力が必要で

見沼通船堀公園

見沼通船堀周辺（1929年）

帝国陸軍参謀本部陸地測量部発行「1/25000地形図」

あったという。

船が一の関に入ると、一の関の角落板がはめ込まれて、関内に水をため水位を二の関が通過できるようになるまで上昇させた。同時に二の関の角落板が外されて、船を二の関の中に引き入れた。船が二の関に入ると、二の関の角落板が入れられ、水位が上がり、見沼代用水へと船を引き入れた。代用水側から江戸へ向かう船は、逆に二の関、一の関の順に角落板を一枚ずつ外して水位を下げて芝川へ向った。

見沼通船堀

一の関と二の関の中間には舟溜りと呼ばれる場所があり、ここで上りと下りの船の行き違いや、関の開閉や水位の調整のための待機が行われた。

1つの関で水を溜めるのに40分から50分程度かかり、1艘の船が通船堀を通過するのには、1時間半から2時間程度を要したといわれている。また、江戸から見沼通船堀までは3日程度かかったといわれている。

明治維新を迎えると見沼通船の運営は近代化され、17の通船会社からなる見沼通船会社が設立された。

やがて鉄道の時代になると見沼通船は陰りを見せはじめ、大正時代には通船堀の維持もままならず見沼通船会社は営業を停止し、昭和時代には見沼代用水を用いた舟運は見られなくなった。

一方、芝川では用水期間に関係なく通船ができ、河岸場では農業用の肥料、染色用の石灰・藍玉、鋳物用の銑鉄やコークスなど地場産業に必要な物資や生活用品が荷揚げされ、穀物・野菜・味噌・薪・鋳物などを出荷して賑わいを見せた。

とりわけ川口町付近の河岸場では、日露戦争による鋳物業の隆盛とあいまって鋳物製品や原料、燃料の取扱量が増加し、明治43年(1910)に川口町駅(現・川口駅)が開設してからも衰えをみせず、昭和30年代にトラック輸送が普及するまで依然として舟運は盛んであった。昭和34年に芝川水門改修後は船の通行不可との通達によって止めを刺される形となり、ほどなく川口発展の原動力となった河岸場の風景は消えていった。

昭和35年11月、見沼通船堀は県立安行武南自然公園の区域に指定された。昭和57年に国の史跡に指定され、平成6年(1994)から平成9年にかけて、第一次史跡整備工事として関の復元が行われ、東縁は一の関と二の関、西縁は一の関のみが復元されている。西縁の二の関は復元を行わず、「二の関跡」として存地している。

川口鋳物

鳩ヶ谷市の盛衰

見沼通船堀の南側は川口市に入るが、大門宿の手前となる日光御成道の鳩ヶ谷宿は、掲載した地図の右下になる。

平成初頭の地図だと分かりやすいが、地図中央部東寄りに国道122号線が南北に走っている。その国道122号線の地図最下部の「三ツ和」と記されたところで3股に分かれているところがある。その分岐点(鳩ヶ谷変電所信号)からほぼ122号線に沿うようにして南北に走っているのが、往時の鳩ヶ谷の宿場街である。埼玉県道105号さいたま鳩ヶ谷線の一部だ。

県道105号線は、川口市南鳩ヶ谷(国道122号鳩ヶ谷変電所前交差点)から見沼区大字東門前(埼玉県道

鳩ヶ谷宿

見沼通船堀周辺（1955年）

建設省地理調査所発行「1/25000地形図」

2号さいたま春日部線七里駅入口交差点)まで、ほぼ鳩ヶ谷宿と大門宿を結んでいる日光御成道の道筋である。

鳩ヶ谷宿は浦和の大門宿同様に小さな宿場だった。天明6年(1786)当時の記録で、北から上・中・下に分かれた家並みは4町20間(概ね500メートル弱)、家数は198軒、宿場人口は820人ほどだった。

宿場時代に町となっていた鳩ヶ谷だが、明治以降は江戸時代から殆ど面積は変わらず、昭和42年3月に市制施行で鳩ヶ谷市となった。平成23年(2011)10月11日、川口市に編入合併したが、面積は日本の市の中で、蕨市に次いで2番目に小さかった。しかし、人口は蕨市より1万5000人近く少ない6万人台であった。埼玉高速鉄道の開通から発展し、南鳩ヶ谷、鳩ヶ谷、新井宿の3駅が開業してから人口が増加した街となっている。

川口市との合併問題は平成12年に遡る。川口市・草加市・蕨市・戸田市と鳩ヶ谷市で構成された「県南5市まちづくり協議会」において合併の研究が始められた。その後、この合併構想から草加市、次いで戸田市が離脱。平成14年、残った3市によって任意協議会「川口市・蕨市・鳩ヶ谷市合併協議会」が結成され、翌年12月には法定協議会に移行した。平成16年には新市名の公募が行われたが、最も票を集めた「川口市」ではなく公募5位の「武南市」に決定したことから、川口市は激怒して協議会から離脱。合併協議会は解散となって、合併話は白紙になった。

しかし、これといった産業もない鳩ケ谷市とは逆に経済発展を続けている川口市との合併を望んだ鳩ヶ谷市は平成21年、川口市に対して再度の合併協議を申し入れるという経緯を経て平成23年10月11日、鳩ケ谷市は「川口市鳩ヶ谷」となった。

鳩ヶ谷市は鳩ヶ谷町時代の昭和15年、当時の国策(皇紀二六〇〇年記念行事)によって半強制的に川口市へ編入合併されたが、戦後の昭和25年に旧鳩ヶ谷町域の住民の民意により住民投票を行った上で川口市から分離し「鳩ヶ谷町」を取り戻した。昭和32年にも県から埼玉県新市町村建設促進審議会に基づき川口市と鳩ヶ谷町の合併が勧告されたが、翌年12月の鳩ヶ谷町議会の定例議会で「川口合併取消」の緊急動議が出され賛成多数で可決されている。この頃はまだ、明日に希望を持っていたのだろう。

芝川の舟運で発展した川口市

さいたま市と市域を接する川口市の人口は約60万人。県庁所在地であるさいたま市に次いで県内2位である。

古くから農閑期を利用した鋳物が地場産業として盛んで、荒川のほか市内を縦断する芝川の河川舟運によって大消費地である江戸に運搬していた。

明治時代の富国強兵政策により工業都市として急激に発展し、明治43年(1910)に国鉄川口町駅(現・JR川口駅)が開業すると全国に鋳物が貨物輸送されるようになり、「東の川口、西の桑名」と言われるようになった。

戦前、戦時中も鋳物の需要は高く、昭和15年に県内で唯一の新興工業都市に指定された。昭和33年に開催されたアジア競技大会は市内の鋳物師により製造された聖火台が使用されたが、その聖火台は昭和39年の東京オリンピックでも使用された。

「鋳物の街・川口」の名を高めたのは昭和37年に公開された吉永小百合主演の映画『キューポラのある街』だった。

1970年代から80年代にかけて2度起こったオイルショックにより、川口駅周辺の中心市街地にあった鋳物工場は移転や廃業が相次ぎ、東京のベッドタウンとして土地利用の転換が図られた。

平坦な広い土地を開発できるため、跡地には百貨店等の商業施設や中高層のマンションが建ち並び、それまでの景観を大きく変えた。平成10年に日本ピストンリング川口工場の跡地に建設された元郷地区のエルザタワーは、平成16年に東京・港区にアクティ汐留が建設されるまではマンションしては日本最高(185メートル)であった。現在も埼玉県内で最も高い建築物となっている。

川口駅近くのキューポラオブジェ

見沼通船堀周辺（1985年）

建設省国土地理院発行「1/25000地形図」

02-14

武蔵浦和～戸田

～佐々目郷と呼ばれた浦和南西部～

武蔵浦和駅周辺

佐々目から笹目に

南区役所の最寄り駅で武蔵浦和駅周辺はさいたま市の副都心であり、駅周辺は再開発によって超高層マンションが林立し、人口が急増しているところだ。

さいたま市の南端に位置する南区は、国道17号、同大宮バイパス並びに産業道路等幹線道路が整備されているほか、鉄道網については、南北にJR埼京線及び京浜東北線が、東西にJR武蔵野線が走り、これらが交差する武蔵浦和駅及び南浦和駅、また中浦和駅の3駅を擁し、東京都心部への交通利便性は非常に優れている。

業務核都市さいたま市の業務集積地区である武蔵浦和地区は、さいたま市の南の玄関口としての拠点性を高めるべく、都市型住宅の供給とともに商業、業務機能の集積を目指して大規模な市街地再開発事業を進めている。

武蔵浦和駅南側は戸田市と接しているが、掲載した地図の南区南西部から戸田市にかけてのエリアは、その昔は佐々目郷と呼ばれた。沼影村・美女木村・内谷村・曲本村・松本新田などが佐々目郷を構成していた。

「佐々目郷」の初見は鎌倉時代で、正応6年（1293）鎌倉幕府から鶴岡八幡宮に寄進されとあり、南北朝時代の建武2年（1335）以来、足利尊氏によって鶴岡八幡宮の社領としてその重要な経済基盤となった。戦国時代末期の天文6年（1537）以降は小田原北条氏により鶴岡八幡宮の所領として安堵されたが、江戸時代には幕府直轄領などになった云々が、佐々目郷のあらましだ。江戸時代には佐々目から笹目になっていたのが、江戸時代後期の官編地誌『新編武蔵風土記稿』から窺える。

掲載した地図の南端には荒川が流れているが、対岸との往来は中世期には鎌倉道の渡河地点として「渡し」があったという。

笹目橋より20メートルほど下流側に「早瀬渡船場跡」が残されている。荒川土手に設けられている戸田市教育委員会による解説板を要約すると（早瀬の渡しは 戸田の渡しよりも古く、平安末には存在したらしく、源頼朝が下総の国府を出発して荒川を渡って武蔵国府に向った当時の渡船地点はこの早瀬であったろうと思われる。また、美女木八幡社（注：戸田市美女木七丁目）の創建が鎌倉時代といわれている古社であることからも、その当時より「鎌倉道」として早瀬の渡しが重要な渡しであったことが推測される）云々。

早瀬の渡しは延長38間（70メートル弱）で、昭和初期まであったという。

浦和と戸田に分かれた笹目郷

南区は六辻地区のほぼ全域、北部を除く谷田地区の大部分、土合地区のうち鹿手袋・関・四谷、および昭和38年に戸田町（現・戸田市）から旧浦和市に編入された西浦和地域で構成されている。

戸田から浦和に編入された区域があるのは、江戸時代は幕府の天領だった笹目の村々が、明治時代に入ると、浦和町と戸田町に分かれたことである。

まず、最初から浦和に属することになったのは、六辻地区を構成する沼影村だ。

明治22年（1889）4月1日、町村制により沼影村は周辺の白幡、辻、根岸、文蔵、別所の村々と合併し、六辻村が成立。沼影は六辻村の大字となった。

昭和13年（1938）7月1日、六辻村が町制施行。沼影は六辻町の大字となった。昭和17年4月1日、六辻町が浦和市に編入合併され、沼影は浦和市の大字となる。

昭和51年（1976）耕地整理完了により大字沼影の一部が西浦和三丁目の一部となり、残りの部分が沼影一丁目～三丁目となる。

昭和53年7月1日、住居表示実施により（旧）沼影一丁目～三丁目、西浦和三丁目の一部（現在の曲本四丁目・五丁目あたり）、大字田島の一部

武蔵浦和～戸田周辺（1929年）

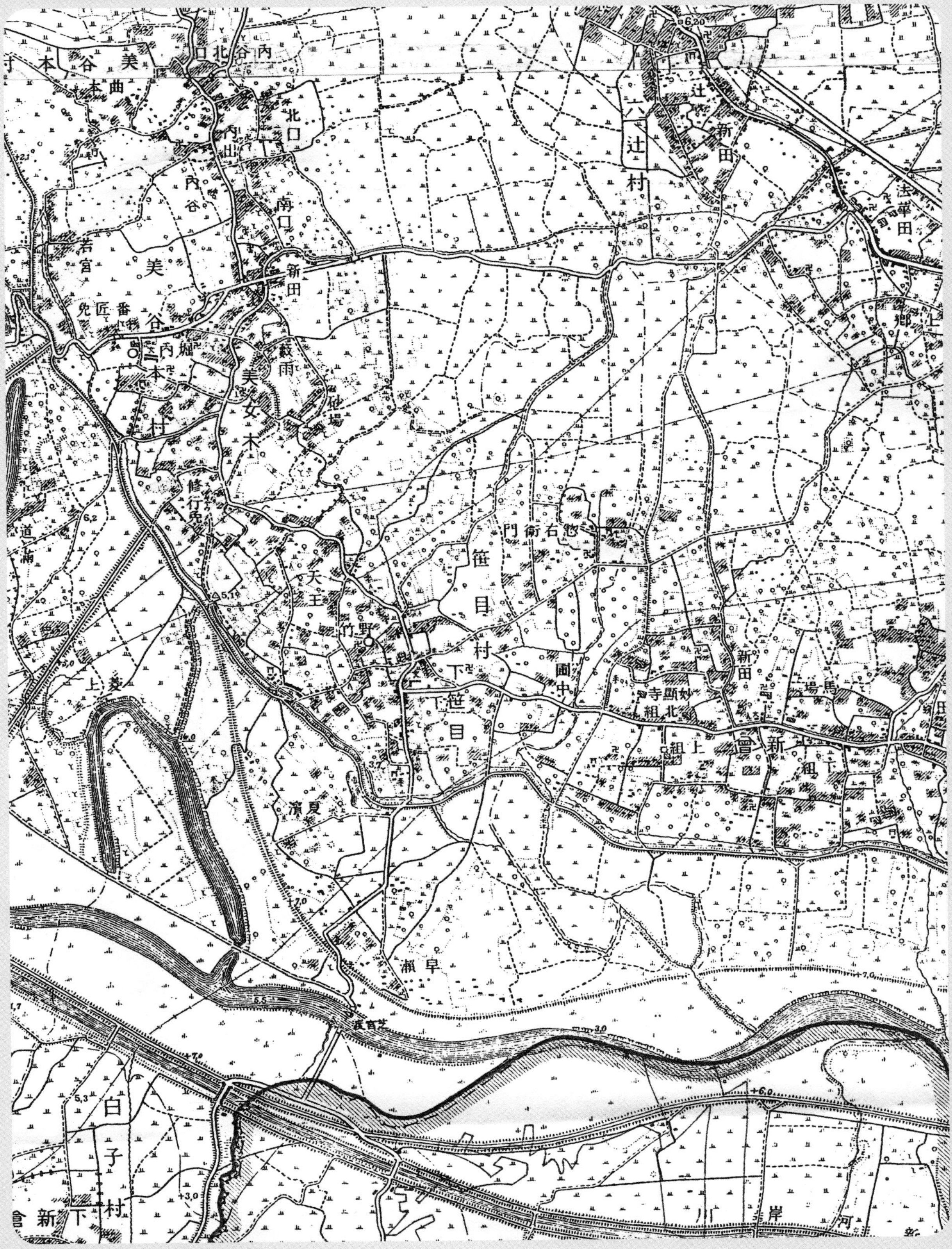

帝国陸軍参謀本部陸地測量部発行「1/25000地形図」

から新たに沼影一丁目～三丁目が成立し、現在に至っている。

美女木、内谷、曲本、松本新田は明治以降、転変とする。

明治22年、大日本帝国憲法が発布され市制・及び町村制が施行され「美女木・内谷・曲本・松本新田」の4カ村が合併して「美谷本村」となり、旧来の村を大字名で名乗ることになった。

昭和18年4月1日、戦時下の町村編成を目指す国や県の強力な指導により、美谷本村と笹目村が合併し、「美笹村」となった。この合併は戦時下らしく極めて事務的に行われ、新村名も明治の例に倣い、合併双方から一文字ずつ取って決められた。

戦後の昭和32年、美笹村が戸田町と合併。しかし、2年後の昭和34年4月1日、旧美谷本村北部にあたる内谷・曲本・松本の住民の強い運動の後に3地区274世帯が浦和市に編入され、同市の西浦和地区となる。これにより現在の南区の範囲全域が浦和市に含まれることとなった。

当時、戸田は「戸田町」の時代であり、市制移行したのは昭和41年のことである。

内谷・曲本・松本地区は浦和市に編入合併後は、生活環境の基盤整備が遅れていたため、内谷・曲本及び沼影地区で新浦和土地改良区を設立し、国の制度を活用した土地改良事業を実施。田・畑の区画整理や農道の整備を行ったことにより現在の内谷・曲本地区は整然とした区画された地域となった。

武蔵野線の開通と埼京線の開通により都内への通勤・通学の利便性が飛躍的に高まる中で、一方では首都高速の新都心への延伸や外環道の開通なども相まって、西浦和地区は武蔵浦和駅周辺を含め鉄路・陸路の東西南北を結ぶ交通の要衝として急速な都市化が進む環境基盤が構築されていった。

戸田市と武南市構想

戸田市の人口は14万3000人近くを数える。さいたま市南区の西部と戸田市はかつて同じ佐々目郷に属していて市街地は連続している。昭和の大合併では、昭和34年には戸田市の一部地域が浦和市に編入され、現在でも同じJR埼京線沿線であることからさいたま市は最も結び付きの強い地区となっている。

戸田駅西口

平成の大合併では、戸田市・川口市・鳩ヶ谷市・草加市・蕨市で形成される県南5市づくり協議会で合併案が浮上した。「武南市構想」と呼ばれるものだ。この時、戸田市は平成14年（2002）合併の是非を問う住民アンケート（住民3000人対象）を実施。「必要9・6％」「必要ない69・3％」「わからない20・2％」のアンケート結果を受けて、戸田市はいち早く武南市構想から離脱した。昭和60年、市内で初めての鉄道となるJR埼京線開業で市内に北戸田・戸田・戸田公園の3駅が設けられた。人口は右肩上がりの時期だった。人口の増加を勘案すると単独で20万人（中核市指定要件）に到達することも可能であることから、当分単独市のままでいることが決まった。

戸田市は、さいたま市とは結びつきが強いが、川口市とはそのような歴史はない。生活圏も異なる。武南市構想は川口市が中心となっていたのも合併反対派が圧倒的となって要因だった。

以降、中核市要件には届かなかったが、戸田市は独立独歩の道を歩んでいる。

皇女和宮降嫁と戸田の渡し

戸田市は、江戸時代には「戸田の渡し」で知られた。

戸田の渡しは豊織時代の天正年間（1573～91）にはあったが、江戸期に入り五街道制度が設けられ、中山道が整備されたことに伴い、幕府による渡し場がつくられた。渡船場の管理は下戸田村に命じられた。

現在の戸田橋の100メートルほど下流に位置した土手に「中山道戸田渡船場跡」と記された碑が残されている。戸田市教育委員会の案内板によれば、渡船場は天保13年（1842）では家数46軒、人口226人。渡船場の陣容は、組頭（渡船場の支配人）1人、船頭8人、小揚人足31人。船の数は、寛保2年（1742）に3艘だったが100年後の天保13年には13艘に増えている云々。

浮世絵師・渓斎英泉が中山道蕨宿の風景として選んだのはこの「戸田の渡し」であり、江戸方から板橋宿、志村一里塚を過ぎた中山道はここを越えなければ蕨宿に辿り着かない。

渡しで揚げられる物資の中継地としても戸田の渡しは重要な位置を占めていて、蕨宿と切っても切れない繋がりを持つ要衝であった。

参勤交代などで大通行となるときには、近隣の下笹目村や浮間村から馬船を定助船として徴発していた。

幕末の混乱期、十四代将軍家茂に嫁ぐ皇女・和宮降嫁の際にも戸田の渡しで荒川を渡った。和宮一行が東海道ではなく中山道で江戸に向かったのは、東海道筋では河留めによる日程の遅延や過激派浪士による妨害を懸念したからだが、行列は警護や

武蔵浦和～戸田周辺（1955年）

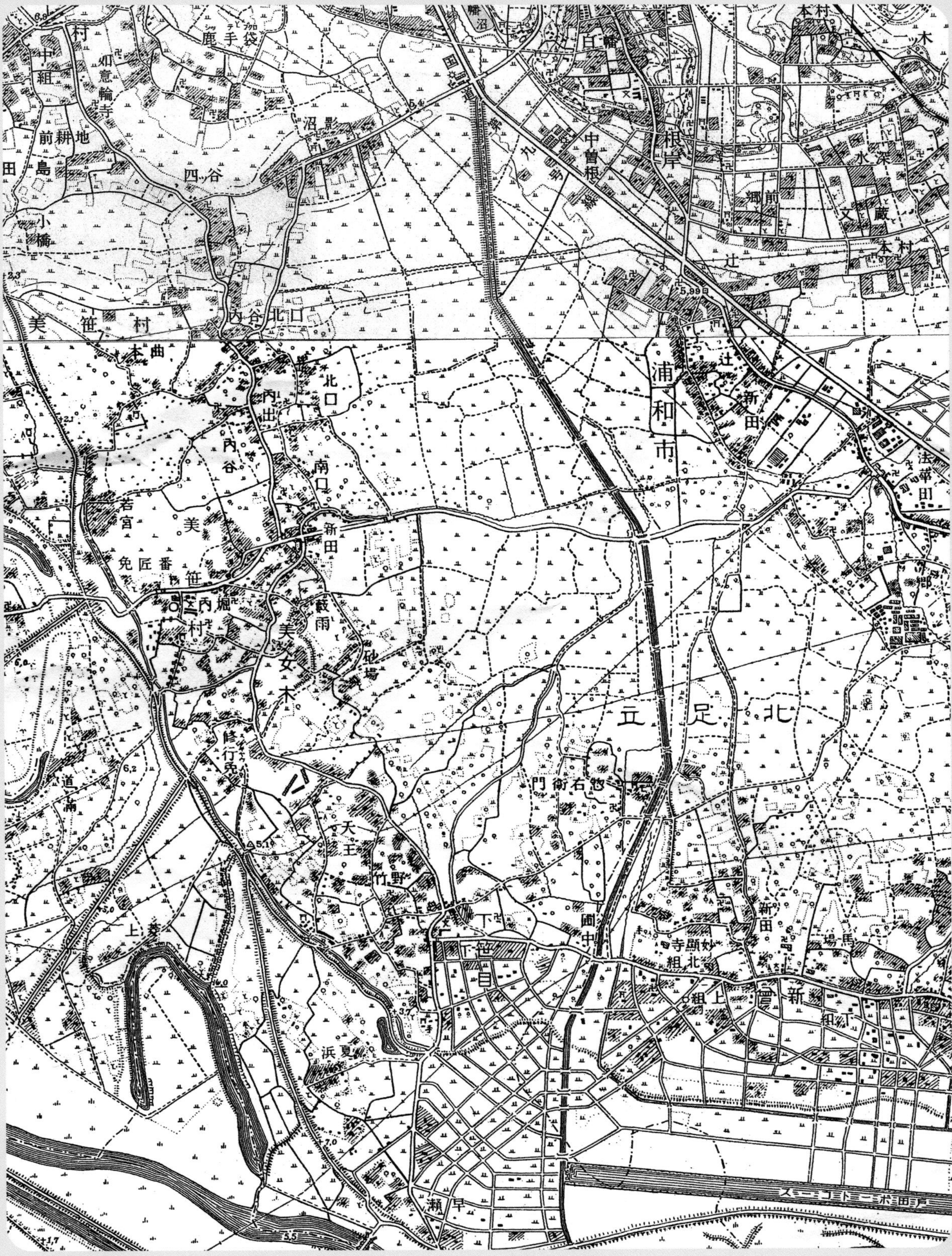

建設省地理調査所発行「1/25000地形図」

板橋宿の次の蕨宿との間で荒川を渡るための「戸田の渡し」設けられた

人足を含めると総勢3万人に上り、行列は50キロ、御輿の警護には12藩、沿道の警備には29藩が動員されたという。

文久元年（1861）10月20日に京から中山道を江戸に下った和宮の行列は、11月13日に桶川に宿泊、翌14日に上尾、大宮両宿で小休みして、浦和宿で昼食。その後蕨宿で小休止して「戸田の渡し」で荒川を渡り、板橋宿で25日間の旅の最後の宿泊をしている。

戸田の渡しでは、お召し舟に乗って渡ったという。

渡し船の権利は北岸の下戸田村が握っていたが、その権利を巡って蕨宿との間で争うこともあったという。

幕府が戸田に架橋しなかったのは荒川を軍事上の防衛線としていたためだが、時代が変わって明治8年（1875）5月には木橋の戸田橋がついに完成、「戸田の渡し」は廃止となった。しかしその橋も台風などの影響でたびたび大きな被害を受けた。近代に入ってからも荒川は相変わらずの難所だった。

戸田橋付近

現在の戸田橋は昭和53年に竣工している。全長519メートル、幅21メートルの大型橋である。

将軍家の鷹場から住宅都市へ

下戸田・上戸田・新曽・笹目・美女木の5地区から構成されている戸田は、江戸時代は幕府の御料地として6つの村があり、将軍家の鷹場が設けられていた。

明治22年（1889）4月1日、町村制施行に伴い、北足立郡上戸田村・下戸田村・新曽村の区域をもって戸田村が成立する。昭和16年（1941）6月1日、町制施行により戸田町となる。

昭和32年7月20日、北足立郡美笹村と新設合併し、改めて戸田町が発足。この際に、笹目地区と美女木地区が町域に入っている。

昭和34年4月1日、旧美笹村北部の松本新田・曲本・内谷および堤外の一部が分離し、浦和市（現・さいたま市南区）に編入されて、現在の戸田市の市域が定まった。

昭和41年10月1日、市制施行により戸田市となる。昭和60年9月30日に埼京線が開通し、戸田公園駅・戸田駅・北戸田駅が開業。鉄道空白地帯から一転、交通の便が飛躍的に良くなったため、中高層マンションの建設が相次ぎ、住宅都市戸田の現在に至っている。

武蔵浦和～戸田周辺（1985年）

建設省国土地理院発行「1/25000地形図」

【著者プロフィール】

坂上 正一（さかうえ しょういち）

東京・深川生まれ、1972年東京都立大学経済学部卒業。日刊電気通信社に３年ほど在籍後、日本出版社に就職。その後、フリーランスとして生活文化をフィールドとして活動。2006年、新人物往来社『別冊歴史読本　戦後社会風俗データファイル』に企画・編集協力で参画後、軸足を歴史分野に。かんき出版でビジネス本にたずさわりながら2011年、同社から『京王沿線ぶらり歴史散歩』『地下鉄で行く江戸・東京ぶらり歴史散歩』を「東京歴史研究会」の名で上梓。2014年、日刊電気通信社から『風雲家電流通史』を上梓。新聞集成編年史を主資料に明治・大正・昭和戦前の生活文化年表づくりにも取り組む。2024年4月逝去。

【写真提供】
さいたま市アーカイブズセンター、高橋義雄、PIXTA

【巻頭の写真解説】
生田 誠

発掘写真で訪ねる
さいたま市古地図散歩
～明治・大正・昭和の街角～

2024年　5月30日　第１刷発行
2024年 10月10日　第２刷発行

著　者……………………坂上 正一
発行人……………………福原 文彦
発行所……………………株式会社フォト・パブリッシング
〒171-0032　東京都豊島区雑司が谷 3-3-25
TEL.03-6914-0121 FAX.03-5955-8101
発売元……………………株式会社メディアパル（共同出版者・流通責任者）
〒162-8710　東京都新宿区東五軒町6-24
TEL.03-5261-1171 FAX.03-3235-4645
デザイン・DTP ………柏倉栄治（装丁・本文とも）
印刷所……………………サンケイ総合印刷株式会社

ISBN978-4-8021-3460-6 C0026

本書の内容についてのお問い合わせは、上記の発行元（フォト・パブリッシング）編集部宛ての
Eメール（henshuubu@photo-pub.co.jp）または郵送・ファックスによる書面にてお願いいたします。